欧阳修文化丛书

庐陵千古一欧阳

吉安社会历史的 欧阳修印记

刘后滨　徐长青◎主编

骆　勇◎著

江西人民出版社
Jiangxi People's Publishing House

全国百佳出版社

宋史学者眼中的欧阳修

历史发展关键期开创精神的代表

中国宋史研究会原会长、中国人民大学教授　包伟民

历史的演进，如长河川流，不舍昼夜，平缓遄急，变化百态，然而必有关键河段，决定着下游走向。如长江之出三峡，如黄河之过龙门，终于一泻千里，奔腾入海。由唐入宋，我国传统农业社会从前期向后期转折，北宋中期则是其中的一个关键节点。

具体言之，其于公元十一世纪上半叶宋仁宗赵祯年间积蓄准备，到下半叶宋神宗赵顼年间进入高峰。当时杰出人物荟萃涌现，群星璀璨，大多在仁宗时初露头角，而于熙丰变法时期大放异彩。因此，通过代表性人物的视角来观察那些历史时期，如前贤所言，可得登泰山极目四望，一览而众山小之效。

讨论宋神宗熙丰变法时期的历史，其代表人物非江西人杰王安石莫属，而观察宋仁宗时期的积蓄准备，聚焦另一位江西人杰欧阳修无疑最为恰当。在政事、学术以及诗文等众多领域，欧公都是当时的活跃人物与开创精神之代表。

人杰源于地灵，英才人物不能突兀而起，而是地方社会经济文化发展的

结果。家乡的土壤培育了名人贤士，名人贤士更以其丰功伟业回馈家乡，将其遗泽深深渗透于家乡的文化土壤之中。地方士民日常饮食起居，尽管常常浸润于无声之中而不自知，其受之于先贤者惠莫大焉。积极阐发先贤之丰功伟业，对于当今地方文化建设，实可期事半功倍之效。更何况如欧公者，又非局限于庐陵一地，其在华夏最为闪耀群星之中，实居于前列。

欧阳修的历史时空

中国宋史研究会原副会长、中山大学教授　曹家齐

回顾中国古代政治之宽明及文化之繁荣，两宋时期应最受称道。两宋三百二十年历史中，又以北宋仁宗朝最受推崇。仁宗在位的四十二年，呈现出典型的"士大夫政治"特征。其中又以庆历（1041—1048）和嘉祐（1056—1063）两个时期最受赞扬，以至有"庆历、嘉祐之治"之称。这两个时期的政治特征，突出表现在两个方面：一是内外无事，成宋朝完成局部统一后数十年太平之局面；二是人才济济，名臣士大夫辈出，文化空前兴盛。众多明星般的人杰之中，欧阳修当属极为璀璨者之一。庆历年间，欧阳修积极支持范仲淹主持庆历新政，与范仲淹一起标举名节，振励士风；嘉祐时期，与富弼、包拯、胡瑗并称"四真"（富弼是真宰相，包拯是真中丞，胡瑗是真先生，欧阳修是真学士）。欧阳修不仅在主持嘉祐二年（1057）省试中，力倡古文之风，而且在接替包拯知开封府一职后亦政绩有名，获"包严欧宽"之美誉。仁宗时期，欧阳修无疑是士大夫中的一面旗帜，在更新风气中发挥引领作用。不唯如此，后来英宗和神宗即位，欧阳修更在协助韩琦稳定政局方面发挥了重要作用。

再将视野转向历史发展空间，宋代又是中国经济文化重心南移的重要历史时期。南方的江西不仅是北宋都城汴京等地粮食的重要供给地，还是培育人才的重要地区。从进士及第人数来看，两宋时期，江南西路是全国进士人

数最多的路分之一，而欧阳修的故乡庐陵（吉州）则是江南西路进士及第最多的州，人数多达一千零六十六人，远超居于第二的抚州（四百余人）。庐陵进士中著名者除欧阳修外，还有杨万里、周必大、文天祥等，但综合而论，则是欧阳修事功、学问、才名俱显，声誉最高。只以学问论，在文学、经学、史学等方面皆有成就，同代人中，可相提并论者亦为数不多。因此，欧阳修实为认识宋代，尤其是北宋政治、学术以及江西地域文化的一位关键性人物。

闪耀在华夏灿烂星空中

中国宋史研究会理事、北京大学教授　赵冬梅

在华夏群星闪耀的北宋，欧阳修究竟是不是最耀眼的呢？

论政事，他可能不如韩琦、范仲淹，但他是韩琦、范仲淹的同道，他为庆历新政鼓与呼，并协助韩琦完成最高权力的两次平稳交接；他也没有包拯那样令人瞩目的地方治理成绩，他的治理风格是润物无声的，他说"治民如治病""但民称便，即是良吏"。

论文学，他可能不如苏轼，但他是苏轼的老师，是那个发现了苏轼并主动要避此人，令其出一头地的文坛领袖。他引领着时代的方向，王安石、曾巩、苏洵、苏轼、苏辙都是他的后学，在他的旗帜下继续向前。善于发现人才，不拘一格荐人才，一札荐三相，为政敌之子，为学术异己者，为政见不同者，欧阳修之格局气度，古今罕有。

论史学，以现代标准衡量，他显然不如司马光克制"客观"，但他的本意从来不在"客观"，"孔子作春秋"才是他的追求，他的千古知音陈寅恪说："欧阳永叔少学韩昌黎之文，晚撰五代史记，作义儿冯道诸传，贬斥势利，尊崇气节，遂一匡五代之浇漓，返之淳正。故天水一朝之文化，竟为我民族遗留之瑰宝，孰谓空文于治道学术无裨益耶？"

论儒学，以传统标准衡量，他的成就肯定不如张载、二程，以现代标准衡量，王安石也在他之上，但他是疑经惑古新思潮的推动者和实践者，他推荐了胡瑗和孙复，他主张"学者当师经，师经必先求其意"。

　　欧阳修官至参知政事，主盟文坛数十年，于诗、词、散文俱为大家，还是《新唐书》(纪、志、表)和《新五代史》的作者，宋代金石学的开创者……以上种种，俱是写实。是否最耀眼，又有什么要紧呢！

讲好欧阳修故事是传播庐陵文化的基础

刘后滨　徐长青

欧阳修是北宋承平时期成长起来的政治家。他二十二岁进京赶考，靠着绝世文采，名动京城，声誉鹊起。在宋仁宗天圣七年（1029），他又以国子监解试第一成为解元，次年，又在晏殊主持的省试中获得第一成为省元。他本人还在宋仁宗嘉祐二年（1057）担任省试主考官，同榜录取了后来成为文学家的苏轼、苏辙、曾巩，成为理学家的张载、程颢、吕大钧，以及著名政治人物曾布、吕惠卿、章惇等。这一榜进士晋升至宰执高位的有九人，在《宋史》中留下传记的有二十四人。欧阳修因此享有"千古伯乐"的美誉。其他同时代名人如包拯、韩琦、文彦博、司马光、苏洵等，也都得到过他的推荐赏拔。欧阳修本人历任朝廷要职和州府长官，包括宋朝士人最为看重的知谏院和知制诰等官职，还跻身宰执行列，担任了枢密副使和参知政事。其在政治上的事功和名望，无愧于中国古代杰出政治家的称誉。

欧阳修是中国古代学术巅峰时期诞生的文学家和学问家。他是诗文革兴的领袖，在文学史上有着崇高地位，名列唐宋古文八大家中宋六家之首，苏轼称之为"文章百世之师"。自署"庐陵欧阳修"的《醉翁亭记》脍炙人口，妇孺皆知。欧阳修还是"千古罕匹"的宋贤史学领军人物，其编写的《新五代史》和参与编纂的《新唐书》，是"二十四史"中的独特史籍。他的学术成就远远超出文学和史学，在经学、谱牒学、金石学等诸多领域皆有卓越建树。

在广义的文学与政事两个方面，欧阳修都达到了如此崇高的境界，成为中国传统士大夫难以超越的典范。由于欧阳修一代宗师和千古伯乐的特殊地位，他的事迹在宋朝官私文献中有着大量记载。作为欧阳修籍贯地的吉安，宋代以来追慕他的文人士子不计其数，历史上地方文献和名人诗文中有着丰富的相关记载。宋代以来，欧阳修一直都是庐陵文化的旗帜和象征。

作为土生土长的吉安人，我们从小浸润在耕读传家的庐陵文化之中，听着画荻教子的故事长大，看过西阳宫的日出日落。后来读书、上大学，一个选择历史学、一个选择考古学作为终身职业，以至今天我们二人共同承担这项工作——主持编纂这套《欧阳修文化丛书》，不能不说，我们与千百年来江西籍的一代又一代读书人一样，与"庐陵欧阳修"依然有着某种隐秘而深刻的精神联系。虽然我们在学术上的建树无法望其项背，但隔着遥远的时空，欧阳修依然跨越千年，影响着吉安乃至江西甚至全中国读书人的人生理想与价值追求。

在欧阳修身后，从胡铨、杨万里、周必大、文天祥到解缙、杨士奇、聂豹、罗洪先，一代又一代吉安籍文化精英，在其影响和感召下脱颖而出，走上更广阔的历史舞台。他们在推崇欧阳修的同时，塑造了庐陵文化的精神气质，充实了庐陵文化的丰富内涵。享有"文章节义之邦"美誉的吉安，因为有了"庐陵欧阳修"和众多吉安籍精英先贤而名扬四海。我们今天所做的这项工作，依然是为庐陵文化的发扬光大添砖加瓦。讲好欧阳修的故事，是传播庐陵文化的基础。

很长一段时间以来，我们都在关注庐陵文化及其历史遗存，带领团队到吉安的各个区县进行田野调查、查阅档案和地方文献，考察博物馆及民间收藏的碑刻志石，探查已知和未知的历史遗迹。我们重点关注的赣江中游东岸泷江和恩江流域，是欧阳修故事的发源地，是庐陵文化的核心区。我们在本职工作之外从事的家乡历史文化调研工作，虽然还很零散，不成系统，但已经给我们的学术人生刻下了深刻的印记。欧阳修以来的历代乡贤，尤其是宋明时期的众多杰出人物，在中华文明史上担负过重要的文化使命，写下了精彩的时代华章。他们的治学与从政都凝结着庙堂气象、文人风骨和乡土情怀，他们的成就和风范在千百年后的今天依然赋予人们精神上的滋养。

清朝初年贺贻孙为永新县学撰写的《乡贤祠记》讲述了文天祥儿时受到吉州先贤欧阳修和胡铨事迹激励的故事："吾郡文忠烈，儿时入学宫，见所祀乡贤欧阳文忠、胡忠简二主，奋曰：'没不俎豆其间，非夫也！'其后卒如其言。"它说的是少年文天祥在学宫看到欧阳修和胡铨的牌位后，发愿一定要勤学苦读、建功立业，身后自己的牌位加入其间享受后人祭祀。这个流行于明清时期的经过渲染之后的故事，呈现出了欧阳修的精神力量在数百年后依然激励着吉州学子的真实情形。

我们犹记得当年离开家乡，北上南下，走进大学校园，第一次被外乡人称为"欧阳修的老乡"而获得的内心震撼和自豪。历史学家邓广铭是北京大学历史学系研究宋史的权威学者，有一次他询问得知中国古代史专业研究生刘后滨的家乡在吉安吉水县，连声感叹："吉安出名人，你是欧阳修的老乡啊！"一句话使得当年胆怯羞涩的农家子弟感受到了无上荣光和自信。多年以后，活跃在宋史研究领域的众多学者如张希清、邓小南、包伟民、李华瑞、陈峰、曹家齐、苗书梅、赵冬梅、李全德、邱靖嘉、张亦冰等，对我们仍以"欧阳修的老乡"相称（或者说尊称），因为有了这一纽带而增添了更多的共同语言和更深的学术情谊。这些学者也以不同方式关注、参与和支持吉安地区的文化建设，这同样是我们作为从吉安走出来的读书人感到无比光荣的事情。

两年前，为大力传承和弘扬欧阳修文化，发掘欧阳修在为人、为政、为学、为德、为廉等方面的时代价值，永丰县委、县政府决定编写一套全面反映欧阳修政事与文学的小丛书，委托我们二人担任主编，并提出了编写要求，即完成一套充分吸收学术界研究成果且文字通俗易懂的大众读物。他们对发掘优秀传统文化及其当代价值的高度重视，以及振兴庐陵文化、续写时代华章的眼光和魄力，使我们深受感动。我们愉快地接受委托，并拟定了丛书主题和编写体例。按照欧阳修的仕宦经历和学术成就，丛书分为以下四部：《宦海一生：欧阳修的仕宦经历与从政修养》《一代文宗：欧阳修的文学成就与宗师地位》《六一之乐：欧阳修的学术成就与治学品性》《庐陵千古一欧阳：吉安社会历史的欧阳修印记》。我们邀请了五位从事宋代文学和历史研究以及从事吉安地方史研究的年轻学人担纲写作，他们是刘杰、李帅、刘馨雨、刘璐、骆勇。这些年轻的学者，均在北京大学和中国人民大学获得硕士或博士学位，受过正规的学术训练，具备深厚的专业素养。我们还聘请了北京大学历史学系赵冬梅教授、中国人民大学历史学院马利清教授担任审稿顾问，通读了全部书稿。赵冬梅教授还与著名宋史学者包伟民教授、曹家齐教授一道撰写了关于欧阳修及其时代的总体认识，我们以"宋史学者眼中的欧阳修"为题汇编起来，作为丛书的序一。对于以上几位学者的大力付出和倾情支持，我们深表感谢。

尽管丛书中每一本在学术性和通俗性两方面都还有一定提升空间，但这套小丛书在历史名人传记的编写体例和叙事维度方面做出了积极探索，希望能够推动欧阳修和庐陵文化研究走向深入，并为吉安市乃至江西省的干部群众学习宣传欧阳修和庐陵文化提供兼具学术性和通俗性的读本。

目录

在吉安寻找欧公

欧阳修字永叔，号醉翁，晚号六一居士，卒谥文忠。他生活在社会矛盾逐渐激化的北宋中期，是功业彪炳史册的千古名臣，也是引领一代文风的文坛领袖，还是在经学、史学、金石学和谱牒学等领域皆有建树的学者。他在诗文中通常自署"庐陵欧阳修"，这里的庐陵是吉安古称。吉安位于赣江中游，是江西开发较早的地区，孕育了绚丽多彩的庐陵文化。从某种程度上说，"庐陵欧阳修"象征着吉安的文章节义传统，庐陵文化也因这一名号而闻名四海。将欧阳修的文化影响置于吉安社会历史脉络中考察，自是庐陵文化研究的题中之义。

本书主标题"庐陵千古一欧阳"，出自青州府益都（今淄博市博山区）人赵执信在清世宗雍正十三年（1735）所作绝句："银塘夜雪引飞觞，春换情移簿领忙。文酒寓心山水乐，庐陵千古一欧阳。"[1]赵执信创作该诗时已届晚年，在因病致盲之余，又经历了长子和幼女病亡的痛楚。他试图以修道为寄托，以自在洒脱的心态面对生命中的磨难，而欧阳修的豪放和豁达，就是他景仰的楷模。尽管从诗句本义上说，"庐陵千古一欧阳"没有

---

① 赵执信：《饴山诗集》卷一九《乙卯夏闻书事六绝句》之四，《清代诗文集汇编》第210册，上海古籍出版社，2010年，第321页。

强调欧阳修在吉安的文化影响力的意涵，但赵执信对欧阳修崇高人格的推重，与历代吉安文人和民众并无不同。此外，欧阳修在吉安人文生态中具有超然地位，诸如胡铨、杨万里、周必大、文天祥、解缙、杨士奇等吉安籍名士，无不标榜欧阳修对自己的精神感召，这也与"庐陵千古一欧阳"的句意暗合。换句话说，欧阳修是庐陵文化形塑过程中的关键人物，深深影响了宋代以来吉安社会的方方面面。

本书副标题"吉安社会历史的欧阳修印记"，旨在点明本书将欧阳修的物质和精神文化遗存置于宋代至清代吉安的发展历程中理解的旨趣。其实，在丛书编委会最早的安排中，本书应以揭示欧阳修生平的吉州印记，和欧阳修对宋代吉州人文生态的影响为主旨。但笔者爬梳史料后认为，探讨吉州在欧阳修生命历程中的意义，囿于史料欠缺且语意隐晦，难以得出令人信服的结论。而在阅读了有关宋代以来吉安欧阳氏家族的发展历程、士民围绕欧阳修籍贯与"思颍不思吉"情结的论争、吉安的欧阳修文化遗存和《泷冈阡表》碑落水复得传说的史料后，笔者意识到以欧阳修及其族裔在吉安的文化遗存为线索，来探究宋代至清代吉安社会历史的若干侧面，可以更深入地反映欧阳修对庐陵文化的影响与塑造。

与本书主题直接相关的研究尚不丰富，较具代表性的成果有政协永丰县文史资料研究委员会编写的《永丰文史资料》第七辑"欧阳修故里"专号、永丰县欧阳修纪念馆编写的《欧阳修文史资料选编》、欧阳礼编写的《欧阳文忠公遗迹与祠祀》和《欧阳文忠公遗迹与祠祀续集》、欧阳勇著《祭而丰不如养之薄——〈泷冈阡表〉碑考》,和程宇静著《欧阳修遗迹研究》。①
这些成果翔实介绍了与欧阳修有关的吉安史事,记录了吉安欧阳修族裔的
历史活动,描述了吉安的欧阳修遗迹现状,所据史料主要为清代后期的方
志,呈现的是欧阳修在吉安留下的历史印记片段和剪影。在笔者看来,要
跳出就吉安言吉安、就欧阳修言欧阳修的“地方本位”桎梏,不仅需要从
整体史出发,理解作为“区域”的吉安及其社会历史脉络,还需要拓宽史
料来源,更广泛地搜集方志,并将文集和族谱纳入研究视野。也就是说,
以区域史的视角观察欧阳修对吉安的文化影响是本书旨趣所在。

　　本书正文共分为六章。第一章主要梳理唐代至清代吉安历史的基本线
索,并介绍吉安的欧阳氏家族在各时期的发展历程,旨在揭示后续各章所
述史事的区域历史情境。第二章主要介绍宋代至明代文人对欧阳修籍贯的
认知,以及清代庐陵、吉水、永丰三县官员和文人围绕欧阳修籍贯的论争。
第三章主要分析欧阳修思颍诗文的意涵、乞知洪州札子与疏状的主旨,以
及他写给堂弟欧阳焕的书信内容,并介绍历代文人对他“思颍不思吉”情
结的论说。第四章主要介绍西阳宫的营缮历程,兼及吉安纪念欧阳修的文
化景观。第五章主要介绍各版本《泷冈阡表》碑落水复得传说的衍生历程,
和传说编造者设计情节时的巧思。第六章主要介绍《泷冈阡表》碑传说在

---

① 　政协永丰县文史资料研究委员会编：《永丰文史资料》第七辑,内部发行,1994 年。永
丰县欧阳修纪念馆编：《欧阳修文史资料选编》,内部发行,1997 年。欧阳礼编著：《欧阳文
忠公遗迹与祠祀》,文史哲出版社,1997 年。欧阳礼编著：《欧阳文忠公遗迹与祠祀续集》,
文史哲出版社,2007 年。欧阳勇：《祭而丰不如养之薄——〈泷冈阡表〉碑考》,大众文艺
出版社,2007 年。程宇静：《欧阳修遗迹研究》第六章《吉州故里遗迹》,人民出版社,2018 年,
第 254–283 页。

吉安衍生和流布依托的动力①。本书附录分为两部分。附录一系由拙文《永乐〈东昌志〉所收南宋辅顺庙敕牒考析》改写而成，②主要讨论庐陵县永和镇的王山大王加封历程，和欧阳氏永和派在当地社会扮演的角色，旨在呼应第一章有关宋代吉州社会的介绍。附录二是有关吉安的欧阳修遗迹的记文汇编，是对第四章内容的补充。

本书运用的历史文献主要有宋代以来吉安文人的笔记与文集，以及明清吉安的方志与族谱。这些史料大多可在中国国家图书馆创建的中华古籍资源库（http://read.nlc.cn/thematDataSearch/toGujiIndex）、上海图书馆创建的中国家谱知识服务平台（https://jiapu.library.sh.cn）、中共吉安市委党史和地方志研究中心创建的吉安数字方志馆（http://www.jaszfzg.com.cn），以及美国犹他家谱学会的线上图书馆（https://www.familysearch.org）等线上平台检得。各位读者可依照脚注标示的出处登录对应网站来核阅史料原文。

本书是以区域史的方法研究欧阳修文化影响的尝试，无论议题选择抑或结构安排都远非成熟，祈请各位读者批评指教。不过这一尝试也令笔者坚信，以同样的思路探求胡铨、周必大、杨万里、文天祥、解缙、杨士奇等名士在吉安社会历史中留下的印记，是推动庐陵文化研究的可行之途。由衷期待将来涌现出更多聚焦庐陵名士的区域史成果。

---

① 第五章和第六章有关《泷冈阡表》碑传说衍生和流布情形的探讨,笔者曾以《欧阳修〈泷冈阡表〉碑传说的衍生史研究》为题目, 提交 2023 年 7 月举办的第六届闽浙赣区域史工作坊宣读, 承蒙香港中文大学贺喜老师批评, 谨致谢忱!
② 骆勇:《永乐〈东昌志〉所收南宋辅顺庙敕牒考析》,包伟民、刘后滨主编:《唐宋历史评论》第 11 辑, 社会科学文献出版社, 2023 年, 第 149–171 页。

吉安社会史概观

欧阳修在诗文中通常自署"庐陵欧阳修",这里的庐陵是吉安的古称。欧阳修终其一生,求学、应举、仕宦、终老都不在吉安,仅于宋仁宗皇祐五年(1053)扶护母亲灵柩归葬祖茔后暂居永丰数月。[1]他撰写的以吉安人文风物为主题的作品,也只有记述吉州官学营建始末的《吉州学记》,和题赠永丰宝锡寺的《寄题沙溪宝锡院》两篇。从这两个角度来看,欧阳修的生平没有受到当时吉安社会环境的太多影响。不过,检览宋代以后文人吟咏吉安史迹的篇章和欧阳修族裔编修的谱牒,可发现与欧阳修有关的故事和景观,已经成为吉安重要的文化资源和象征符号。从这个意义上说,欧阳修在吉安发展史上留下了浓重的印记,是庐陵文化建构过程中的关键人物。本章拟在梳理唐代至清代吉安历史基本线索的基础上,介绍吉安的欧阳氏家族在各时期的发展历程,以期揭示家族历史与区域历史的联系。

吉安成为独立行政区划的开端,是汉献帝置庐陵郡。隋文帝平陈后,改庐陵郡为吉州。此后庐陵郡和吉州之名被轮番使用,直到唐肃宗改郡为

---

① 胡柯:《庐陵欧阳文忠公年谱》,欧阳修:《欧阳文忠公集》卷首,《四库提要著录丛书》集部第 89 册,北京出版社,2010 年,第 19 页。刘德清:《欧阳修纪年录》,上海古籍出版社,2006 年,第 249–251 页。

州，庐陵郡才不再作为政区名，但文人雅士仍习惯以庐陵郡指称吉州。吉州在唐代隶属江南西道，是赣江中游人口最多的州级政区，同时也被中原士人视为难治之地。唐太宗贞观十三年（639）时吉州有 15040 户，唐玄宗天宝十一载（752）增至 37752 户，唐宪宗元和四年（809）前后达到了 41025 户，较邻近的虔州、袁州、抚州户数多出五至七成。[①] 尽管这三个数字只代表登记在册的户数，与实际户数应有相当出入，毕竟逃户、附籍等情形都会影响户口统计，州县官府也常瞒报新增户口以减轻催征赋役的负担，但就基本趋势而言，在唐代大部分时间里，吉州人口都应处于缓慢增长的状态。

唐代名臣颜真卿在吉州任官的经历，常被后世官员和文人视为当地教化初开的标志。唐代宗大历元年（766），颜真卿因斥责宰相元载专权，被贬为峡州别驾，后改任吉州司马。他在吉州的两年间曾拜谒多处名胜，而他的施政举措则不得而知。不过，这并不妨碍后人称颂他教化吉州民众的功绩。宋度宗咸淳四年（1268），吉州官署西侧的颜鲁公祠在通判孙洙的主持下竣工，庐陵人欧阳守道应邀记述营建始末。他在记文中说："使公不以谪故屈临于此，三百年钜公大人，吾州竟不一见耶！然则名贤远去，天下之不幸，而犹为所谪州之幸。如道州阳公、潮州韩文公之类，往往始以僻远为流窜有罪之所，终以流窜为君子过化之邦。天其或者有意焉，非唐之君相为之也。"[②] 欧阳守道将颜真卿被贬为吉州司马的经历，与阳城被

① 刘昫等：《旧唐书》卷四○《地理志三·江南道》，中华书局，1975 年，第 1608 页。欧阳修、宋祁：《新唐书》卷四一《地理志五·江南道》，中华书局，1975 年，第 1070 页。李吉甫撰，贺次君点校：《元和郡县图志》卷二八《江南道四·吉州》，中华书局，1983 年，第 673 页。参见冻国栋：《唐代人口问题研究》，武汉大学出版社，1993 年，第 12–21 页。

② 欧阳守道：《颜鲁公祠堂记》，嘉靖《吉安府志》卷六《舆地志·祠庙》，《北京图书馆古籍珍本丛刊》第 31 册，书目文献出版社，1996 年，第 555–556 页。

贬为道州（治所在今湖南省永州市道县）刺史和韩愈被贬为潮州（治所在今广东省潮州市潮安区）刺史的经历并举，旨在揭示三人对所贬州县民众的教化之功。这一论说有几分真实几分虚构，今已不得而知，但宋代吉州文人有意将颜真卿塑造为教化作育民众的先驱应无疑义。

厅壁记是题刻在官署厅壁上的文体，州县官署的厅壁记通常会记述当地风土人情和在任官员的善政。① 皇甫湜《吉州刺史厅壁记》和《吉州庐陵县令厅壁记》，是反映唐代吉州社会风貌的重要篇章。皇甫湜是大文豪韩愈的门生，他在唐宪宗元和十一年（816）坐事贬居吉州。次年张锡由江州刺史转任吉州刺史。② 皇甫湜在《吉州刺史厅壁记》中写道："自江而南，吉为富州，民朋吏嚚，分土艰政。盖以近岁适兹不幸，绍继无状，大官以降为者，羞薄而不省务，子弟以资授者，侵欲而不顾法，州遂疮痍。"吉州物产丰饶仓廪殷实，但胥吏和民众奸诈狡猾，几任刺史都不得其人。张锡到任后"大新其典，为之开之以修省简便，键之以勤强练密"，大刀阔斧地整饬吏治肃正纲纪，官府和乡里的风气随之焕然一新。③ 类似论说也见于皇甫湜在张儇担任庐陵县令后撰写的《吉州庐陵县令厅壁记》，载："材竹铁石之赡殖，苞筐鞿缉之富聚，土沃多稼，散粒荆扬。故官人率以贪败。令日两趋州衙，退只承录判将校，事之纷错，率相关临。烦言易生，凡事难专，故愈不理。"官员面对繁剧政务常虚应了事，以致激起民变。张儇到任后极力革除弊政，"剸繁决剧以通敏，弹豪纠黠以沉断。清白之操，

---

① 杨俊峰：《我曹之春秋：盛唐至北宋官厅壁记的刊刻》，《政治大学历史学报》第 44 期，2015 年 11 月。

② 郁贤皓：《唐刺史考全编》卷一五八《江州（浔阳郡）》、卷一六二《吉州（庐陵郡）》，安徽大学出版社，2000 年，第 2282、2349 页。

③ 皇甫湜：《皇甫持正文集》卷五《吉州刺史厅壁记》，《中华再造善本》影印中国国家图书馆藏宋刻本，北京图书馆出版社，2003 年，叶 3b– 叶 4b。

较然绝类，便安之谣，流而远闻"。[1] 皇甫湜所记吉州刺史和庐陵县令的善政应有溢美成分，不过唐代吉州兼具财赋丰饶和难以治理的特点倒是不争的事实。

由于吉州在唐代开发程度不高，中原士人通常认为吉州是崇尚巫鬼之地。贺凭在唐武宗会昌年间被任命为永新县令，好友李远为他饯行时，援引幼年在永新生活的名相牛僧孺的话来告诫他："其地有崇山叠嶂，平田沃野，又有寒泉清流以灌溉之。其君子好义而尚文，其小人力耕而喜斗。而其俗信巫鬼，悲歌激烈，呜呜鸣鼓角，鸡卜以祈年，有屈宋之遗风焉"。[2] 这一论说应是中原士人对荆楚地区推崇巫鬼祭祀与屈原遗风的想象和附会，恐怕不能反映吉州民风的实情，但却真实地反映了中原士人以江西为畏途的心态。

唐末至宋初大量躲避战乱的北方大族迁入吉州，极大地推动了吉州的开发进程。[3] 这些家族在定居后的数十年间，就涌现出了许多以科举为业的族人。[4] 他们跻身仕途后多能回馈乡里，并提携有志于问学入仕的家族成员，宋代吉州科举就因这些南迁家族而骤然勃兴。不过，欧阳氏家族并

① 皇甫湜：《皇甫持正文集》卷五《吉州庐陵县令厅壁记》，《中华再造善本》影印中国国家图书馆藏宋刻本，北京图书馆出版社，2003年，叶2b–叶3b。

② 此文不见于唐代史籍，而是首见于雍正《江西通志》，疑系永新官员从当地贺氏族人处访得。永新贺氏奉贺循为始祖的各房于民国十四年共同编成的《贺氏十三修族谱》收录有李远此文，或为佐证。见李远：《送贺著作凭出宰永新序》，雍正《江西通志》卷一三六《艺文·序一》，《中国方志丛书·华中地方》第782号，成文出版社，1989年，第2633页。李远：《送著作郎出宰永新诗序》，《贺氏十三修族谱》卷首，上海图书馆藏民国十四年镜湖堂活字本，无叶码。

③ 吴松弟：《北方移民与南宋社会变迁》，文津出版社，1993年，第60–63页。劳格文：《总论》，刘劲峰、耿艳鹏主编：《吉安市的宗族、经济与文化》，国际客家学会、海外华人资料研究中心、法国远东学院，2005年，第26–28页。

④ 青山定雄：《五代宋に於ける江西の新興官僚》，《和田博士還暦記念東洋史論叢》，讲谈社，1951年。伊藤宏明：《唐末五代期における江西地域の在地勢力について》，川勝义雄、砺波护编：《中國貴族制社會の研究》，京都大学人文科学研究所，1987年，第275–318页。

不在唐末宋初的南迁家族之列。根据欧阳修的《欧阳氏谱图》，欧阳琮早在唐玄宗天宝初年担任吉州刺史时，便率领族人在吉州定居，其八世孙欧阳万曾担任安福县令。欧阳万通常被视为吉州欧阳氏的始祖，其玄孙共有六人，分别为欧阳谟（安福洞渊派始祖）、欧阳託（庐陵安德派始祖）、欧阳詥（安福黄石派始祖）、欧阳堂（庐陵永和派始祖）、欧阳弘（庐陵钓源派始祖）、欧阳戊（安福义历派始祖）。他们的后代在宋代开枝散叶，既有定居吉州和周边各州县者，也有远迁今湖南、湖北和安徽等地者。他们因此成了明代中期吉安府欧阳氏编修通谱时的"六宗"。

北方人口的迁入使吉州的财赋优势进一步扩大。种植水稻是宋代吉州民众的主要生计方式，粮食产出通过赣江大量贩往长江下游诸州，赣江及其支流成为联系吉州各县的重要纽带。泰和人曾安止在宋哲宗绍圣元年（1094）前后撰成的《禾谱》中述及吉州粮产之丰饶曰："江南俗厚，以农为生。吉居其右，尤殷且勤。漕台岁贡百万斛，调之吉者十常六七，凡此致之县官者耳。春夏之间，淮甸荆湖，新陈不续，小民艰食。豪商巨贾，水浮陆驱，通此饶而阜彼乏者，不知其几千万亿计。朽腐之逮，实半天下，呜呼盛哉！"[①]吉州民众勤于农事，当地粮食产出通过发达的赣江航运调往江淮流域州县，表明吉泰盆地诸县至宋代已成为赣江水道和京广驿路上的重要枢纽，人口增殖、商贸繁荣和举业兴盛等因素，共同助推吉州成为江西望郡。

随着赣江中游的开发逐渐深入，各条支流成为连接沿岸村落的纽带。以吉水县文昌乡倚富村（今属吉水县水南镇）为例，该村地处泷江中游的河弯处，据村中所藏清文宗咸丰十一年（1861）编成的《倚富萧氏谱》，宋太宗太平兴国年间（976—984）萧俨由吉水县富源村迁至当地，是为该村

---

① 曾安止：《禾谱》序，转引自曹树基：《〈禾谱〉校释》，《中国农史》1985 年第 3 期。

始迁祖。宋代与倚富萧氏通婚的家族，包括位于泷江沿岸的外固张氏、赤岸陈氏、吟村鞠氏、曲陂彭氏、沙田刘氏、上车曾氏、下车曾氏、夏朗刘氏、西团张氏、富滩郭氏、值夏胡氏，位于恩江沿岸的流坑董氏、丁江张氏、双橹彭氏、下璜刘氏、滩头李氏，位于赣江沿岸的永和周氏、涩塘杨氏等，仅少数家族如泸源颜氏及睦陂曾氏远离赣江干流和支流定居，不难推想这些河流在沿岸家族构建婚姻网络时发挥的重大作用。赣江中游开发愈益深化的另一表现，是区域内水上神灵的兴起。安福人王庭珪在宋高宗绍兴三十一年（1161）为泷江下游的萧泷庙撰写记文，就提到泷江部分河道蜿蜒曲折，"舟上下与石不避，则有破碎沦溺之患。或谓神之威灵，以惊骇斯民。古有庙谓之萧泷，不知其始所以名者。……问故老，皆云古宿相传泷之神甚灵，而姓萧，乡人严奉久矣"。①萧泷庙应乘舟出行的士民之需而出现，正是宋代赣江及其支流航运愈渐兴盛的写照。

宋元是吉安士人建构当地文章节义传统的关键时期。宋宁宗嘉泰四年（1204），庐陵知县赵汝厦因当地先贤欧阳修、杨邦乂和胡铨所得谥号皆有忠字，遂于县学立三忠祠以劝励后学。周必大应邀撰写记文。他开篇即指出"文章，天下之公器，万世不可得而私也；节义，天下之大闲，万世不可得而逾也"，三忠兼得这两种秉性，故后世士民应以三忠为榜样。他还称颂欧阳修"以六经粹然之文，崇雅黜浮，儒术复明，遂以忠言直道辅佐三朝"，杨邦乂"戟手骂贼，视死如归，国势凛凛"，胡铨在秦桧力主与金国议和时"毅然上书，乞斩相参虏，使三纲五常赖以不坠"，此为吉州以"文章节义之邦"见称的开端。②庐陵人彭士奇在元仁宗延祐五年（1318）前

① 　王庭珪：《庐溪先生文集》卷三五《萧泷庙记》，《宋集珍本丛刊》第34册影印明嘉靖五年刻本，线装书局，2004年，第672–673页。
② 　周必大撰，王瑞来校证：《周必大集校证》卷六〇《庐陵县学三忠堂记》，上海古籍出版社，2020年，第894页。

后编辑的《庐陵九贤事实始末》共有九卷，记述了欧阳修、杨邦乂、欧阳珣、胡铨、周必大、杨万里、胡梦昱、欧阳守道、文天祥的忠义事迹，与同时期在吉安府学明伦堂东侧营建的九贤祠一同成为展示当地文化传统的窗口。

明清吉安社会历史的基本线索是由盛转衰的科举事业和逐渐壮大的宗族组织。明代前中期吉安科举的辉煌成就，主要归功于台阁体文学在政治中枢的影响力。台阁体是永乐至正统年间（1403—1449）由内阁臣僚创立并倡导的文体，台阁体诸家皆推崇诗和古文等传统文学体裁，所作诗文追求雍容平和、典雅正大的风格。台阁体文学与江西乡邦文学有着密切关系，而江西乡邦文学恰恰以欧阳修之文为追摹师法的对象。泰和名相杨士奇是台阁体诸家的领袖，曾利用东宫老师的身份引导太子（后来的明仁宗）研习欧阳修文，他在《滁州重建醉翁亭记》中就说明仁宗在东宫时，"览公（欧阳修）奏议，爱重不已，有生不同时之叹"，还称赞"三代以下之文，惟欧阳文忠有雍容醇厚气象"。[1] 黄佐《翰林记》也说明仁宗曾感慨："为文而不本正道，斯无用之文；为臣而不能正言，斯不忠之臣，欧阳真无忝矣！"[2] 正因为台阁体文学承自欧阳修之文，而吉安举子因颇擅此体而连登高第，所以欧阳修被视为开启吉安文运的关键人物。明英宗正统十二年（1447），安福人李时勉以国子祭酒致仕，吉水人周叙撰文庆贺，就称"吾吉郡自欧阳公以古文风节倡天下，后之君子相继而起者至今愈盛，则吉郡之文学岂

---

[1] 杨士奇：《东里文集》卷二《滁州重建醉翁亭记》，《明代诗文集珍本丛刊》第10册，国家图书馆出版社，2019年，第321页。

[2] 黄佐：《翰林记》卷一一《评论诗文》，《中华再造善本》影印南京图书馆藏清初抄本，国家图书馆出版社，2013年，叶13b。

镇江博物馆藏谢环《杏园雅集图》

非有源流哉！"①

明代宫廷画家谢环绘制的《杏园雅集图》，描绘了正统二年（1437）杨士奇、王直、周述、钱习礼、李时勉、陈循等六位吉安籍名士和杨荣、杨溥、王英三位重臣宴聚的场景。当时杨士奇贵为内阁首辅，王直为詹事府少詹事，周述为詹事府左庶子，钱习礼和李时勉为翰林侍读学士，陈循为翰林侍讲学士，皆系台阁体文学的代表人物，由此不难想见彼时吉安籍士人在朝政和取士方面影响之巨。②明宪宗成化七年（1471），泰和官学修缮完毕，泰和人曾蒙简应知县谭昇的邀请撰写记文，也称"士之鏖战于文场者，自乡试以至廷试，屡占第一之选。释褐而登仕版者，内而公卿郎署，外而牧伯守令，学校百执事、道德文艺事业著称于时者，不可胜数"。③所论虽系泰和的科举盛况，但推之于吉泰盆地诸县也能成立。

泰和人尹直在明武宗正德二年（1507）编定的《謇斋琐缀录》，收录有吉水人刘充化称颂吉安名贤的数篇诗作。《十阁老》曰："皇明内阁秉衡钧，吉郡堂堂已十人。东里后来名尹直，南皋先进是陈循。定之安简胡光大，纯道彭华解缙绅。千载贞元嘉会合，天教诸老佐昌辰。"《九尚书》曰："开国分曹设六卿，吏工户礼及兵刑。周忱王直连王概，萧晅肃祯并广衡。更有二刘联八座，历迁三部是维祯。满朝金紫皆时杰，尽是庐陵九邑人。"《十状元》曰："天开文运盛庐陵，累占鳌头已十人。胡广时中兼子荣，彭时刘俨与罗伦。后来彭教同曾彦，前有陈循并鹤龄。何事三元争些子，斯

---

① 周叙：《石溪周先生文集》卷六《送国子监祭酒李先生致事序》，《四库全书存目丛书》集部第31册，齐鲁书社，1997年，第682页。

② 尹吉男：《政治还是娱乐：杏园雅集和〈杏园雅集图〉新解》，《故宫博物院院刊》2016年第1期。

③ 曾蒙简：《重修文庙记》，乾隆《泰和县志》卷三〇《艺文志·记上》，《中国方志丛书·华中地方》第838号，成文出版社，1989年，第1614页。

文颙望在明春。"①这几篇作品虽然只列举了明代前中期成就斐然的吉安士人姓名，并未揭举彼时吉安贤才辈出的原因，但其中蕴含的对家乡文风之盛的自豪感，应与当地民众无异。安庆府潜山（今安徽省安庆市潜山市）人刘仕义所撰《新知录》也说："江西一省可谓冠裳文物之盛，而吉安一府为尤最。自洪武辛亥至嘉靖己未，凡六十科，吉安进士七百八十八人，状元十一人，榜眼十一人，探花十人，会元八人，解元三十九人，登第者二十八人，官至内阁九人，一品六人，赠三人，尚书二十二人，赠四人，左右都御史六人，得谥二十五人，盛哉！"②明代前中期吉安府举业之盛可见一斑。

正统至景泰年间（1436—1457），台阁体诸家逐渐退出历史舞台，吉安府的举业随之由盛转衰。而王守仁的心学被吉安籍学者广泛接受，则加剧了吉安科举的衰落。③吉水人邹元标在写给友人的信中说："吾乡学问极能缠缚英豪，三尺竖儿口能谈阳明。问其所以为阳明，白头不知也。"④就是王学影响甚巨的例证。随着王学在吉安府不断传布，独以科举功名为重价值观逐渐被破除。⑤吉水人罗洪先为《皇明吉安进士录》撰写序文，就感叹"人品与科第不能尽相值"，还指出许多吉安名贤没有进士功名，身后仍能受到祭拜，部分进士热衷于题名留墨，生前却已鲜为人知。⑥泰和

---

① 尹直：《謇斋琐缀录》卷八，《原国立北平图书馆甲库善本丛书》第553册，国家图书馆出版社，2013年，第394—395页。

② 刘仕义：《新知录摘抄·吉安文物之盛》，《丛书集成初编》第2928册，商务印书馆，1936年，第72—73页。

③ 陈时龙：《明代中晚期讲学运动（1522—1626）》，复旦大学出版社，2007年，第76—90页。

④ 邹元标：《邹子愿学集》卷二《柬友人》，《四库提要著录丛书》集部第128册，第70页。

⑤ 张艺曦：《阳明学的乡里实践——以明中晚期江西吉水、安福两县为例》附录二《吉安府价值观的转变——以两本府志为中心的分析》，北京师范大学出版社，2013年，第304—326页。

⑥ 罗洪先：《念庵罗先生文集》卷一一《〈皇明吉安进士录〉序》，第362—363页。

人郭子章为甘雨所辑《吉安贡举考》撰写序文，措辞较罗洪先更为激烈：通过进士考试步入仕途的方式极盛于唐宋，但唐代名相李德裕、宋代硕儒周敦颐和靖康战败后自缢殉国的张叔夜，都不是进士出身。接连通过进士和制科考试者中，也有在西川节度使任上起兵叛唐的刘辟和降金后被册封为伪齐皇帝的刘豫这些败类。明代以来吉安名贤辈出，诸如久居台阁显位的杨士奇，重振江西诗派的刘崧，靖难之役中以身殉帝的周是修，虽没有进士功名，但事迹书不胜书，许多进士出身者都无法与之比肩。王省在靖难之役中尽君臣之义而死，刘髦终身未仕以师道自任，罗用俊致力授业教成贤子罗钦顺，刘魁冒死进谏明世宗停修道观，刘阳不附奸臣归乡传扬王学，刘元卿绝意科名却以精研王学被征聘为官，他们虽没有考取进士，但仍能青史留名，所以有无进士功名不是衡量成就高低的唯一标准。① 罗洪先和郭子章的主张，反映了表彰人物的标准逐渐偏向其道德动机和行为实践，这恰与明代后期以降吉安府举业的衰落相适应。

宋代以降吉安以健讼而闻名，这是吉安历来号称难治的重要原因。② 罗洪先在元人朱思本所绘《舆地图》基础上增补而成的《广舆图》这样描述吉安府民风："民用不足，咸赖于他郡。其俗尚气，君子重名，小人务讼。政事旁午，古称难治之郡。"③ 成化四年（1468）许聪被任命为吉安知府，他在赴任前忧心忡忡地向明宪宗上奏，称吉安府辖境面积广大，适宜耕作

① 郭子章：《青螺公遗书合编》卷一九《吉安贡举考序》，《明别集丛刊》第 3 辑第 94 册，黄山书社，2015 年，第 517 页。

② 方志远：《明代吉安的争讼》，《南昌职业技术师范学院学报》1992 年第 4 期。山本英史著，阿风译：《健讼的认识和实态——以清初江西吉安府为例》，中国政法大学法律史学研究院编：《日本学者中国法论著选译》，中国政法大学出版社，2012 年，第 576-601 页。小川快之著，赵晶编译：《传统中国的法与秩序——从地域社会的视角出发》第一编第五章《明代江西的开发与社会秩序》，元华文创股份有限公司，2018 年，第 86-93 页。

③ 朱思本绘，罗洪先增纂：《广舆图·江西舆图三》，西安地图出版社，2012 年，第 34 页。

的田地却相当有限；户口数目繁多，财谷之利却难称丰厚；文人贤士辈出，但也常有强宗豪右为非作歹。宗族之间常因争夺私利而大兴讼端，吉安府衙每日最多可收到八九百份诉状，每年由府衙转呈江西提刑按察使司勘合的案件多达三四千起。这些讼案往往牵连极广，涉案者少则数十人，多则逾百千，大量案件因涉案者顽固狡诈而长年无法审结，以致"良善被其枉害，小民不得安生"。为应对这种复杂局面，许聪提请明宪宗授予便宜行事之权并最终如愿。[①] 从许聪的论说来看，宗族组织的强势是当地聚讼纷纭的诱因。为约束宗族组织的活动，吉安文士曾编写多种告诫族人的语录。这些语录通俗易懂，皆关乎民众日常生活。例如罗洪先所编语录："人莫不自食其力，皆以力之所及，为享之厚薄，未有饱食无所事事者。若终日息荒，忘其本业，不独身为弃材，殃咎亦至。""居家宜厚于宾祭，薄于自给。却须量入为出，勿相竞为侈靡。否则不至失所，必致败德。然吝啬过甚，则怨恶随之，亦所不可。""宗族邻里以谦和退让为尚，不可校量是非。久之，情意浃洽，争讼自解。盖今人小不能忍，一言之间，遽欲求直，报复相寻，毕竟何益。""训子弟，教诗书，守道理为第一事，不得假之声势，诱以利欲。盖年少习惯成性，既长，变化甚难。此系家道兴衰，不可不慎。"[②] 这些语录符合朝廷意识形态，无疑具有笃厚人伦、劝励风俗的功能。

欧阳氏家族是吉安较早孕育出宗族组织的家族，欧阳重是明代后期促成吉安欧阳氏联宗合族的重要人物。他字子重，号三崖，是欧阳弘的二十一世孙，明武宗正德三年（1508）吕柟榜第二甲第五名进士出身。[③]

---

① 《明宪宗实录》卷五六，成化四年七月癸未，《明实录附校勘记》第 23 册，"中研院"历史语言研究所，1962 年，第 1152–1153 页。

② 罗洪先：《念庵罗先生文集》卷六《谕俗》，《四库提要著录丛书》集部第 277 册，第 289 页。

③ 万历《吉安府志》卷二〇《列传三》，第 1152–1153 页。《续修安福令欧阳公通谱》水陂世次，上海图书馆藏民国间影印清乾隆十五年活字本，叶 2b– 叶 3a。

明世宗嘉靖二年（1523）四月，欧阳重参加完母亲的葬礼从蜀地回到家中，族中长辈前来吊唁时，说起近年先祖墓地被乡人盗掘的事情："我们的先祖欧阳谷（欧阳託之曾孙），原本安葬在儒林乡第四都欧桂里傅家坑。居住在欧桂里横溪村（今吉州区兴桥镇上边村）的萧诏盗掘并移走了谷公妻子的棺材。"欧阳重听罢，倍感震惊，众人又说："如果不解决这个问题，其他祖坟恐怕也将遭此劫难。"这年八月，欧阳巽庵找到欧阳重，告诫他组织族人前往祭奠欧阳谷并调查萧诏盗掘祖墓的情况。欧阳重依言前往，随后将实情报告给知县徐冠。徐冠勘验欧阳谷墓地的遗存后，下令提审萧诏。谁知萧诏早有准备，他找来一位名叫曾肖庸的无赖为自己作伪证，并许诺事成之后必予重金。曾肖庸在堂上煞有介事地辩解道："傅家坑是我买下的地，萧诏之妻曾氏要改葬他所，所以出售了傅家坑，还有字据为证。"徐冠听罢，深感案情复杂，便将此案移交给上级官员审理。但由于一同应诉的萧诏之子萧森能言善辩，审案官员仍无法判决，案子又被转交给吉安府同知徐吉贞审理。在论辩环节，欧阳重质问萧诏："你的先祖都埋葬在傅家坑吗？"萧诏称是，并说在当地傅家坑又名傅家坊或傅家岭。欧阳重又问："你的先祖在过去几百年间都埋葬在傅家坑吗？"萧诏仍称是。欧阳重听罢，遂拿出《欧阳氏世次》碑拓本向同知展示，上面写着："谷为筠州团练副使，官至检校水部员外郎，葬傅家坑，夫人王氏。"欧阳重又说："欧阳谷之墓在傅家坑，所以傅家坑是欧阳氏族产，不能因为墓地远离欧阳氏居住地，且时代久远，便否定这个事实！"听到这里，同知高呼："案情都清楚了！"他质问曾肖庸："假如你说的属实，那么傅家坑埋葬着你的哪位祖先？"曾肖庸支支吾吾，同知又问："记得你的曾祖、祖父、父亲的名字吧？写下来！"曾肖庸以不会写字敷衍应付。同知命书吏代笔，曾肖庸见状只得沉默并服罪。傅家坑还归原主后，欧阳重将上述经过写进了《水部府君讳谷公复葬傅家坑墓志铭》作为纪念。[①]欧阳氏族人之所以成功夺回祖茔，与宗族组织提供的支持关系颇大。

欧阳瑜在明代后期吉安欧阳氏联宗活动中同样扮演了重要角色。他字汝重，号三溪，是欧阳戈的二十一世孙。[②]明神宗万历元年（1573），奉祀吉安欧阳氏始祖欧阳万的祠堂落成，六宗后裔齐聚总祠祭拜始祖。欧阳瑜在竣工仪式上发表了一番讲话，反映了他对联宗意义的认识："盖建祠固难，而保祠尤难；合族固难，而保族尤不易也。夫善继善述，本在孝弟，无念尔祖，聿修厥德。非修德则于孝弟有歉，非孝弟则不能爱亲敬长，其视父兄子弟不免秦越，欲其保族难矣。故曰：'自天子以至于庶人，壹是皆以修身为本。'不能修身，则本乱而末治者，有是理乎？愿为父而慈，则能修父之身矣；为子而孝，则能修子之身矣；为兄而友，则能修兄之身矣；为弟而恭，则能修弟之身矣。推而至于宗族乡党，莫不尽其职业，以修吾之身，以完天之所赋，以全吾父母之遗体也。吾富矣，吾当周其贫；吾贵矣，吾当怜其贱；吾众矣，不敢暴其寡；吾强矣，不敢凌其弱。其视贫者、贱者、寡者、弱者，皆吾一气之所分，安肯以途人视之而漠然不加之意乎！自今会合之后，各思为一祖之亲，见己之过而不见过之在人，见己之非而不见非之在人，则随其所遇，无往非和，气之周流，而我祖在天之灵，必喜吾子姓之皆入于善也。不然，则人众日乱，乱则争，争则离，离则不祥莫大焉。"总祠竣工仪式结束后，欧阳瑜又委命欧阳堂的二十三世孙欧阳春编修通谱，历时三十四年乃成其事。该谱内容包括《撰述叙》《本原图》《世系图》《名位志》《恩纶志》《忠节志》《理学志》《耆逸志》《祠墓志》，另有不分卷的六宗世系，

---

① 欧阳重：《水部府君讳谷公复葬傅家坑墓志铭》，《续修安福令欧阳公通谱》杂志，叶5a–叶5b。

② 万历《吉安府志》卷二五《儒行传》，第1493–1494页。《续修安福令欧阳公通谱》东冈世次，叶3b–叶4a。

乃辑录一百余种房派支谱而成。[①]欧阳氏家族在明代后期的联宗活动并非特例，嘉靖初年"大礼议"后，朝廷默许士大夫之家修祠祭祖，联宗活动也在明代后期至清代愈演愈烈。

顺治《吉安府志·列传》序言论述了吉安从"陋区"转变为堪比邹鲁和吴越的人文渊薮的过程："汉魏而还，吉犹陋区也，千有余年，或得数人焉耳。永叔（欧阳修）生，文章启；益公（周必大）出，名臣著；宋瑞（文天祥）作，忠节显；文庄（罗钦顺）起，理学明。科第甚盛，弁冕寰区。至于仕宦之籍，几充栋矣，彬彬乎邹鲁、吴越，何多让焉。"[②]欧阳修、周必大、文天祥和罗钦顺被视为推动吉安人文蔚起的关键人物，可见欧阳修对吉安社会历史的影响非同一般。而欧阳修故里的美名，有关各县自然志在必得，下面就来探讨这一话题。

---

① 欧阳春：《欧阳氏六宗通谱引》，《续修安福令欧阳公通谱》旧序，叶 6b。
② 顺治《吉安府志》卷一八《列传一》，《中国方志丛书·华中地方》第 272 号，成文出版社，1976 年，第 275 页。

第二章

欧公故里争夺战

　　欧阳修自署名号中最具影响力的是"庐陵欧阳修"，这里的庐陵是吉安旧名庐陵郡的简称。由于庐陵一词指涉的对象包括吉安所有辖县，因此历代文人虽皆认可欧阳修为吉安人，但对其籍贯是在吉安的庐陵县，还是吉水县抑或永丰县并未达成共识。特别是清代这三个县的官员和文人围绕欧阳修籍贯的论争，声势浩大且持久不绝。笔者无意充当欧阳修故里之争的审判官，而是试图梳理宋代至明代有关欧阳修籍贯的论说，以及清代庐陵、吉水、永丰三县围绕欧阳修籍贯归属的纠纷历程，以期揭示欧阳修在吉安的文化影响力。

　　欧阳修自署名号时称庐陵而非吉州，与魏晋隋唐的郡望书写传统有关。郡望指累世居住于某郡而为当地所仰望的高门大族，书写形式是由郡名和姓氏合并而成，如长沙刘氏、琅琊王氏、兰陵萧氏等。随着唐代后期至五代门阀士族的衰落瓦解，郡望与姓氏的关系变得模糊不清，同姓异宗的家族共同享有一个郡望的现象愈益普遍，郡望变成了可被同姓共享的姓望标志。[①] 也就是说，在欧阳修生活的时代，郡望已不能反映家世高低。欧阳

---

① 郭锋：《郡望向姓望转化与士族政治社会运动的终结——以清河张氏成为同姓共望为例》，张国刚主编：《中国社会历史评论》第 3 卷，中华书局，2001 年，第 74–87 页。

修在早年的作品中自署"渤海欧阳修",原因便在于欧阳氏曾为渤海郡的望族。此外,宋代异姓封爵以地名为爵号,获封者姓氏影响力最大的郡或县通常就是爵号。欧阳修的爵号之所以是信都县(今河北省衡水市冀州区)和乐安郡(治所在今山东省淄博市高青县),是因为魏晋隋唐时两地的欧阳氏家族颇具声望。

周必大于宋宁宗庆元二年(1196)编成的《欧阳文忠公集》,收录有欧阳修行状、墨本和朱本《神宗实录·欧阳修传》《神宗正史·欧阳修传》和《四朝国史·欧阳修传》,都是证明欧阳修籍贯归属的重要资料。行状主要记述逝者的世系、籍贯、生卒年月和生平事迹,是墓志和官修史籍的重要史源,通常由熟悉逝者的亲朋撰写。《欧阳文忠公集》所收吴充为欧阳修撰写的行状,谓欧阳修"本贯吉州永丰县明德乡"。[①]实录是朝廷修史机构在皇帝驾崩后,依据起居注、时政记和日历等官方史料编纂的编年体史籍,在重要官员辞世的纪事下,通常附有这位官员的传记。墨本《神宗实录》告成于宋哲宗尚未亲政的元祐年间(1086—1094),其中所收《欧阳修传》未直言欧阳修籍贯,而是说"(欧阳万)为吉州安福令,其子孙或居安福,或居庐陵。万之八世孙观,修父也,徙居永丰"。[②]朱本《神宗实录》告成于宋哲宗亲政后的绍圣年间(1094—1098),系在墨本基础上用朱笔删补而成,其中所收《欧阳修传》对欧阳修籍贯的叙述沿袭了旧说,称"询裔孙万为吉州安福令,其子孙因家焉。至修父观,始徙居永丰"。[③]国史是在实录基础上改编的纪传体史籍,崇宁年间(1102—1106)告成的《神宗正史》和淳熙年间(1174—1189)奏进的《四朝国史》的《欧阳修传》

---

① 欧阳修:《欧阳文忠公集》附录卷一《行状》,《中华再造善本》影印中国国家图书馆藏宋庆元二年周必大刻本,北京图书馆出版社,2005年,叶8b。

② 欧阳修:《欧阳文忠公集》附录卷三《神宗实录本传(墨本)》,叶1a。

③ 欧阳修:《欧阳文忠公集》附录卷三《重修实录本传(朱本)》,叶12a。

皆谓欧阳修为吉州永丰人。① 这样看来，欧阳修籍贯在永丰是宋代史官的共识。此外，韩琦为欧阳修撰写的墓志述及欧阳修籍贯，也说"自公祖始徙居吉水，后吉水析为永丰，今为永丰人"。② 可见欧阳修籍贯归属在北宋尚无争议。

如果说上述史料皆出自《欧阳文忠公集》，尚有来源单一以致论证效力不足的弊端，那么宋人有关欧阳修近亲籍贯的论说，应足以反映时人对欧阳修籍贯的普遍认知。毕仲游与欧阳修三子欧阳棐交谊深厚，他为欧阳棐撰写的传记开篇即称："叔弼甫字也，名棐，其先庐陵永丰人也。"③ 欧阳通理是欧阳修同父异母兄欧阳晒的长子，清宣宗道光年间（1821—1850）在永丰县明德乡沙溪附近的严坑发现的欧阳通理墓志，出自欧阳修长子欧阳发的手笔，起首曰："君讳通理，字适中，永丰人也。欧阳氏自吉州府君琮始居于庐陵，其后子孙分散，或在安福，或在吉水。永丰自吉水析置，君实前吉水人也。"④ 由此可见，欧阳修籍贯在永丰应无疑义。

除记述欧阳修及其近亲生平的史传外，宋代吉州文人的部分作品也曾论及欧阳修籍贯。例如周必大在宋宁宗嘉泰元年（1201）写给永丰人彭肃的信中就提到："永丰析吉水为邑，壤地褊小，徒以欧阳文忠公故乡，且先茔在焉。故士之力学好修者众，文献不绝。"⑤ 杨万里在嘉泰二年（1202）

---

① 欧阳修：《欧阳文忠公集》附录卷四《神宗旧史本传》《四朝国史本传》，叶 1a、叶 10a。

② 韩琦：《安阳集》卷五○《故观文殿学士太子少师致仕赠太子太师欧阳公墓志铭》，《宋集珍本丛刊》第 6 册，线装书局，2004 年，第 610 页。

③ 毕仲游：《西台集》卷六《欧阳叔弼传》，中国国家图书馆藏清乾隆《武英殿聚珍版丛书》活字本，叶 25b。

④ 欧阳发：《鄂州武昌县尉欧阳府君墓志铭》，同治《永丰县志》卷三七《艺文志·墓志铭》、卷三八《艺文志·金石》，《中国方志丛书·华中地方》第 760 号，成文出版社，1989 年，第 2568、2864 页。

⑤ 周必大撰，王瑞来校证：《周必大集校证》卷五五《书示永丰彭肃》，上海古籍出版社，2020 年，第 820 页。

为欧阳似所建醉乐堂撰写的记文也说:"琮之叶又八传者曰万,宰吉之安福。其子若孙家于吉者,派为三支。一支为永丰之欧,六一先生是也。一支为庐陵之欧,近世诗人伯威是也。一支为安福之欧,今奉议郎赐绯鱼袋绍之是也。"① 记文中的伯威即欧阳鈇,绍之即欧阳似,可见杨万里清楚地区分了"永丰之欧""庐陵之欧""安福之欧"所属房派。文天祥为抚州乐安县进士题名碑撰写记文,则依据宋高宗绍兴十九年(1149)以永丰县一乡和崇仁县三乡置乐安县的史实,指出乐安文运因兼得永丰人欧阳修和崇仁人罗点的庇佑而昌隆:"斯土也,盖文明之会也。山川之英,扶舆清淑之所藏,是故名世出于其间。欧阳子之于永丰,文恭罗公之于崇仁,是其人也。"② 考虑到上述篇章皆非专为论证欧阳修籍贯而作,可知欧阳修为永丰人的观点应符合宋代多数吉州文人的认知。

主张欧阳修为永丰人的论说在明代仍常见于文人笔端。明太祖洪武六年(1373),郭晋调任永丰县学教谕,泰和人陈谟撰文相赠,就称"抑永丰,欧乡也,多世科巨公、老成闻家,又得子昭(郭晋)乐育其菁莪,名进士继此,有不彬彬矣乎!"③ 永丰硕儒曾棨在明宣宗宣德七年(1432)病逝后,泰和名相杨士奇为他撰写了神道碑,篇末附诗称"欧阳之乡吉之委,宋元

---

① 杨万里撰,辛更儒笺校:《杨万里集笺校》卷七六《醉乐堂记》,中华书局,2007年,第3154页。

② 文天祥:《文山先生文集》卷一二《抚州乐安县进士题名记》,《宋集珍本丛刊》第88册,第261页。类似论说也见于永丰人曾大发在咸淳八年为永丰县学新落成的进士题名碑撰写的记文:"文之古由欧阳公始,公永丰人也。永丰为吉望邑,山耸于泷冈,属诸崆峒,水发于云盖,达乎文江。是故扶舆磅礴郁积,实公发之,自是人才之盛与斯文逐日以新。"见曾大发:《进士题名碑记》,同治《永丰县志》卷三三《艺文志·记》,第2091页。

③ 陈谟:《海桑集》卷五《永丰教官序》,《景印文渊阁四库全书》第1232册,台湾商务印书馆,1986年,第594页。

连绵起禄位。天启文运赫昭晰，公奋而兴属隆世"，[1] 说的是永丰文运因欧阳修而昌盛，宋元时跻身显位的乡人连绵不绝，曾荣考取功名前仰承欧阳修带来的福泽，荣登要职后则光耀故里扶携乡族。当然，明代前期也曾出现欧阳修籍贯不在永丰的主张。吉水官学的忠节祠供奉有欧阳修、杨邦乂和杨万里的牌位。彭教为该祠撰写记文时，就专门论证了祠中供奉欧阳修的合理性："今永丰之沙溪欧阳氏之先茔，故在吉水。……沙溪故隶吉水，故吉水有忠节祠，合祀三先生者久矣。"[2] 在彭教看来，欧阳修父母之茔皆在沙溪，沙溪在至和二年（1055）以前属吉水，以后属永丰，故认定欧阳修籍贯吉水。这一论断与主张欧阳修为永丰人的观点并无根本上的抵牾，分歧系由永丰建县和吉水行政区划调整引起。

明代后期吉安的欧阳氏族人所修谱牒，也主张欧阳修先祖曾在沙溪居住。欧阳春是欧阳堂的二十三世孙，他在明神宗万历元年（1573）奉族内长老之命，开始编修六宗通谱。[3] 他先后撰写了多篇考辨各房支迁居历程的短文，其中《安福府君一世至五世图说》提到："文忠公沙溪一团，其地旧属吉水，至和间割属永丰，今为永丰地矣。泷冈墓山相去甚近，今亦为耕稼田，属之他姓，嫡脉皆外徙也。"[4] 直言沙溪为欧阳修先祖居住地，但当地已无欧阳修的直系后代。《偃由安德里徙沙溪图说》也指出，欧阳偃由庐陵县文霸乡安德里迁居吉水县明德乡沙溪后，长子欧阳观便在沙溪

① 杨士奇：《东里文集》卷一四《詹事府少詹事兼翰林侍读学士赠嘉议大夫礼部左侍郎曾公墓碑铭》，《明代诗文集珍本丛刊》第 11 册，国家图书馆出版社，2019 年，第 188 页。
② 彭教：《东泷遗稿》卷二《吉水县学忠节祠记》，《四库全书存目丛书》集部第 38 册，齐鲁书社，1997 年，第 30 页。
③ 欧阳春：《欧阳氏六宗通谱引》，《续修安福令欧阳公通谱》旧序，上海图书馆藏民国间影印清乾隆十五年活字本，叶 6a。
④ 欧阳春：《安福府君一世至五世图说》，《续修安福令欧阳公通谱》旧谱图说汇编，叶 1b。

成长。至和二年（1055）永丰建县，沙溪成为永丰辖地，"崇国公（欧阳观）故址犹存"。因为欧阳修生于绵州，长于随州，殁于颍州，葬于郑州，所以他"不止为永丰人也"。对于当时庐陵、吉水、永丰三县有关欧阳修故里的纠纷，欧阳春在文中未加论议，只是感慨"甚矣，人之贵自立耳"，流露出对籍贯纠纷的微妙不满。①

以上介绍了宋代至明代文人和民众对欧阳修籍贯的认知，可见无论是欧阳修亲友抑或是族裔，皆主张其为永丰人，但这一论说在明代已引起局部争论，至清代则发展成了持续数百年的纠纷。欧阳修籍贯纠纷的根源是宋代籍贯认定标准的双重性。宋代主要依据田产和祖茔认定籍贯，实际居住地与籍贯在法律意义上没有直接关联。具体来说，士民在某地拥有田产，即可认定其籍贯在该地，参加科举考试的学子认定户籍即依据这一标准。为使后代可在解额较多的州府参加解试，资财丰厚的家庭常采取在异地购置田产的办法来更改籍贯。相比之下，依据祖茔所在地认定籍贯更具稳定性，因此科举考试也逐渐将父祖葬地列为认定学子户籍的标准。这种将田产和祖茔一同作为籍贯认定标准的制度实践，不仅曾造成亲兄弟同年应试却籍贯不同的乱象，还导致任官须回避本籍的规定常沦为空文。②正由于宋代户籍制度尚不成熟，故士民的籍贯意识普遍淡薄。明清虽形成了比较严密的户籍管理机制，官府认定籍贯以占籍地（户籍登记地）而非原籍地（祖先著籍地）为标准，但在不涉及赋役、科举等与籍贯密切相关的事项时，士民

---

① 欧阳春：《偃由安德里徙沙溪图说》，《续修安福令欧阳公通谱》旧谱图说汇编，叶 2b-叶 3a。

② 包伟民、魏峰：《宋人籍贯观念述论》，《浙江大学学报（人文社会科学版）》2007 年第 1 期。

便可依据个人意愿认定籍贯。① 也就是说，宋代以来的籍贯认定存在诸多含糊不清之处，个人与亲朋的主张是在非正式场合认定籍贯的重要标准。

吉安府和庐陵、吉水、永丰三县方志收录了大量论证欧阳修籍贯的篇章，翔实反映了欧阳修故里论争的历程。由于现存史料难以反映每一种论说生成的具体情境，故以下主要对有关欧阳修故里论争的史料进行编年，涉及的人物包括欧阳修的曾祖欧阳郴、祖父欧阳偃、父亲欧阳观、叔父欧阳晔、长子欧阳发和三子欧阳棐。为呈现论争各方的论证思路，行文尽可能保留原文的分析逻辑。

明代后期至清代前期编纂的方志，在记述欧阳修及其近亲的籍贯时，就已出现自相矛盾的现象。明世宗嘉靖元年（1522）告成的《吉安府志》，其《人物志》科目门谓欧阳观、欧阳晔、欧阳棐为庐陵人，欧阳修为吉水人，列传门则谓欧阳郴、欧阳观、欧阳修、欧阳发为庐陵人，欧阳晔为吉水人。② 嘉靖四年（1525）刊行的《江西通志》，科目门谓欧阳观、欧阳晔、欧阳棐为庐陵人，欧阳修为吉水人，人物门则谓欧阳郴、欧阳修为庐陵人，欧阳观为吉水人。③ 这种抵牾应是编纂者杂采诸说后疏于审校所致，某种程度上也反映了当时吉安士民对欧阳修籍贯的认识分歧颇大。不过，上述自相矛盾的现象在万历十三年（1585）成书的《吉安府志》中已不复存在。该书《风土志》称永丰为"六一居士故土"，《选举表》《人物表》《列传》《名

---

① 何炳棣：《中国会馆史论》第一章《籍贯观念的形成》，中华书局，2017 年，第 6-8、9-10 页。高寿仙：《关于明朝的籍贯与户籍问题》，《北京联合大学学报（人文社会科学版）》2013 年第 1 期。

② 嘉靖《吉安府志》卷八《人物志·科目一》、卷一一《人物志·列传六》《人物志·列传七》、卷一三《人物志·列传十》、卷一五《人物志·忠节传》，第 623、625、749、753、755、776、822 页。

③ 嘉靖《江西通志》卷二六《吉安府·科目》、卷二八《吉安府·人物》，《中国方志丛书·华中地方》第 780 号，成文出版社，1989 年，第 4109、4111、4120、4480、4486、4492 页。

臣传》等篇目，谓欧阳郴籍贯为庐陵，欧阳观、欧阳晔、欧阳修、欧阳发、欧阳棐籍贯皆为永丰。[①] 顺治十七年（1660）编就的《吉安府志》，系在万历志基础上增补明末清初史事而成，故其记述欧阳修及其近亲籍贯时沿袭了万历志的论说。[②] 顺治十八年（1661）告成的《吉安府永丰县志》，在《人物志》的欧阳修传篇首称"观祖徙居吉水，至和中，析吉水为永丰，观即生于丰，后生修"。[③] 清圣祖康熙二十二年（1683）付梓的《江西通志》选举和人物部分将欧阳郴、欧阳偃、欧阳观、欧阳晔、欧阳修、欧阳棐皆认定为庐陵人。[④] 上述诸志除顺治《吉安府永丰县志》外，均未说明认定欧阳修及其近亲籍贯的依据，不难推想欧阳修的籍贯归属彼时还停留在口头争辩的层面。

康熙十年（1671）告成的《庐陵县志》，在凡例中详细阐述了欧阳修籍贯在庐陵县的证据，[⑤] 称欧阳修的先祖世代居住于庐陵县儒林乡，儒林之名有纪念欧阳修的伯祖欧阳仪考取进士的寓意。欧阳修进士登第步入仕途

---

① 万历《吉安府志》卷五《选举表二》、卷一〇《人物表》、卷一一《风土志》、卷一八《列传一》、卷二一《名臣传》，《中国方志丛书·华中地方》第 768 号，成文出版社，1989 年，第 232、234、238、577、625、667、930、1207 页。

② 顺治《吉安府志》卷五《选举表二》、卷一〇《人物表》、卷一一《风土志》、卷一八《列传一》、卷二一《名臣传》，《中国方志丛书·华中地方》第 272 号，成文出版社，1976 年，第 72、73、187、199、277、355 页。

③ 顺治《吉安府永丰县志》卷五《人物志·理学》，中国国家图书馆藏清康熙刻本，叶 2a。

④ 康熙《江西通志》卷一六《选举·荐辟》《选举·历朝进士》、卷三六《人物·吉安府》，《中国方志丛书·华中地方》第 781 号，成文出版社，1989 年，第 1361、1404、1431、3817、3819–3821 页。

⑤ 下文将要介绍的李鹤鸣《欧阳文忠系籍考》，批驳了《庐陵县志》凡例所论欧阳修籍贯在庐陵县的观点。该文收录于康熙十二年告成的《吉水县志》，但李鹤鸣引述的凡例论断却与康熙二十八年刊行的《庐陵县志》凡例相合。考虑到康熙十年庐陵知县于藻就曾主持编纂县志，且陆在新为康熙二十八年刊行的新志作序时提到编纂者曾得见康熙十年旧志，那么新志凡例可能就沿袭自康熙十年旧志。

时，朝廷还未将庐陵县所辖赣江以东各乡析出置为永丰县。宋仁宗于至和元年（1054）下令设置永丰县，也未将儒林乡划出庐陵县，因此欧阳修的籍贯在庐陵县而非永丰县。[①]该志编纂者立论的依据，是欧阳修的先祖未曾迁出儒林乡居住，且儒林乡始终隶属于庐陵县。这一论说随后遭到了李鹤鸣反驳。

李鹤鸣是吉水人，字子和，号亦庵，"幼颖悟，过目成诵"，康熙九年（1670）进士，[②]康熙十二年（1673）应吉水知县王雅之邀，参与编纂了《吉水县志》。[③]所撰《欧阳文忠系籍考》节录《泷冈阡表》碑阴面的《欧阳氏世次》后指出，欧阳修在景德四年（1007）出生时，吉州尚无永丰县。他在天圣四年（1026）于随州通过解试，获得参加省试的资格时，也还没有设置永丰县。直到至和元年（1054），朝廷下令将吉水县的报恩镇和兴平等五个乡析出置为永丰县，这一年他四十八岁，刚结束守孝回到朝廷继续任官，此后还数度被委以显职。熙宁五年（1072），他在颍州病逝，终年六十六岁。这样算来，他生命中有四十八年是吉水人，有十八年是永丰人。

在论证欧阳修籍贯所在地的区划变更情况之余，李鹤鸣提到了将欧阳修视为随州人或颍州人的观点，认为欧阳修在父亲病逝后，与母亲一同前往随州投靠叔父欧阳晔，他在随州入籍并通过解试，称他为随州人并无不妥；他曾在颍州任官和守孝，致仕后直到病逝也一直居住在颍州，称他为颍州人似也可取。但对于《庐陵县志》称欧阳修为庐陵县人的主张，李鹤鸣则认为实在有乖事理。该志凡例说欧阳修的先祖世代居住于庐陵县儒林

---

① 康熙《庐陵县志》凡例，中国国家图书馆藏清康熙二十八年刻乾隆增刻本，叶 3a。
② 道光《吉水县志》卷二二《人物志·儒林》，《中国方志丛书·华中地方》第 766 号，成文出版社，1989 年，第 1390–1391 页。
③ 王雅：《吉水县志序》，康熙《吉水县志》卷首，中国国家图书馆藏清康熙刻本，叶12a。

乡,"儒林"因欧阳修的伯祖欧阳仪考取进士而得名,《欧阳氏世次》碑中"或居庐陵"指的就是欧阳仪的后代。但仅依据这些事实,并不能认定欧阳修的籍贯在庐陵县儒林乡。欧阳郴三子欧阳仪是欧阳修的伯祖,欧阳郴五子欧阳信才是欧阳修的祖父,且参考《欧阳氏世次》碑便知欧阳信曾经从庐陵县儒林乡迁居吉水县明德乡沙溪。①《庐陵县志》凡例称欧阳修步入仕途之初,朝廷尚未将赣江以东的庐陵县辖地析出置为永丰县,忽视了吉水县先在南唐元宗保大八年(950)从庐陵县析置出来,永丰县后在至和元年(1054)从吉水县析置出来的史实,是对吉水县区划变更历史的篡改。

在反驳欧阳修为庐陵县人的观点后,李鹤鸣又分析了该观点的成因,认为主张欧阳修籍贯在庐陵县的论说之所以大行其道,是因为世人只记得他在《醉翁亭记》篇末自署"庐陵欧阳修",却不知庐陵是汉代就开始行用的郡名。汉代庐陵郡统辖十县,如今庐陵县和吉水县的辖地,在汉代分别属于吉阳县和石阳县。隋文帝时庐陵郡更名为吉州,石阳县更名为庐陵县,此后庐陵郡和吉州之名被轮番使用,直到唐肃宗乾元元年(758)改庐陵郡为吉州,庐陵郡作为政区名才被彻底废止。唐代以降士民混用庐陵和吉州之名的现象还很普遍,但所称庐陵都指庐陵郡而非庐陵县。欧阳修在诗文中自署"庐陵欧阳修",指的就是庐陵郡。

在文章结尾,李鹤鸣感慨庐陵县先贤辈出,胡铨、欧阳守道、刘辰翁等人,无论治学为文抑或德性气节,都是享誉千古的名士,本不须借重欧阳修的名望来提升文化影响力。吉水县的先贤有杨邦乂、胡梦昱、杨万里、解缙、周忱、罗通、邹元标、李邦华,皆为声名不朽的俊杰,也不必通过

---

① 据《欧阳氏世次》碑,欧阳修祖父为欧阳偃,系欧阳郴第六子。李鹤鸣以欧阳信为欧阳修祖父有误,但为呈现其原本的论证思路,正文对此不做修正。见欧阳修:《欧阳文忠公集》卷七一《(石本)欧阳氏谱图序》,叶 4a– 叶 4b。

宣扬欧阳修为吉水人来展现人文底蕴。但欧阳修的籍贯关乎对"庐陵欧阳修"名号的认识，因此有必要澄清他并非庐陵县人。[①]李鹤鸣的论证逻辑并不复杂，他依据欧阳修祖父迁居沙溪和沙溪从吉水割属永丰的史实，认定欧阳修籍贯先后归属吉水和永丰，进而指出欧阳修名号中的庐陵是指庐陵郡而非庐陵县。下文将要介绍的解文炯的观点，便与这一思路如出一辙。

康熙十二年（1673）吉水人曾弘编集的《宋丞相文山先生全集》即将付梓，时任吉水知县的王雅应邀作序，王雅在论证文天祥为吉水人之余，提到欧阳修籍贯在吉水："若欧阳，不特《泷冈阡表》证之。考公手书《欧阳世次碑》，欧阳之先，或居庐陵，或居吉水，自皇祖始定居沙溪。至和二年，分吉水置永丰县，而沙溪分属永丰。稽公至和二年乙未，公年四十九矣，官翰林学士，勋封开国伯，则公之生长仕官皆在吉，其为吉水较著也。《醉翁亭记》称为'庐陵欧阳修'者，临文声韵，以郡名概耳。"[②]论证逻辑与李鹤鸣并无二致。

清世宗雍正二年至六年（1724—1728）担任永丰知县的沈偘，有感于居住在庐陵、吉水、宜黄和崇仁四县的欧阳氏族人屡至永丰争论欧阳修籍贯，遂在核查史实后判决欧阳修为永丰人，并撰写了《欧阳文忠世系考》纪其始末："宋欧阳修为永丰沙溪人，后家于颍。明嘉靖间，邑人聂豹巡按江南，求得修十五世孙云，送归沙溪，督学徐阶奏袭祀生。永丰人醵资为授室置田，以奉先祀。国朝康熙、雍正间，吉水、庐陵、宜黄、崇仁诸欧阳氏聚众至沙溪，据田，夺栗主，争久不决。偘下车未逾月，往祭沙溪祠庙，判云：'邻邑欧阳谓为文忠族则有之，谓为文忠裔则必无之事。若

① 李鹤鸣：《欧阳文忠系籍考》，康熙《吉水县志》卷一五《艺林志下·叙》，无叶码。
② 王雅：《康熙本文山先生全集序》，祝尚书编：《宋集序跋汇编》卷四七，中华书局，2010年，第2293页。

有公裔，则当日聂侍御何不近访之邻县，而远求之颍上乎？'讼遂决。祀生欧阳嗣昌刻《归正录》以志其德。"[1] 不过沈俨的判决似乎影响有限，关于欧阳修故里论争在乾隆年间甚至还愈演愈烈。

吉水知县米嘉绩在乾隆十五年（1750）告成的《吉水县志》中也对欧阳修籍贯归属发表了一番看法：欧阳修生于景德四年（1007），在天圣八年（1030）进士登第。大中祥符四年（1011），欧阳观被葬在当时属于吉水县的泷冈山上，直到至和元年（1054），朝廷将吉水县的报恩镇和邻近数乡析出置为永丰县，泷冈山才随之转隶永丰。镌刻在《泷冈阡表》阴面的《欧阳氏世次》称欧阳观"葬吉水沙溪之泷冈"，就是泷冈山原属吉水县的铁证。永丰县创置时，欧阳修已四十八岁，进士登第也已二十五年，所以他无疑是吉水人。[2] 这一论证思路与李鹤鸣相仿，仍以欧阳观墓位于沙溪为核心论据。满洲正白旗人宁保在乾隆十九年至二十年（1754—1755）担任吉水知县期间，因米嘉绩主持编纂的县志"未尽综核"，遂提请重修县志并获批准。但宁保不久后在知县任上病故，于是重修工作改由新任知县申发祥主持。乾隆二十一年（1756）编就的《吉水县志》在《选举志》中将欧阳观、欧阳晔、欧阳修、欧阳棐列于科目门，《人物志》中收录有欧阳观、欧阳晔、欧阳修、欧阳发和欧阳棐的传文，其中欧阳修传开篇称："欧阳文忠修字永叔，吉水人。沙溪，公故乡也，至和间割沙溪界永丰，故亦称为永丰人。"[3]

---

[1] 光绪《盐城县志》卷一一《人物志二》，《中国地方志集成·江苏府县志辑》第59册，江苏古籍出版社，1991年，第212页。

[2] 乾隆《吉水县志》卷一七《人物志二·列传》，天津图书馆藏清乾隆十五年刻本，叶12a–叶12b。该志未将欧阳修诸子列为吉水人，米嘉绩在《欧阳修传》后的按语中述及考量曰："旧志有公子发传。考发生于康定元年，至永丰立县之时，年十五耳，其属出仕乡贯应属永丰，故今删去不载。"此说平正允当，惜后续编纂的县志所引米嘉绩按语皆未载录此语。

[3] 乾隆《吉水县志》卷一一《选举志一·科目》、卷一三《人物志一·列传》，《北京大学图书馆藏稀见方志丛刊》第192册，第224、225、228、515页。

结合该书未引录米嘉绩所作考辨的情形，或表明以申发祥为首的编纂者有调和分歧之意。

　　庐陵人萧元湛所撰《欧阳文忠公里居辨》是论证欧阳修籍贯在庐陵县的重要篇章。萧元湛字澹衷，曾为吉安府学生员，"性孝友，学问优长，尝以诗古冠诸生"。[①] 乾隆三十八年至三十九年（1773—1774）吉安知府卢崧主持编纂《吉安府志》期间，萧元湛进呈了《天文考》《星野考》《人物考》等篇章，部分观点曾被采纳并编入府志，《欧阳文忠公里居辨》可能就是《人物考》的组成部分。[②] 该文开篇指出，唐初率更令欧阳询之子欧阳通，有曾孙名为欧阳琮，曾任吉州刺史。欧阳氏家族在吉州定居，就始于欧阳琮。由于遭逢五代动乱，欧阳氏家族声望不显于世，但在庐陵县还属于源远流长的大族。从欧阳修的曾祖欧阳郴到欧阳修这四代人，都出生在父亲的官舍，这就是韩愈所谓"中世士大夫以官为家，罢则无所于归"。欧阳修《泷冈阡表》称母亲曾感叹"自祖而父，无一瓦之覆，一陇之殖，以庇汝为生"，一瓦指代屋宅，一陇指代田地，可见欧阳修先祖长年以官为家，在沙溪并无田宅。永丰人为了论证欧阳修先祖在沙溪居住，竟将"无一瓦之覆"改作"无一钱之积"，实在荒唐。欧阳修的伯祖欧阳仪在南唐时考取进士，乡人为纪念这一成就，将庐陵县的文霸乡安德里改称为儒林乡欧桂里，欧阳氏家族居住的履顺坊改称具庆坊，这才是欧阳修的籍贯所在地。欧桂里如今位于庐陵县儒林乡第四都回陂，当地人又称之为横溪。

---

① 　道光《庐陵县志》卷三三《人物志·行谊》，《中国方志丛书·华中地方》第 953 号，成文出版社，1989 年，第 2409 页。

② 　下文将要介绍的解文炯所撰《欧阳公纪载事迹续辩》，提到乾隆四十七年"友人持萧元湛《里居辩》见示，谓志局初开，庐邑预为此言以告纂修，故作者有骑墙之论焉"。所谓"志局初开"，指《吉安府志》在知府卢崧主持下开始编纂，结合萧元湛在《里居辨》中对府志《选举表》和《人物志》所记欧阳修籍贯自相矛盾的批驳，可知该文应作于府志稿本初成之际。

抛出欧阳修籍贯在庐陵县的观点后，萧元湛首先论证了"庐陵欧阳修"名号的含义。他指出欧阳修在父亲欧阳观担任绵州军事推官期间出生，欧阳观在泰州判官任上去世时，欧阳修只有四岁。后来欧阳修与母亲一同前往随州投靠叔父欧阳晔，并在十七岁时首次参加了随州解试，但不幸落榜。三年后欧阳修通过了随州解试，并在次年随未来的岳父胥偃前往汴京参加省试，但不幸再次落榜。二十四岁时，他以优异成绩考取了进士并步入仕途。此后他一直在宦海浮沉，直到六十五岁归老颍州，其间只在皇祐五年（1053）扶护母亲灵柩归葬祖茔时，造访了故里庐陵县儒林乡回陂。他在诗文中自署"庐陵欧阳修"，本意是避免被误认为籍贯在绵州、随州或颍州，不料竟在离世数百年后被误认为是永丰人。就连雍正十年（1732）刊行的《江西通志》和知府卢崧正在编纂的《吉安府志》这样的信史，都说欧阳修籍贯在永丰，实在令人唏嘘。唐代以来，庐陵郡之称已被吉州取代，庐陵县则是吉州的附郭县。倘若欧阳修名号中的庐陵指庐陵郡而非庐陵县，难道欧阳氏家族居住的儒林乡欧桂里具庆坊位于永丰沙溪吗？欧阳修在诗文中仅称沙溪有祖茔而不言有田宅，倘若仅凭欧阳观葬在沙溪，就认定沙溪是欧阳修先祖的居住地，进而认定欧阳修籍贯在沙溪，那么欧阳修的叔父欧阳颍和欧阳晔分别葬在荆州和安州，难道据此可以认定欧阳修是荆州人或安州人吗？

在阐明欧阳修名号中的庐陵指庐陵县之余，萧元湛还提到自己拜谒庐陵县儒林乡横溪的因果寺时，听僧人说起横溪旧称回陂，寺内藏有欧阳修所作《寄题因果寺》，诗曰："故园寥落晚风斜，一径崇邱两坞岈。只有血痕题木石，谁将墨迹话桑麻。汾人作社年年似，疏子还乡老老嗟。钓把溪回思往事，空山黄叶乱飞鸦。"萧元湛认为世代居住在儒林乡的耆老尚且不知横溪旧称回陂，僧人不曾阅读欧阳修文集却能说出这一掌故，足以证明这是因果寺历代僧人口耳相传的珍贵史实，也是欧阳修籍贯在横溪的有力证据。考虑到欧阳修的先祖都埋葬在横溪附近，那么欧阳修文集所收《欧阳氏谱图序》说欧阳偃葬于"吉水之回陂"显然有误。

为了体现欧阳修心系庐陵县儒林乡回陂故里，萧元湛又复原了欧阳修造访回陂的行程：皇祐五年七月，欧阳修从汴京出发，扶护母亲灵柩归葬沙溪祖茔。他乘船溯赣江而上行至临江军新淦县（今吉安市新干县）的乌口渡，便改走陆路前往沙溪。他未能在这时前往回陂祭拜先祖，是因为母亲葬期将至，容不得耽搁拖延。直到当年十一月母亲的葬事结束，他才得以利用等待坟茔封土筑成的闲暇，乘船由沙溪顺恩江而下入赣江，再经庐陵县城南面的神冈山前往回陂。《寄题因果寺》就是他在回陂目睹祖宅尽毁的景象后有感而作。他在回陂只居住了不到一个月便返回沙溪，短暂停留后又经新淦回到汴京。苏轼和黄庭坚是欧阳修的门生，他们知道欧阳修的籍贯在回陂，于是相约前去踏寻欧阳修故居。二人行至回陂附近口渴，便取来路边的泉水饮用，这眼清泉因此得名苏黄泉，至今仍有泉水涌出。

萧元湛对欧阳修籍贯在庐陵县的论证到这里就告一段落了，接下来他笔锋一转，开始反驳欧阳修为永丰人的观点。他提到永丰县在至和元年（1054）从吉水县析置出来时，欧阳修已四十八岁。倘若依据欧阳观葬在沙溪，便认定欧阳修的先祖在沙溪居住，进而认定欧阳修为永丰人，那么欧阳修在永丰建县后理应自署"永丰欧阳修"，但事实是欧阳修仍在使用"庐陵欧阳修"的名号。欧阳修在写给堂弟欧阳焕的信件中，提到自己委托族人照管回陂祖茔的垣墙和树木，还说将在寒食节派人前往回陂祭墓。倘若欧阳修的先祖在沙溪确有屋宅，他的子侄理应住在沙溪守墓，他就不必再大费周章地委托族人代劳；他也可利用归葬母亲的契机，修缮沙溪祖宅并购置田地以待归老；他致仕后还能回到沙溪居住，而不至于被洪迈诟病为

"逍遥于颍，盖无几时，惜无一语及于松楸之思"。但这些只是美好的假设，现实是沙溪没有欧阳修的祖宅。甚至永丰人罗伦所撰《碧梧丹凤图序》，也称"庐陵之欧阳修"而非"永丰之欧阳修"，足以证明欧阳修籍贯不在永丰。

在论证欧阳修的先祖从未在沙溪居住后，萧元湛将话题引向了吴充所撰欧阳修行状的真伪。他认为在康熙五十九年（1720）《西江志》付梓之前，没有任何一种方志在记述欧阳修籍贯时，援引行状来论证欧阳修为永丰人，表明行状出自永丰人伪造。他甚至认为"凡言欧阳公（籍贯），志所记述无不改窜伪托。如六一堂杨万里记、府志与省志《古迹》不合，西阳宫吴澄记一驳于省志，曾大本《游泷冈记》再驳于省志，黄山谷竖泷冈阡年月三驳于省志。永丰六一祠虞道园诗及凡诸名人记，皆本集原稿所未刻"。王守仁的门生季本在嘉靖十六年（1537）担任吉安府司马期间刊行的《欧阳文忠公集》，修改了集中涉及欧阳修籍贯的文字，目的是误导世人相信欧阳修为永丰人。

萧元湛还提到，自己在乾隆九年（1744）曾遇见一位永丰籍好友，并与他论及欧阳修的籍贯所在。好友坦承欧阳修实系庐陵人而非永丰人，还称明代前中期通行的各版本欧阳修文集中，皆未收录吴充所撰欧阳修行状。永丰人聂豹获得唐顺之收藏的欧阳修文集后，才将自己伪造的行状放入集中。由于聂豹贵为兵部尚书，且当时朝中没有庐陵籍高官，这一可耻的勾当竟然被掩盖下来了。季本明知聂豹增补的行状系伪作，仍不加删削便翻刻经过聂豹篡改的欧阳修文集，王时槐也利用参修《吉安府志》的机会将欧阳修的籍贯改为永丰，导致世人不知欧阳修其实是庐陵人。所幸康熙二十二年（1683）刊行的《江西通志》，认定欧阳修及其近亲为庐陵人，才没有埋没这一史实。[①]

尽管萧元湛在卢崧主持编纂《吉安府志》期间，提出了欧阳修为庐陵人的观点，但该书于乾隆四十一年（1776）付梓时，并未全盘采纳萧元湛的主张。该书《选举表》将欧阳偁列于庐陵县荐辟，欧阳观和欧阳晔列于永丰县进士，欧阳修、欧阳棐列于庐陵县进士，[②]《人物志》庶官门的《欧阳郴传》正文称其为庐陵人，传末又有按语曰："按《世次》碑，欧阳偁始居沙溪，则当郴时，所居尚在庐陵，可知《通志》改郴为永丰人，非是。"《欧阳观传》正文称其为庐陵人，注文则称"《通志》据《世次》碑，偁始居沙溪，今隶永丰"。《欧阳晔传》正文称其为庐陵人，注文谓"后隶永丰"。[③]《人物志》大臣门的《欧阳修传》正文称其为庐陵人，注文却说"《通志》据《欧氏世次》碑定为今隶永丰"，传末依据《欧阳氏谱图》（下简称《谱图》）列举了欧阳琮的后代在吉州的定居地和埋葬地，后补充说明编纂者对欧阳修籍贯归属的认识：欧阳修在绵州官舍出生，父亲病逝后他与母亲郑氏一同前往随州投靠叔父。五代动乱期间，欧阳修先祖在庐陵县的屋宅悉数被毁，所以郑氏才有"无一瓦之覆"的感叹。《谱图》中的儒林乡欧桂里具庆坊，如今位于庐陵县儒林乡第四都，是欧阳修先祖的居住地。《谱图》称欧阳郴葬于欧桂里横溪，而横溪又称回陂。欧阳修在诗文中通常自署"庐陵欧阳修"，所以《宋史·欧阳修传》认定他是庐陵人。由于欧阳修四十八岁以前，永丰县尚未从吉水县析置出来，所以他在《谱图》中提起永丰县的先祖葬地，使用了"吉水之回陂""吉水之沙溪"等表述。雍正《江西通志》认定欧阳修为永丰人，依据的是吴充所撰《欧阳修行状》，但《谱图》未提到"祖

① 萧元湛：《欧阳文忠公里居辨》，道光《庐陵县志》卷四四《艺文志·辨》，第3651—3659页。
② 乾隆《吉安府志》卷二三《选举表·荐辟》、卷二四《选举表·进士》，《中国方志丛书·华中地方》第769号，成文出版社，1989年，第2325、2401、2403、2408页。
③ 乾隆《吉安府志》卷四一《人物志·庶官一》，第4055、4061页。

居沙溪",吴充所撰行状也称欧阳修"本贯吉州庐陵",所以欧阳修的籍贯在庐陵抑或永丰仍难定论。①

萧元湛《欧阳文忠公里居辨》的观点虽未被乾隆《吉安府志》的编纂者全盘采纳,却为乾隆四十五年至四十六年(1780—1781)主持编纂《庐陵县志》的知县林有席,提供了论证欧阳修籍贯在庐陵县的思路。林有席在《人物志》大臣门的《欧阳修传》告成后草拟了一篇短文,称欧阳修在绵州出生,在随州成长,他的先祖在庐陵县儒林乡欧桂里的屋宅毁于五代动乱,因此他的母亲只得带着他投奔随州的叔父。唐代以降欧阳氏家族就是名门,其定居地原名文霸乡安德里履顺坊,后因欧阳修的伯祖欧阳仪在南唐时考取进士,所以改称儒林乡欧桂里具庆坊。欧阳修在诗文中通常自署"庐陵欧阳修",宋人王称依据官方史籍撰写的《东都事略》和元代编修的《宋史·欧阳修传》也说欧阳修是庐陵人,可见欧阳修籍贯为庐陵县是确凿无疑的事实,但雍正《江西通志》却依据《欧阳氏谱图》认定欧阳修为永丰人。"盖永丰之沙溪,特其先人葬地所在,固不可执葬地以为其籍系居里。即其后人散居列邑,祖文忠者甚众,亦未可因子孙之别籍而并更其祖贯也。"乾隆《吉安府志》虽考辨了雍正《江西通志》的上述谬误,但未断定欧阳修为庐陵人,实在令人遗憾。②

永丰人解文炯是论证欧阳修籍贯在永丰的重要人物。他是永丰县学增广生员,博学好古,主要生活在清高宗朝。他阅读乾隆《吉安府志》后,

---

① 乾隆《吉安府志》卷三八《人物志·大臣》,第 3708–3710 页。
② 乾隆《庐陵县志》卷二六《人物志一·名臣》,《中国方志丛书·华中地方》第 952 号,成文出版社,1989 年,第 1773–1775 页。同治《庐陵县志》所收《书欧阳文忠传后》应系这段考辨文字的原稿,乾隆《庐陵县志》中的内容当为删改后的版本。见林有席:《书欧阳文忠传后》,同治《庐陵县志》卷五一《文征·题跋》,《中国方志丛书·华中地方》第 954 号,成文出版社,1989 年,第 4107–4109 页。

不满于书中记述欧阳修及其近亲籍贯时自相矛盾，且有感于欧阳修故里纷争愈演愈烈，遂撰写了《欧阳文忠公世系籍里考》。该文指出欧阳修的先祖最早居住在渤海郡（后名冀州），后迁至长沙郡（后名潭州）。唐代有位先祖名为欧阳琮，曾担任吉州刺史。欧阳琮的八世孙欧阳万担任安福县令时，两位兄弟欧阳彪和欧阳彤也一同迁居安福。后来欧阳彪偕子女迁至广州，欧阳彤的后代在泰和县和万安县定居，欧阳万的后代则分散居住在安福县、庐陵县和吉水县。欧阳託为欧阳万玄孙，居住在庐陵县文霸乡安德里。南唐时欧阳託之孙欧阳仪考取进士，乡人无不为之振奋，于是提请官府将文霸乡安德里改称为儒林乡欧桂里。欧桂里是欧阳託子孙的主要居住地，不过欧阳仪之弟欧阳偓在壮年时迁出了欧桂里。欧阳偓是沙溪欧阳氏家族的始迁祖，他的长子欧阳观就是欧阳修的父亲。欧阳观与夫人郑氏合葬在沙溪，坟茔在他们的故居右侧，所以欧阳修在《先君墓表》中说"沙溪，吾世之家且葬也"。《泷冈阡表》碑的阴面是《欧阳氏世次》，其中提到"（欧阳万）后世或居安福，或居庐陵，或居吉水。而修之皇祖始居沙溪，至和二年，分吉水置永丰县，而沙溪分属永丰。今谱虽庐陵，而实为吉州永丰人也"，表明欧阳修就是永丰人。

在阐明欧阳修祖父欧阳偓迁居沙溪的史实之余，解文炯也坦承虽然欧阳修籍贯在永丰县，但他无论出生、病逝还是参加科举考试都不在永丰。欧阳修在绵州出生，在随州成长并通过解试，考取进士后多在朝任官，纵使出任地方官也都鲜少被派往中原以外的州县。欧阳观在永丰下葬时，欧阳修只有五岁，他是否曾回到永丰参加葬礼已不得而知。皇祐五年（1053）欧阳修扶护母亲灵柩回到永丰沙溪下葬，也只在永丰短暂居住了数月便返回颍州，此后直到病逝都未再踏足永丰。由于欧阳修几乎不曾造访吉州名胜，他的作品中仅有《吉州学记》和《寄题沙溪宝锡院》两篇与故里风物相关。欧阳修致仕后选择在颍州终老，四个儿子欧阳发、欧阳奕、欧阳棐、欧阳辩也一同在颍州定居，那时永丰已经没有欧阳修的直系后代。欧阳堂的十世孙欧阳守道为西阳宫的欧阳修祠撰写记文，提到吉州知州江万里曾询问自己是欧阳修的几世孙，自己答以欧阳修并非直系先祖。世人因此都称赞欧阳守道不愿攀附名贤的美德。

对于欧阳修与永丰人文生态的关联，解文炯认为欧阳修是构建永丰文化传统的关键人物，因此欧阳修的直系后代虽然不在永丰生活，但当地士民仍通过各种方式纪念他。永丰县城小西门外有以欧阳修"六一居士"名号命名的六一桥，桥前的门坊上有文天祥行经此桥时题写的桥名，桥旁还有六一书院。西阳宫的欧阳修祠也长年香火不绝，祠中可见多位先贤留下的记文。明世宗嘉靖初年，永丰硕儒聂豹利用担任南直隶巡按御史的契机，在颍州寻得欧阳修三子欧阳棐的十六世孙欧阳云，并延请他返归永丰操持祭祖事务。永丰官府为表示尊崇先贤，不仅拨出田地供欧阳云耕作置产，还将春秋祭拜欧阳修的仪式列入祀典，可见永丰人从未忘却欧阳修的遗泽。

为了消解世人对欧阳修籍贯在永丰的质疑，解文炯还介绍了吉安官府对欧阳修故里之争的态度。他指出两种《江西通志》和四种《吉安府志》都称欧阳修为永丰人，数百年来都无人否定这一论断。[1]直到康熙、雍正年间，吉安府忽然出现了质疑欧阳修籍贯在永丰的声音，但欧阳修是永丰人的证据确凿无疑。吉安知府郑嶙判决欧阳修故里纠纷案时就说："假如吉安确有欧阳修的直系后代，当年聂豹又何必大费周章地延请远在颍州的欧阳云返回永丰？吉安各县固然生活着与欧阳修同宗的房支，但欧阳修四

---

① 此处原文为"统计郡志四修，通志两纂，皆载永丰人，素无异议"。所谓"通志两纂"，应指康熙五十九年成书的《西江志》和雍正十年刊行的《江西通志》，"郡志四修"，应指分别于正德三年、嘉靖元年，万历十三年和顺治十七年告成的《吉安府志》。从上文对这些方志所记欧阳修籍贯的介绍来看，"皆载永丰人，素无异议"并非实情。

个儿子的后代一定无人居住在吉安。欧阳云回到永丰奉祀先祖，才是欧阳修的直系后代扎根永丰的开始。"这一判决公正严明，但部分庐陵人仍质疑："欧阳修是永丰人固然不错，不过'庐陵欧阳修'的名号为世人所熟知，难道还要改称'永丰欧阳修'？"对于这种观点，解文炯指出历代皆有称欧阳修籍贯在永丰的诗文，宋人杨万里和文天祥，元人吴澄和揭傒斯，明人邹守益和茅坤，皆曾直言欧阳修为永丰人，其中文天祥籍贯在庐陵县，他称欧阳修为永丰人无疑极具说服力。清圣祖钦定的《古文渊鉴》依据《欧阳氏世次》碑认定欧阳修为永丰人，就更是无可置疑的确论。①

解文炯完成《欧阳文忠公世系籍里考》后，深感欧阳修籍贯归属的话题仍有剩意，于是又撰写了《欧阳公称庐陵辩》。他首先指出欧阳修在诗文中常自署"庐陵欧阳修"，而得益于《醉翁亭记》的广泛流传，这一名号也为世人所共知。但因吉安有庐陵县，许多文人都误以为欧阳修是庐陵县人，以致引起不少混乱。历史上庐陵既是郡名，也是县名。秦汉有庐陵县，曾先后隶属于九江郡和豫章郡。三国时孙吴政权始置庐陵郡，庐陵县则先后更名为高昌县和石阳县。隋文帝于开皇十年（590）改庐陵郡为吉州，改石阳县为庐陵县，庐陵作为县名从此未再变动。南唐元宗于保大八年（950）以庐陵县所辖赣江以东的十一个乡置吉水县，欧阳修先祖的居住地沙溪就在这年被划入了吉水县。欧阳修出生于宋真宗景德四年(1007)，那时吉水建县已有五十余年。到了宋仁宗至和二年（1055），朝廷将吉水县报恩镇和邻近数乡析出置为永丰县，沙溪也随之改属永丰县，因此欧阳修在《欧阳氏谱图》中称"今谱虽著庐陵，而实吉之永丰人也"。总之，欧阳修的籍贯先为吉水，后为永丰是最适切的说法。

① 解文炯：《欧阳文忠公世系籍里考》，同治《永丰县志》卷三六《艺文志·考》，第2473-2477页。

欧阳修之所以在名号中使用"庐陵"这一古称，是因为郡望书写传统如此。修武人韩愈自署"昌黎韩愈"，婺源人朱熹自署"新安朱熹"，剑浦人李侗常被称为"延平先生"，沙县人罗从彦常被称为"豫章先生"，崇仁人吴澄自署"临川吴澄"，峡江人练子宁自署"新淦练子宁"，可见名号皆书郡望而非籍贯所在县份，是古今文人共同遵守的传统。杨万里和刘辰翁是吉水人，陈植和刘鹗是永丰人，但吴澄在诗文中称他们为庐陵人，原因就在于"郡名共系"。欧阳修是名震天下的文坛领袖，历代士民都以多种形式纪念他的功业和德行，但不同方志记录的欧阳修籍贯却大相径庭。否定欧阳修为庐陵人的陈说固然可能引发质疑，但忽视欧阳修为永丰人的事实，又将《欧阳氏谱图》中欧阳修自称籍贯在永丰的论说置于何地？雍正《江西通志》和乾隆《吉安府志》称欧阳修籍贯所在地在古庐陵郡境内，在宋代先后属吉水县和永丰县，就是适切的说法。不能因欧阳修自署"庐陵欧阳修"就认为他是庐陵县人，也不能因欧阳修的籍贯为永丰而称他为"永丰欧阳修"。

对于庐陵、吉水、永丰三县官员和文人有关欧阳修籍贯的论争根源，解文炯曰："欧阳子之名，一字耳，争之如家宝，若惟恐他人是攘者，以公在庐则庐重，在丰则丰重。夫能为庐与丰重者，岂不以其人以其文哉？百世而下，乐与千古以上之贤相亲相慕而不容自已，此固秉彝之良，非攘利比。庐之人争之，善也，丰之人争之，亦善也。独念吾郡人文，自公开，始于宋，流风遗韵，至明号称极盛，迄今运会，亦稍殊矣。高山仰止，其何以克溯前贤，不愧吾六一故里。此不独庐与丰之人当共勉之，抑亦一厅九邑之愿交相砥砺者乎！"①解文炯精准地意识到故里纠纷的诱因，是三县官员和文人试图借重欧阳修之名扩大自身的文化影响力，但拘泥于争辩欧阳修籍贯所在无助于施政教化，只有以欧阳修为榜样，才能继承他的遗志。

乾隆四十七年（1782）解文炯从友人处得见萧元湛所作《欧阳文忠公里居辨》，读罢甚感愤慨，于是又撰写了《欧阳公纪载事迹续辩》，逐一批驳萧元湛的观点。对于欧阳修先祖皆居住在庐陵县儒林乡的观点，解文炯指出："欧乡之名，未尝非是，然不自文忠始也。世为庐陵大族，则亦上世之居焉耳，以仪为文忠之祖，谬诬殊甚。沙溪本属后迁，而令公、崇公亦居两世矣。表称'无一瓦之覆，一垄之植'，既知黄巢之乱所致，斯亦不必置辩。后来自颍归葬，原因生时所居，殁还故土，非有择于风水也。若果堪舆起见，何曾涉足其间？况庐陵亦公祖茔，岂少佳山水，而乃恋恋于沙溪乎？"在解文炯看来，萧元湛所持欧阳修先祖皆不曾在永丰居住的观点，源于对欧阳修诗文的误读，可谓切中要害。

对于庐陵县儒林乡横溪旧称回陂，为欧阳修籍贯所在地的观点，解文炯认为："回陂本吉水地，令公所葬，谱载昭然。公既全家于颍，沙溪原无子孙看守，其与十四弟书询及封树，自是家族常情，安得以庐陵偶同之，回陂当之，反谓吉水为诡冒。言出无稽，真堪一噱。《因果院》诗，集所不载，纵令僧藏属实，迁居之后，凭吊枌榆，谁曰不可。余更谓诗中'钓罢溪回思往事'之句，既非生长之地，原无往事可思，匆匆护丧归葬，亦不暇游钓溪水，是真是伪，皆不足据。且一切程途，日月悉行，凭空臆揣，若何由乌口，若何下潇泷，而来曰自汴，去曰返汴，是并年谱亦未寓目矣，尚

---

① 解文炯:《欧阳公称庐陵辩》，同治《永丰县志》卷三六《艺文志·辩》，第 2445–2446 页。缺页据《中国地方志集成·江西府县志辑》第 66 册影印本（江苏古籍出版社，1996 年，第 610–611 页）补。

何辩之有？"解文炯强调回陂作为地名并不罕见，庐陵县有回陂不能作为否认欧阳偃葬于吉水回陂的依据，且萧元湛有关欧阳修造访祖居地欧桂里的论说皆属臆测，进一步回击了萧元湛的观点。

对于欧阳修名号中的庐陵指庐陵县而非庐陵郡的观点，解文炯主张："夫郡邑地名，必遵时制，不沿古称者，以史传志状与记序杂文不同，然亦指文中书事处言之，非谓篇末所署名号也。公之自称庐陵欧阳某者，旧刻亦止记序偶见一二于首尾，盖系所自出，不忘其本，犹崔之博陵，李之陇西，唐宋以前类然也。必欲执此为据，他日公撰《张司录墓志》，又云渤海欧阳某，何也？岂不闻退之称昌黎韩愈，考亭称新安朱熹乎？沿及后世，且以为号矣。所以御纂五经前列诸儒姓氏，周注濂溪，程注伊川，并未加以里籍。欧、曾之庐陵、南丰，适有其县耳，不然，何不一例并，而乃此同彼异耶？即罗一峰《碧梧丹凤图序》，观其称草庐吴氏、象山陆氏，则庐陵欧阳氏之称，俱指名号可知。"解文炯认为欧阳修籍贯在庐陵县的观点之所以大行其道，原因在于庐陵先后作为郡名和县名使用，萧元湛不熟悉唐宋文人自署名号的习惯，所以误将欧阳修名号中的庐陵理解为县名。

对于永丰人篡改欧阳修文集，误导世人认定欧阳修为永丰人的观点，解文炯更是难掩愤慨地反驳："史传所书曰吉州人，国初郡志为庐邑欧阳醒庵所修，悉本万历志载，永丰、通志两纂，主之者大吏乃云前因陈侍御之误呈，后因家孝廉之分校，权难擅专，姑置勿论。第其时庐陵先达林立，果有曲徇，宁甘默默乎？揆厥所由，当时秉笔诸名贤，胸罗卷轴，考核精详，稔知文忠之隶永丰，盖自前代纪载而已然矣。独怪萧君以荒唐之语诋毁先贤，如聂双江、唐荆川，理学名儒也，敢谓其以千金贿作吴充《行状》。考韩魏公之志，言本吴枢密之状，太常谥议，悉准诸此，果出于七百年后耶？甚至晋及庐邑前辈、欧阳后人，皆以受贿、鬻祖蔑之，果何所见而云然，又岂有识之士所忍出此耶？更可诘者，若宋若元，杨、文、吴、揭诸君子，又谁贿之属之而有是言乎？"①萧元湛为否认欧阳修为永丰人，不惜诬蔑聂豹和唐顺之伪作《欧阳修行状》，罔顾韩琦、杨万里、文天祥、吴澄、揭傒斯等名士认定欧阳修籍贯在永丰的史实，实属无稽之言。

嘉庆以后欧阳修故里论争逐渐平息。嘉庆六年（1801），吉安府城的官员和文人倡修府学，由各县共同承担营葺事宜，其中永丰县负责葺治明伦堂。两年后该堂修缮一新，永丰知县刘书田撰写记文述其始末，开篇即称"永丰为欧阳文忠公故里，道德文章流泽未艾，故崇儒尚义相习成风"。②考虑到该文告成后即镌于石碑立在府学门前，可知刘书田强调永丰为欧阳修故里，并未违背吉安府县官员的共识。永新人尹继美是清代后期吉安府颇具影响力的学者，素以"考据淹博，论断精确"见称。③他在同治初年寓居京城期间，偶然读到了韩琦《安阳集》中收录的《欧阳修墓志》。他认为《安阳集》各版本在江西鲜有流传，欧阳修墓又远在开封府新郑县，才导致庐陵、吉水、永丰三县有关欧阳修故里的纠纷绵延数百年。他在墓志跋语中提到，自己曾从庐陵人萧国琛写给姻亲欧阳荣的信件中看见这样一段论述：景德四年（1007），欧阳修出生在绵州官舍，当时他的籍贯所在地沙溪还隶属于吉水县。至和元年（1054）永丰县从吉水县析置出来时，欧阳修已四十七岁。韩琦为欧阳修撰写的墓志和周必大写给永丰人彭肃的信件，都体现了欧阳修籍贯归属的变更过程。欧阳修在诗文中自署"庐陵欧阳修"，系指籍贯属原庐陵郡，吉水人杨万里自署"庐陵杨万里"，就可与此互为佐证。在尹继美看来，萧国琛主张欧阳修名号中的庐陵指庐陵郡

---

① 解文炯：《欧阳公纪载事迹续辩》，同治《永丰县志》卷三六《艺文志·辩》，第2449–2451页。

② 刘书田：《重新府明伦堂记》，同治《永丰县志》卷三三《艺文志·记》，第2023页。

③ 袁翼：《邃怀堂文集》卷四《尹湜轩〈诗诂绪余〉序》，《清代诗文集汇编》第564册，上海古籍出版社，2010年，第192页。

颇得其实，他进而推测《宋史·欧阳修传》称欧阳修为庐陵人，是因为"称吉水人则遗其后，称永丰人则遗其前，故系以郡统而称庐陵人"。①

长沙府湘乡（今湖南省湘潭市湘乡市）人王龙文是清德宗光绪二十一年（1895）殿试探花，曾担任翰林院编修、国史馆协修，因力主扶持义和团而被革职除名。②他回乡居住后潜心治学授业，并改名王补。他在民国四年至九年（1915—1920）主持编纂了《庐陵县志》，收录了自己撰写的《欧阳文忠居徙籍隶考》。该文称欧阳修生于绵州，长于随州，殁于颍州，生前通常自署"庐陵欧阳修"，但光绪《江西通志》和乾隆《吉安府志》却记录欧阳修为永丰人。萧元湛《欧阳文忠公里居辨》推断，永丰人聂豹、山阴人季本和安福人王时槐是将欧阳修称为永丰人的始作俑者，这一观点并不正确。韩琦《安阳集》所收《欧阳修墓志》有"自公祖始徙居吉水，后吉水析为永丰，今为永丰人"之语，但欧阳修文集收录的《欧阳修墓志》却没有这一内容，可能是晚近在庐陵县刊行的欧阳修文集删去了这些话。《泷冈阡表》碑阴面的《欧阳氏世次》篇幅虽远小于欧阳修文集所收《欧阳氏谱图》，但两者都有"修之皇祖始居沙溪，至和二年，分吉水置永丰县，而沙溪分属永丰。今谱虽著庐陵，而实为吉州永丰人也"数语，与韩琦所撰《欧阳修墓志》也遥相呼应。因此不宜轻易否定欧阳修籍贯为永丰的说法。

王补在否定萧元湛论据的同时，仍坚持欧阳修籍贯在庐陵县。他认为古今都有定居地与籍贯不同的现象。元代第一位汉人状元张起岩为庐陵大儒欧阳玄的父亲欧阳龙生撰写的墓志就证实了这一点："託徙吉水，后吉水析置永丰，传三世，是为宋太师充国文忠公之考崇国公。其他子孙，散

---

① 尹继美：《〈安阳集〉欧公墓志铭跋》，同治《永丰县志》卷三八《艺文志·金石》，第2880—2882页。

② 民国《庐陵县志》卷一五《礼典志·选举表》，《中国方志丛书·华中地方》第955号，成文出版社，1989年，第1562页。

处安福邑境。雍熙初，割安福置分宜县，隶宜春郡，故居安福、永丰者籍庐陵，居分宜防里者籍宜春。"危素所撰《欧阳玄行状》的大意也与张起岩的叙述相仿。因此欧阳修的先祖虽然曾迁居吉水县或永丰县，但籍贯仍在庐陵县。欧阳修在名号中使用庐陵而非其他地名，是因为他的籍贯就在庐陵县。[①]这一论说由于缺乏论据，并未引发广泛讨论，持续数百年的欧阳修故里论争就这样草率地画上了句号。

综观以上讨论，可发现欧阳修故里之争的根源，是宋代朝廷对吉州县级区划的调整，和士民对"庐陵欧阳修"名号的误读。而故里之争自明代后期开始不断发酵的主因，还在于庐陵、吉水、永丰三县官员和文人意欲借重欧阳修来扩大文化影响力。这部分内容可参见第六章所论《泷冈阡表》碑落水复得传说在永丰县衍生的动力，这里姑不赘述。

附表 明清方志所记欧阳修及其近亲籍贯

文献名称	刊行年份	卷次	欧阳修及其近亲籍贯
嘉靖《吉安府志》	嘉靖元年（1522）	卷八《人物志·科目一》	欧阳观－庐陵，欧阳晔－庐陵，欧阳修－吉水，欧阳棐－庐陵
		卷一一《人物志·列传六》《人物志·列传七》	欧阳郴－庐陵，欧阳晔－吉水，欧阳发－庐陵
		卷一三《人物志·列传十》	欧阳观－庐陵
		卷一五《人物志·忠节传》	欧阳修－庐陵

---

① 王补：《欧阳文忠居徙籍隶考》，民国《庐陵县志》卷一六《耆献志·四先生传》，第1637-1638页。亦见王补：《平养文待》卷一〇《欧阳公居徙籍隶考》，《清代诗文集汇编》第790册，第294页。

续表

文献名称	刊行年份	卷次	欧阳修及其近亲籍贯
嘉靖《江西通志》	嘉靖四年（1525）	卷二六《吉安府·科目》	欧阳观－庐陵,欧阳晔－庐陵,欧阳棐－庐陵
		卷二八《吉安府·人物》	欧阳郴－庐陵,欧阳观－吉水,欧阳修－庐陵
万历《吉安府志》	万历十三年（1585）	卷五《选举表二》	欧阳观－永丰, 欧阳晔－永丰, 欧阳修－永丰, 欧阳棐－永丰
		卷一〇《人物表》	欧阳郴－庐陵,欧阳观－永丰, 欧阳晔－永丰, 欧阳修－永丰, 欧阳发－永丰, 欧阳棐－永丰
		卷一八《列传一》	欧阳观－永丰, 欧阳晔－永丰
		卷二一《名臣传》	欧阳修－永丰
顺治《吉安府志》	顺治十七年（1660）	卷五《选举表二》	欧阳观－永丰, 欧阳晔－永丰, 欧阳修－永丰, 欧阳棐－永丰
		卷一〇《人物表》	欧阳郴－庐陵,欧阳观－永丰, 欧阳晔－永丰, 欧阳修－永丰, 欧阳发－永丰, 欧阳棐－永丰
		卷一八《列传一》	欧阳观－永丰, 欧阳晔－永丰
		卷二一《名臣传》	欧阳修－永丰

续表

文献名称	刊行年份	卷次	欧阳修及其近亲籍贯
顺治《吉安府永丰县志》	康熙元年（1662）	卷四《选举志·进士》《选举志·嗣荫》《选举志·恩封》	欧阳观－永丰，欧阳晔－永丰，欧阳修－永丰，欧阳发－永丰，欧阳棐－永丰
		卷五《人物志·理学》《人物志·儒业》《人物志·贤达》	
康熙《江西通志》	康熙二十二年（1683）	卷一六《选举·荐辟》《选举·历朝进士》	欧阳偃－庐陵，欧阳观－庐陵，欧阳晔－庐陵，欧阳棐－庐陵
		卷三六《人物·吉安府》	欧阳郴－庐陵，欧阳观－庐陵，欧阳晔－庐陵，欧阳修－庐陵
康熙《吉安府永丰县志》	康熙二十三年（1684）	卷四《选举志·进士》《选举志·嗣荫》《选举志·恩封》	欧阳观－永丰，欧阳晔－永丰，欧阳修－永丰，欧阳发－永丰，欧阳棐－永丰
		卷五《人物志·理学》《人物志·儒业》《人物志·贤达》	
康熙《庐陵县志》	康熙二十八年（1689）	卷一四《选举志·进士》	欧阳郴－庐陵，欧阳偃－庐陵，欧阳观－庐陵，欧阳晔－庐陵，欧阳修－庐陵，欧阳发－庐陵，欧阳棐－庐陵
		卷一六《选举志·荐辟》《选举志·封赠》《选举志·任子》	
		卷一七《人物志·特传》	
		卷二○《人物志·名臣》《人物志·列传》	
		卷二一《人物志·孝友》	
		卷二二《人物志·文苑》	

续表

文献名称	刊行年份	卷次	欧阳修及其近亲籍贯
康熙《西江志》	康熙五十九年（1720）	卷四六《科目一》	欧阳观-庐陵,欧阳晔-庐陵,欧阳棐-庐陵
		卷七五《人物十·吉安府一》	欧阳郴-永丰,欧阳观-永丰,欧阳修-庐陵
雍正《江西通志》	雍正十年（1732）	卷四九《选举一》	欧阳观-永丰,欧阳晔-永丰,欧阳棐-庐陵
		卷七五《人物十·吉安府一》	欧阳郴-永丰,欧阳观-永丰,欧阳修-永丰
乾隆《吉水县志》	乾隆十五年（1750）	卷一三《选举志一·科目》 卷一七《人物志二·列传》	欧阳观-吉水,欧阳晔-吉水,欧阳修-吉水
	乾隆二十一年（1756）	卷一一《选举志一·科目》	欧阳观-吉水,欧阳晔-吉水,欧阳修-吉水,欧阳发-吉水,欧阳棐-吉水
		卷一三《人物志一·列传》	
乾隆《吉安府志》	乾隆四十一年（1776）	卷二三《选举表·荐辟》	欧阳偓-庐陵
		卷二四《选举表·进士》	欧阳观-永丰，欧阳晔-永丰，欧阳修-庐陵，欧阳棐-庐陵（后隶永丰）
		卷三二《封爵志·封赠》《封爵志·荫任》	欧阳郴-庐陵,欧阳偓-庐陵,欧阳观-庐陵,欧阳发-庐陵、永丰，欧阳棐-庐陵
		卷三八《人物志·大臣》	欧阳修-庐陵（今隶永丰）
		卷四一《人物志·庶官一》	欧阳郴-庐陵，欧阳观-庐陵（今隶永丰），欧阳晔-庐陵（后隶永丰）
		卷四七《人物志·文苑》	欧阳偓-庐陵（今隶永丰）

续表

文献名称	刊行年份	卷次	欧阳修及其近亲籍贯
乾隆《庐陵县志》	乾隆四十六年（1781）	卷二一《选举志一·荐辟》《选举志一·进士》	欧阳郴－庐陵,欧阳偓－庐陵,欧阳观－庐陵,欧阳晔－庐陵,欧阳修－庐陵,欧阳发－庐陵,欧阳棐－庐陵
		卷二四《选举志四·封赠》《选举志四·荫任》	
		卷二六《人物志一·名臣》	
		卷二八《人物志三·庶官上》	
		卷三二《人物志七·文苑》	
道光《庐陵县志》	道光五年（1825）	卷二〇《选举志·荐辟》《选举志·进士》	欧阳郴－庐陵,欧阳偓－庐陵,欧阳观－庐陵,欧阳晔－庐陵,欧阳修－庐陵,欧阳发－庐陵,欧阳棐－庐陵
		卷二四《选举志·封赠》《选举志·荫任》	
		卷二六《人物志·名臣》	
		卷二八《人物志·庶官》	
		卷三一《人物志·文苑》	
道光《吉水县志》	道光五年（1825）	卷二〇《选举志·进士》《选举志·封赠》《选举志·荫任》	欧阳郴－吉水,欧阳偓－吉水,欧阳观－吉水,欧阳晔－吉水,欧阳修－吉水,欧阳发－吉水,欧阳棐－吉水
		卷二二《人物志·名臣》《人物志·宦业》《人物志·儒林》	
同治《庐陵县志》	同治十二年（1873）	卷二〇《选举志·荐辟》《选举志·进士》	欧阳郴－庐陵,欧阳偓－庐陵,欧阳观－庐陵,欧阳晔－庐陵,欧阳修－庐陵,欧阳发－庐陵,欧阳棐－庐陵
		卷二四《选举志·封赠》《选举志·荫任》	
		卷二六《人物志·名臣》	
		卷二八《人物志·庶官》	
		卷三二《人物志·文苑》	

续表

文献名称	刊行年份	卷次	欧阳修及其近亲籍贯
同治《永丰县志》	同治十三年（1874）	卷一二《职官志·封爵表内》	欧阳郴－永丰,欧阳偓－永丰,欧阳观－永丰,欧阳晔－永丰,欧阳修－永丰,欧阳发－永丰,欧阳棐－永丰
		卷一五《选举志·荐辟》	
		卷二〇《选举志·封赠表》	
		卷二一《人物志·名臣》《人物志·宦业》《人物志·理学》《人物志·文苑》	
光绪《吉水县志》	光绪元年（1875）	卷二八《选举志·进士》	欧阳郴－吉水,欧阳偓－吉水,欧阳观－吉水,欧阳晔－吉水,欧阳修－吉水,欧阳发－吉水,欧阳棐－吉水
		卷三一《选举志·封赠》《选举志·荫任》	
		卷三二《人物志·名臣》	
		卷三四《人物志·宦业》	
		卷三六《人物志·儒林》	
光绪《吉安府志》	光绪二年（1876）	卷二一《选举志·荐辟》《选举志·进士》	欧阳偓－庐陵, 欧阳观－后隶永丰, 欧阳晔－后隶永丰, 欧阳修－庐陵（永丰）
		卷二五《选举志·荫任》《选举志·封赠》	欧阳郴－庐陵,欧阳偓－庐陵,欧阳观－庐陵,欧阳发－庐陵、永丰,欧阳棐－庐陵、永丰
		卷二六《人物志·大臣》	欧阳修－庐陵（永丰）
		卷二七《人物志·庶官一》	欧阳郴－庐陵（安福）,欧阳观－庐陵（永丰）,欧阳晔－永丰（庐陵）

续表

文献名称	刊行年份	卷次	欧阳修及其近亲籍贯
光绪《江西通志》	光绪七年（1881）	卷二一《选举表二》	欧阳观－庐陵，欧阳晔－永丰，欧阳修－庐陵，欧阳棐－庐陵
		卷一四五《列传十二·吉安府一》	欧阳郴－永丰，欧阳观－永丰，欧阳修－永丰
民国《庐陵县志》	民国九年（1920）	卷一二中《礼典志·封爵内表》	欧阳郴－庐陵，欧阳偃－庐陵，欧阳观－庐陵，欧阳晔－庐陵，欧阳修－庐陵，欧阳发－庐陵，欧阳棐－庐陵
		卷一二下《礼典志·荣谥表》	
		卷一五《礼典志·选举表》	
		卷一六《耆献志·四先生传》	
		卷一七《耆献志·宦业》	
		卷一九中《耆献志·文苑》	

　　表格说明：方志正文和注文所记欧阳修及其近亲籍贯不一致时，于括号内标出注文所记籍贯。考虑到县志记述欧阳修及其近亲籍贯时不存在自相矛盾的情况，故本表不再区分县志不同卷次的记述差异。

第三章

欧公思颍不思吉

　　欧阳修终其一生，除了在宋仁宗皇祐五年（1053）扶护母亲灵柩归葬永丰泷冈外，无论是参加科举考试，还是在宦海中浮沉，抑或致仕归老，都不曾踏上吉州故里的土地，也极少在诗文中表露对故乡人和事的思念。与此形成鲜明对比的是，他不仅曾在颍州（治所在今安徽省阜阳市颍州区）任官，在颍州为母亲守孝，致仕后也在颍州终老。因此，历代熟知欧阳修生平的文人，都不免就他"思颍不思吉"的情结发表议论。本章拟分析欧阳修思颍诗文的意涵、乞知洪州札子和疏状的主旨，和他写给堂弟欧阳焕的书信内容，并介绍历代文人对他"思颍不思吉"情结的论说。

　　皇祐元年（1049），时年四十三岁的欧阳修以眼疾为由，请求调任颍州知州并获恩准。对于在颍州任官的经历，欧阳修在宋英宗治平四年（1067）撰写的《思颍诗后序》中自陈，颍州民风淳朴，物产富饶，风土宜人，促使自己萌生了在当地终老的想法，还称自己离开颍州跻身显位后，虽备受荣宠，但心力交瘁，"思颍之念未尝少忘于心"。① 这番言语似乎表明欧阳修对颍州情有独钟，但检览其他诗作可发现，颍州只是欧阳修理想中的众

<hr />

① 　欧阳修：《欧阳文忠公集》卷四四《思颍诗后序》，《中华再造善本》影印中国国家图书馆藏宋庆元二年周必大刻本，北京图书馆出版社，2005 年，叶 1a– 叶 1b。

多归隐地之一，并非不可替代。他在治平四年担任亳州知州时创作的《戏书示黎教授》，谓"若无颍水肥鱼蟹，终老仙乡作醉乡"，[①] 以戏谑的口吻指出颍州比亳州（仙乡）优胜的只是"肥鱼蟹"，表明他之所以选择颍州而非他州，物产的丰饶或精神的闲适可能只是表面上的理由，而非实质的因素。其实，欧阳修在诗文中提到"颍州"，指涉的不只是他长期思恋与最终归隐的地点，也不只是他梦寐以求的精神家园，还代表了他渴望的远离政治与人事困境的生活状态，代表了他忘怀得失的出路。[②] 他在治平元年（1064）担任参知政事期间创作的《摄事斋宫偶书》说："丹心未死惟忧国，白发盈簪盍挂冠。谁为寄声清颍客，此生终不负渔竿。"[③] 同年创作的《下直呈同行三公》也说："买地淮山北，垂竿颍水东。稻粱虽可恋，吾志在冥鸿。"[④] 这两首诗的主旨是对归隐的向往而非对颍州的思念，也是欧阳修所作思颍诗的共同特征。

如果说上文提到的思颍诗文，承载了欧阳修对实现政治理想感到力有不逮的苦闷与无奈，那么治平四年（1067）以后欧阳修的颍州情结中，则增添了对政坛乱象的失望。这年二月，刘庠弹劾欧阳修在宋英宗丧礼上，于衰绖下穿着紫色花袍有违礼典，[⑤] 彭思永和蒋之奇随后又诬奏欧阳修与儿媳吴氏有染。[⑥] 即位不久的宋神宗本欲袒护欧阳修，但当时"朝论以濮王追崇事疾修者众，欲击去之，其道无由"，彭思永甚至直言"以阴讼治大

① 欧阳修：《欧阳文忠公集》卷一四《戏书示黎教授》，叶8a。

② 陈湘琳：《欧阳修的文学与情感世界》第四章《颍州情结》，上海古籍出版社，2012年，第142–182页。

③ 欧阳修：《欧阳文忠公集》卷一三《摄事斋宫偶书》，叶12a–叶12b。

④ 欧阳修：《欧阳文忠公集》卷一三《下直呈同行三公》，叶13a。

⑤ 吕希哲撰，夏广兴整理：《吕氏杂记》卷下，《全宋笔记》第1编第10册，大象出版社，2003年，第299页。

⑥ 欧阳修：《欧阳文忠公集》附录卷三《重修实录本传（朱本）》，叶17b。

臣诚难,然修首议濮园事犯众怒"。① 欧阳修在这一系列风波中虽未遭清算,
但已无心仕进。颍州人常秩与欧阳修交谊颇深,欧阳修在写给这位挚友的
诗作中,便在自述年迈体衰的苦涩之余,与挚友相约在颍州共度晚年:"齿
牙零落鬓毛疏,颍水多年已结庐。解组便为闲处士,新花莫笑病尚书。青
衫仕至千钟禄,白首归乘一鹿车。况有西邻隐君子,轻蓑短笠伴春锄。"②
诗眼落在"闲"字上,指的是摆脱政治后享受人生乐趣的状态。由此来看,
欧阳修思颍情结的实质,是对政治现实的逃避和对归隐状态的向往,与他
对吉州故里思念与否不宜相提并论。

　　欧阳修在嘉祐元年至五年(1056—1060)间,曾多次向宋仁宗请求转
任洪州(治所在今南昌市区)知州。古今学者常将欧阳修进呈的七道乞知
洪州札子和疏状,视为他思恋吉州故里的例证,但这种观点忽略了他在该
时期的失意和病痛与请求外任的关联。

　　嘉祐元年(1056)岁末,欧阳修就曾以体弱多病和洪州邻近吉州为由,
请求以翰林学士知制诰改知洪州,但因随后被任命为次年省试主考官而作
罢。③ 次年二月,他与其他考官被锁在贡院中阅卷时,创作了《戏书》:"支
离多病叹衰颜,赖得群居一笑欢。人老思家甚年少,身闲泥酒过春寒。"④
七月秋雨霖霖,欧阳修在开封的宅邸上漏下浸,他在写给梅尧臣的信件中,

① 李焘:《续资治通鉴长编》卷二〇九,治平四年三月乙巳,中华书局,2004 年,第
5078–5079 页。
② 欧阳修:《欧阳文忠公集》卷一四《书怀》,叶 8a。
③ 宋仁宗所颁驳回欧阳修出知洪州请求的诏书,有"虽近于故乡,而岂不去国之远乎"之
语,知欧阳修此次提请外任的理由包括返乡料理家事。见王珪:《华阳集》卷一八《赐翰林
学士欧阳修乞洪州不允诏》,《景印文渊阁四库全书》第 1093 册,台湾商务印书馆,1986 年,
第 128 页。
④ 欧阳修:《欧阳文忠公集》卷一二《戏书》,叶 13b。

称自己不堪霖雨之扰，"复谋逃避之处"。① 他深感自己体力难支，更坚定了外任的想法。他在呈给宋仁宗的札子中写道，自己近来眼力衰退，腿脚有疾，右臂疼痛，行动不便，总是感到"进无补于朝廷，退自迫于衰病"。虽然在翰林学士任上不必面对繁剧的事务，但身处宫禁终究不能安心养病。且母亲下葬后自己本须经常返回吉州照管坟茔，无奈守孝期满只得回朝莅职。由于吉州距京城三千里之遥，自己若能调任洪州知州，就可返乡料理家事以尽人子之责。② 进呈这道札子后不久，他在写给门生徐无党的信件中，称自己不再代理三司使之职，故稍有闲暇，改知洪州的请求若能获允，则"私便尤多"，③ 言语中流露出一丝轻松的情绪。

嘉祐四年（1059）正月，欧阳修再度向宋仁宗提起外任江西一事。他称自己权知开封府以来，实在没有心力去应付繁剧的政务，且"眼目旧疾，遽然发动"，时常陷入无法履职的痛苦。他进而恳请宋仁宗"俾解繁剧，以养衰残"，恩准自己转任政宽事简的洪州知州。④ 在同年写给王素的信件中，欧阳修自诉眼疾和臂痛的症状愈发，此前三度请求调任洪州，但"诸公畏物议，不敢放去，意谓宁俾尔不便，而无为我累"。⑤ 得知自己终于被免去权知开封府的消息后，欧阳修欣喜地告知好友吴奎："某病中闻得解府事，如释笼缚，交朋闻之，应亦为愚喜也。"⑥ 在写给赵概的信中也说："某昨衰病屡陈，蒙恩许解府事。虽江西之请未获素心，而疲惫得以少休，岂胜感幸。"⑦ 可见欧阳修并未因乞知洪州不得而沮丧。远离繁剧政务和朝中

① 欧阳修：《欧阳文忠公集》卷一四九《与梅圣俞》之三十八，叶22b-叶23a。
② 欧阳修：《欧阳文忠公集》卷九一《乞洪州札子》，叶3b-叶4a。
③ 欧阳修：《欧阳文忠公集》卷一五三《与渑池徐宰》之五，叶8b。
④ 欧阳修：《欧阳文忠公集》卷九一《乞洪州第二札子》，叶7b-叶8a。
⑤ 欧阳修：《欧阳文忠公集》卷一四六《与王懿敏公》之五，叶11b-叶12a。
⑥ 欧阳修：《欧阳文忠公集》卷一四五《与吴正肃公》之六，叶22a。
⑦ 欧阳修：《欧阳文忠公集》卷一四六《与赵康靖公》之三，叶1b。

政争的主旨贯穿了其他几道乞知洪州札子，此处不再赘论。其实，欧阳修在乞知洪州的札子和疏状中反复叙述病情，是为了使自己乞求外任乃至告老归田显得"理直气壮"。[①] 也就是说，乞求外任洪州只是欧阳修追求退隐的策略，与他在诗文中流露出的思颖情结并无实质区别。

以上分析表明，欧阳修请求外任洪州，固然有就近照管吉州祖茔的考量，但远离政治中枢的纷扰也是不可忽视的动机。那么欧阳修内心深处是否挂念吉州故里的人和事？《欧阳文忠公集》的《书简》部分，收录有七通欧阳修写给十四弟的信件，这是反映欧阳修与吉州族人往来情况的关键资料。十四弟名为欧阳焕，字大明，居住在庐陵县儒林乡。依据欧阳修编定的《欧阳氏谱图》可知，他们的曾祖同为欧阳郴。

皇祐二年（1050），欧阳修托人致信欧阳焕，叮嘱他悉心照管祖茔："某为太君年老多病，未能一归乡里，亲拜坟墓，祖坟更望与照管。"[②] 可见当时欧阳修虽因母亲病重，无法抽身回乡祭拜父祖，但仍与生活在吉州族人有所往来。皇祐五年（1053），欧阳修在颖州为母亲守孝时收到了欧阳焕的家书。他在回信中除了陈述丧母之痛，还说起自己想将母亲葬在颖州，并再次委托欧阳焕照管祖茔："书言回陂树倒，但勿令人斫伐为幸。诸大小坟域，且望更与挂意照管。"[③] 信中提到的回陂，就是他编定的《欧阳氏谱图》中祖父欧阳偓的葬地"吉水之回陂"。这封信寄出后不久，欧阳修就改变了在颖州葬母的打算，转而计划将母亲葬在父亲墓旁。临行前欧阳修再次致信欧阳焕，委托他参与筹划归葬事宜："某今者扶护太君灵柩归葬，先遣嗣立归，凡有可干事，为嗣立少心力，吾弟且与同共勾当。"[④] 信中提

---

① 陈湘琳：《欧阳修的文学与情感世界》第五章《生命底色》，第 192–194 页。
② 欧阳修：《欧阳文忠公集》卷一五三《与十四弟》之一，叶 1a。
③ 欧阳修：《欧阳文忠公集》卷一五三《与十四弟》之二，叶 1b。
④ 欧阳修：《欧阳文忠公集》卷一五三《与十四弟》之三，叶 2a。

到的欧阳嗣立，是欧阳修同父异母兄欧阳晒的次子。欧阳修通过欧阳嗣立与吉州的族人沟通母亲葬事安排，表明他与未曾谋面的吉州亲族仍有联系渠道。

欧阳修在母亲葬事结束返回颍州后，又一次写信给欧阳焕，称自己"但忧坟茔，惟托勤为照管"，还要求他"因人频附书来，言坟头子细"。①但这封信送出后数月，欧阳修都未收到欧阳焕的回信，反倒收到了其他族人写来的信件。他在皇祐六年（1054）写给欧阳焕的信件中写道："八郎近寄信来，回陂门垣及水道并已改了，不知是否？因书言及。今因寒食，遣人力去上坟，望与至少卿坟头一转。为地远，只附钱去，与买香、纸、酒等浇奠。小叔、西街小大郎诸骨肉，并与伸意，前曾附书，更不写书也。更附钱五佰文与回陂坟头张旺，取伊一领状，封来。仍指挥伊修盖墙垣，看锁门户，千万千万。"②可见欧阳修视为"骨肉"的亲人不仅有十四弟，还包括八郎、小叔和西街小大郎等。欧阳修与他们都曾有书信往来，且以照管坟墓事宜相托。欧阳修还为寒食祭祖事宜购买了祭品，并请欧阳焕指示守墓人张旺履行"修盖墙垣，看锁门户"之责。

欧阳修在至和二年（1055）和嘉祐元年（1056）写给欧阳焕的信件，主旨都是委托欧阳焕在寒食节代为洒扫祖茔。至和二年信曰："回陂坟所，必与照管。今因寒食，令人力、萧及去上坟，将钱伍伯省，请与买酒食去浇奠回陂坟，并与觑当垣墙门户。钱一索与看坟张旺，仍指挥伊觑当树木，及取领状一纸来。"③嘉祐元年信曰："为今春使契丹，寒食不曾遣得人往坟所。吾弟并与到诸坟，深感深感。修见乞洪州，亦只为先坟也。未得间，

---

① 欧阳修：《欧阳文忠公集》卷一五三《与十四弟》之四，叶 2a– 叶 2b。
② 欧阳修：《欧阳文忠公集》卷一五三《与十四弟》之五，叶 2b– 叶 3a。
③ 欧阳修：《欧阳文忠公集》卷一五三《与十四弟》之六，叶 3a– 叶 3b。

恐吾弟因出入且为照管。"① 这两通信件的主旨与此前信件并无二致，可见欧阳修对吉州故里的挂念，实质是对祭祀先祖坟茔事宜的牵挂。

饶州鄱阳（今上饶市鄱阳县）人洪迈主要生活在宋高宗至宋宁宗朝，所撰《容斋续笔》是现存最早评议欧阳修思颖情结的文献。在洪迈看来，出身于乡村的士大夫飞黄腾达后，总会拆毁旧居另建新宅，也有不少士大夫因为乡村生活不便，所以迁居县城乃至州城，这本是人之常情，不必求全责备。但不到万不得已，还是不应迁居百千里之外。若以迁居远方自得并赋诗作文，则尤其有失审慎。欧阳修的父亲欧阳观葬于永丰沙溪的泷冈山上，他中年时却多次在诗文中流露出定居颖州的念想，所作《思颖诗后序》和《续思颖诗序》便对颖州风土不吝溢美之词。与此形成鲜明对比的是，欧阳修从未表述过对吉州故里的思恋，甚至他归老颖州后，四个儿子也都在当地定居，"泷冈之上遂无复有子孙临之"。这一子孙不祭父祖坟茔的悲剧，实在令人惋惜。②

曾丰是抚州乐安（今抚州市乐安县）人，生活时代略晚于洪迈。他拜谒西阳宫后赋诗，便慨叹："文章事业宋名臣，颖上轻投未老身。葛水衣冠凄欲断，沙溪泉石郁空尘。"③欧阳守道辗转读到此诗后，也对西阳宫的衰败唏嘘不已。他为西阳宫的欧阳修祠堂撰写的记文称，欧阳修的功业和德行卓然于世，理应长久地接受祭拜。但欧阳修将母亲埋葬在沙溪泷冈的祖茔后，直到病逝都不曾返回祭墓。宋孝宗淳熙十三年（1186），居住在沙溪的陈懋简出资修缮了西阳宫，宋度宗咸淳二年（1266），陈懋简之子陈应雷又在宫内建造了祭拜欧阳修的祠堂。陈氏父子如此虔诚地奉祀欧阳

① 欧阳修：《欧阳文忠公集》卷一五三《与十四弟》之七，叶 3b。
② 洪迈撰，孔凡礼点校：《容斋续笔》卷一六《思颖诗》，中华书局，2005 年，第 415–416 页。
③ 曾丰：《缘督集》卷七《至沙溪拜六一先生墓》，《景印文渊阁四库全书》第 1156 册，台湾商务印书馆，1986 年，第 68 页。

修，以致杨万里都对他们的善举赞不绝口。《诗经·大雅》的《烝民》篇有"民之秉彝，好是懿德"之语，说的是亲近贤良是人之常情，陈氏父子奉祀欧阳修出于此心，杨万里表彰陈氏父子也出于此心。洪迈在《容斋续笔》中流露出对欧阳修所作思颍诗的不满，认为他理应记挂泷冈祖茔而非思恋颍州，其实是对欧阳修的误读。①

建昌人笪惟芳的父亲葬于处州路龙泉县（今浙江省丽水市龙泉市），他常因无法照管父亲坟茔而自责。文学家王祎在元惠宗至正二十五年（1365）写给笪惟芳的序文中，以欧阳修葬母后不曾返回吉州为例宽慰他："中世以来，士大夫以官为家，于是捐亲戚，去坟墓者，往往而是。然论者不皆以礼绝之者，以其情之不得已也。情有不得已，故礼有常，又有变也。昌黎韩子，庐陵欧阳子，唐宋二大儒也。韩子幼孤，仕居于京，先世坟墓之在河阳者，或时往省而已。欧阳子葬其亲于乡，而宦留中朝，又居颍上，盖终身不复返其乡焉。是皆情之不得已，处乎礼之变者也。"②王祎认为欧阳修葬母后未再返回吉州故里祭祖是情非得已之举，消解了此举有违古礼的一面。

居住在吉水县同水乡积符村（今属吉水县枫江镇）的欧阳氏家族，其始迁祖欧阳兴世为欧阳修长子欧阳发之孙。明成祖永乐四年（1406），解缙为该派族人所编族谱撰写序文，述及欧阳修将母亲葬于永丰祖茔事曰："文忠公平生亦念念于庐陵者，故不远数千里归葬其考妣，刻石表阡，期

---

① 欧阳守道：《六一祠记》，嘉靖《吉安府志》卷六《舆地志·坛庙》，《北京图书馆古籍珍本丛刊》第 31 册，书目文献出版社，1988 年，第 559—561 页。

② 王祎：《王忠文公文集》卷六《送笪生序》，《北京图书馆古籍珍本丛刊》第 98 册，书目文献出版社，1998 年，第 117 页。

以不坏，此其意可见也。而或者咎其思颍而不思吉，此岂知公者哉！"①
解缙观览欧阳修知谏院告身后题写跋语，亦曰："或人论公思颍而忘吉哉，
或人所不知也。近岁常遣人寻访公墓，在今河南锡州新郑县思贤乡，巍然
独存，但苏子由所为神道碑中经焚烧，稍剥落耳。闻其傍居民及颍上旧居，
公之子孙皆无在者，独吾邑水西迹符、南山白沙螺陂二房，实出公长子发
之后。发之子兴世兄弟，宋南渡，随驾来仕，为太平守，赴都堂，给符据，
还乡。今此符据及公拜参知政事、封三代诰敕俱存迹符，真象在螺陂。又
有发授殿中丞诰一通，存泰和蜀江，则公之族房也。公之子孙散居吉之九
县者尚多，而颍上乃无之，岂公有遗命使居吉欤？公之行议文章，非后学
所能赞一辞者，独旌述其不忘乡里之意，以告其子孙，且解世之惑者云。"②
解缙认为欧阳修的直系后代大量定居于吉安府各县，足以表明其"不忘乡
里之意"，其实未从正面回应洪迈对欧阳修葬母后不曾亲身返回吉州祭祖
的非议。

　　明英宗正统二年（1437），时任南直隶提学御史的永丰人彭勖修缮了
颍州的文忠公祠，杨荣应邀撰文记录此事，论及欧阳修思颍情结曰："公
吉之永丰人，尝出守颍，乐其风土，有终焉之志。既而历事三朝，出入二
府，思颍之念不忘。晚而得请，自以为庆幸，则公之于颍盖惓惓也。"③庐
陵人刘节在明宪宗成化九年至二十一年（1473—1485）担任颍州同知期间，

---

① 解缙：《解学士文集》卷五《欧阳文忠公家谱序》，《明别集丛刊》第 1 辑第 27 册，黄山
书社，2013 年，第 539 页。亦见解缙：《积符谱序》，《续修安福令欧阳公通谱》原序，上海
图书馆藏民间影印清乾隆十五年活字本，叶 18b。
② 解缙：《解学士文集》卷一〇《跋欧阳文忠公知谏院诰命》，第 733–734 页。
③ 杨荣：《重创欧阳文忠公祠堂记》，正德《颍州志》卷五《文章》，《天一阁藏明代方志选刊》
第 24 册，上海古籍书店，1963 年，叶 7a–叶 9a。亦见杨荣：《杨文敏公集》卷九《欧阳
文忠公祠堂重创记》，《四库提要著录丛书》集部第 350 册，北京出版社，2010 年，第 111 页。

不仅在颍州官学内创设了欧阳修祠，① 还主持编纂了《颍州志》。该志将欧阳修列入"流寓"门，谓欧阳修在绵州出生，在随州成长，虽然他的先祖世代居住在吉州，但他自己却"未尝一日居之"。他步入仕途后游宦四方，近亲也随他一同迁居，而由于双亲葬地吉水泷冈"僻在深山瘴疠中"，他只能委托族人代为照管祖茔，并在充作坟院的西阳宫内设立祠堂，延请道士依照时令代为祭拜。欧阳修离世至今已逾四百年，虽然吉安的欧阳氏族人已枝繁叶茂，但他的直系后代却罕为人知，不过西阳宫如今仍岿然耸立，道士也还虔诚奉祀。明初在颍州生活的一个欧阳氏支派，据当地人所言是欧阳修的直系后代。②

明代中期的理学家丘濬认为欧阳修之所以思颍不思吉，是因为欧阳修对颍州风土情有独钟，并非不可谅解："尝怪欧阳文忠公世家庐陵，及其宦游四方，历守七郡，所至如滁、如扬，如亳，如夷陵，皆不之思，而独惓惓于颍。既去任而犹思之不置，时时见于文字间，迨其晚年得遂所请，乃不复归吉而终老于颍焉。意其人民土俗，必有异于他郡，而足以感公之心，而为所爱慕者。不然，故乡飞鸟亦啁啾之言，岂公徒能言之而不能允蹈耶？及观《思颍诗集》序所谓'民淳讼简而物产美，土厚水甘而风气和'，然后知公之所以眷眷于颍者，意有在也。"③ 丘濬将欧阳修归老颍州之举，理解为其钟情于颍州风土所致，忽视了此举背后的政治情境。不过考虑到引文是丘濬为祝贺好友复任颍州同知而作，那么文中着重刻画欧阳修在颍州的自得便也可以理解。

王士禛是清代前期著名诗人，他于清圣祖康熙十一年（1672）奉命前

---

① 正德《颍州志》卷二《祠庙》，叶 6a。
② 正德《颍州志》卷四《流寓》，叶 6a– 叶 6b。
③ 丘濬：《琼台类稿》卷二四《送颍州高同知复任序》，《明代诗文集珍本丛刊》第 26 册，国家图书馆出版社，2019 年，第 586–587 页。

往四川主持乡试，后将沿途见闻写成《蜀道驿程记》。他在书中提到，郑州新郑县葬有多位宋代名臣，包括青州人王曾、亳州人鲁宗道、寿州人吕公著和欧阳修，表明名臣病故后葬于京城附近而不归葬祖茔实属惯例。[①]不过，他在《居易录》中则采纳了洪迈《容斋续笔》对欧阳修葬母后未再归乡的评说，甚至指斥欧阳修"不知何以自解于不孝之罪"。[②]

生活在清末民国的学者丘复，认为欧阳修葬母后未再归乡祭拜祖茔固然有不孝之嫌，但乃情势所迫或另有难言之隐，不宜严加苛责。他在《愿丰楼杂记》的"恋栈不忘松楸"条，引述了尹直所撰《謇斋琐缀录》的一则纪事：尹直见同僚万循吉撰写告祭先祖的祝文时，仅在文中述及曾祖和祖父而不言高祖，便询问个中缘由，孰料万循吉竟以"先世迁徙不常，遂忘高祖之名，故每祭不及"为对。后又回想起万循吉在京城任官四十六年间，从未归乡祭拜先祖，愈发觉得万循吉"溺于富贵功名，略不念及于松楸"，实在有亏孝道。在丘复看来，欧阳修葬母后不曾返回吉州洒扫祖茔，反而委托道士代劳，且欧阳修在诗文中不曾流露出思恋吉州的情感，这比起万循吉有过之而无不及。世人皆称《泷冈阡表》为千古至文，但相较为保护母亲棺椁不惜以身蔽火的东汉孝子蔡顺，欧阳修的孝义令人怀疑。不过，丘复也试图为欧阳修开解，称"人生所处，有时迫于势所不得不然，有非他人所及知者，是亦不能以一概论也"。[③]

王补《欧阳公居颍说》指出，尹直卿和洪迈虽在诗文中流露出对欧阳

① 王士禛：《蜀道驿程记》卷下，《四库全书存目丛书》史部第 128 册，齐鲁书社，1997 年，第 346 页。

② 王士禛：《居易录》卷一九，《四库提要著录丛书》子部第 56 册，北京出版社，2010 年，第 435 页。

③ 丘复撰，丘其宪、丘允明校注：《愿丰楼杂记》卷三《念栈不念松楸》，黑龙江人民出版社，2009 年，第 105 页。

修思颍不思吉的不满，但言辞审慎有度，王士禛痛斥欧阳修葬母后未再归乡为不孝之举，则苛责先贤太甚。欧阳修在乞知洪州札子和疏状中，反复强调自己希望就近料理吉州故里的家事，在写给欧阳焕的书信中，也屡次叮嘱欧阳焕照管祖茔，已足以证明他"不忘丘垄"之意。①

　　总的来看，历代文人对欧阳修"思颍不思吉"的非议，源于他们对欧阳修葬母后终身未再返回吉州故里祭拜祖茔的不满。不过正如王祎所言，欧阳修未归吉州实系情非得已，毕竟致仕后于颍州定居以示"恋恋君父"，②是欧阳修作为人臣的无奈选择。所幸，西阳宫的存在使欧阳修双亲的坟茔仍能得到洒扫祭拜。

① 　王补：《欧阳公居颍说》，民国《庐陵县志》卷一六《耆献志·四先生传》，《中国方志丛书·华中地方》第 955 号，成文出版社，1989 年，第 1638–1639 页。亦见王补：《平养文待》卷二《欧阳公居颍说》，《清代诗文集汇编》第 790 册，上海古籍出版社，2010 年，第 223–224 页。
② 　吴伟业：《梅村集》卷三六《座师李太虚先生寿序》，《中华再造善本》影印山东省图书馆藏清康熙七年顾湄等刻本，国家图书馆出版社，2014 年，叶 12a。

第四章

吉安的欧公遗迹

　　欧阳修是庐陵文化的象征，宋代以来吉安士民修建了大量纪念这位乡贤的文化景观。检览明清时期吉安府和所辖各县编修的方志，可发现纪念欧阳修的景观主要为祠堂和书院，[①]集中分布在庐陵县、吉水县和永丰县。由于记述这些景观兴废历程的史料大多不成体系，为避免行文繁芜琐碎，本章主要介绍史料最丰富的西阳宫自宋代至清代的营缮历史，其他景观的基本信息则以表格形式附于本章末尾。

　　西阳宫位于今吉安市永丰县沙溪镇凤凰山前的泷冈，是宋仁宗赐予欧阳修的道观，功能是守护和奉祀欧阳修父母的茔墓。宫内现存建筑多系清代中期重修而成，包括门楣正面题有"西阳宫"的门坊、与门坊位于同一纵轴线的文忠公祠、分别位于文忠公祠横轴线东西两侧的《泷冈阡表》碑亭和文儒书院。西阳宫整体已于 2018 年被江西省人民政府列为第六批文物保护单位。

　　欧阳修获赐西阳宫，是宋代朝廷将功德寺观赐予勋臣显贵的具体实践。功德寺观是皇帝赐予达官显贵用于守护和奉祀先祖或其本人茔墓的坟

---

①　这一特点有别于滁州、扬州和颍州等欧阳修曾经任职的地区多营建亭台堂馆。参见程宇静：《欧阳修遗迹研究》第六章《吉州故里遗迹》，人民出版社，2018 年，第 277 页。

院，是佛教和道教服务于孝道的直观体现。普通官员和民众虽可自行筹资修建坟庵，但难以享受减免赋役和剃度僧尼的特权，且不能称寺而只能称庵或院。[①] 宋代皇亲国戚和元勋老臣获赐功德寺的案例屡见不鲜，但皇帝赐予功德观则甚为罕见。在欧阳修以前，只有王钦若生前在茅山修建的道观，在他病故十二年后获赐五云观之额的案例。[②] 在欧阳修以后，也仅有翟汝文获赐仁静观[③]、杨存中获赐常清观和升元报德观[④]、史浩获赐显忠旌德观、清修悟真观和太清悟真成道宫等寥寥几个例子。[⑤]

明确西阳宫的性质后，接下来介绍西阳宫的营缮历史。宋仁宗皇祐五年（1053），欧阳修扶护母亲灵柩归葬泷冈山祖茔期间，结识了居住在山上的道士彭世昌，便委托他在自己离乡后照管父母的坟茔。两年后，彭世昌掘地时发现了一口大钟，上面刻有"贞观三年己丑西阳观钟"的字样，于是委托欧阳修上奏恢复观名为西阳观，西阳观的存在从此有了合法的凭据，彭世昌也顺理成章地成为西阳观的住持。[⑥] 欧阳修跻身执政之列以后，因厌恶佛教而不愿依照惯例申请功德寺，引发了不少臣僚的揣测和议论。后来在韩琦的劝说下，他才奏请以西阳观为坟院，并改观为宫以避父亲欧

① 黄敏枝：《宋代的功德坟寺》，《食货月刊》复刊第 15 卷第 9、10 期合刊，1986 年 4 月。汪圣铎：《佛、道为孝道服务的体现——功德寺观》，姜锡东、李华瑞主编：《宋史研究论丛》第 10 辑，河北大学出版社，2009 年，第 287–312 页。

② 李焘：《续资治通鉴长编》卷一二〇，景祐四年四月辛亥，中华书局，2004 年，第 2826 页。

③ 至顺《镇江志》卷一〇《道观》，《中国方志丛书·华中地方》第 171 号，成文出版社，1975 年，第 599 页。

④ 嘉泰《吴兴志》卷六《宫观》，《中国方志丛书·华中地方》第 557 号，成文出版社，1983 年，第 6759 页。

⑤ 宝庆《四明志》卷一三《鄞县宫观》，《中华再造善本》影印中国国家图书馆藏宋刻本，北京图书馆出版社，2003 年，叶 18a。

⑥ 毕仲游：《西台集》卷六《代欧阳考功撰西阳宫记》，中国国家图书馆藏清乾隆《武英殿聚珍版丛书》活字本，叶 23a。吴澄：《吴文正集》卷四八《西阳宫记》，《景印文渊阁四库全书》第 1197 册，第 495 页。

西阳宫的文忠公祠（骆勇摄）

阳观的名讳。

欧阳修获赐西阳宫后，应曾与子嗣捐资营造宫内部分建筑。宋哲宗元祐元年（1086），毕仲游应欧阳修三子欧阳棐的请求，撰写了《西阳宫记》。记文称西阳宫成为功德观后的三十年间，"宫之门堂、庑舍、井廪、庖湢皆备，而殿则阙焉"，可见其规模初具但仍不完备。后来居住在沙溪的邹宣斥资三百万文修成正殿和宫外道路，[①]但以能文见称的欧阳棐竟未亲笔撰文记述营缮始末，这与第三章所论欧阳修对泷冈祖茔的牵挂有着微妙的差别。

宋高宗绍兴五年（1135），西阳宫遭遇火灾，除《泷冈阡表》碑和碑亭外的建筑悉数焚毁。[②]此后宫内建筑虽得到了重建，但规模已稍逊于北宋时。宋光宗绍熙元年（1190），吉州知州方崧卿拜谒西阳宫时，所见皆为"门墙坏颓"的破败景象，便令永丰县尉陈元勋主持修缮事宜。[③]修缮的重任最后落到了沙溪人陈懋简身上。杨万里为陈懋简撰写的墓志曰："天下有独立之士乎？无也。盖有之矣，我未之见也。若永丰陈生懋简者，其庶矣乎！邑之里曰沙溪，故有六一先生祠堂，久而圮，圮而莫之葺。葺与不葺，不校也。而生一日过之，若大戚焉，独奋而葺之，新而大之。予闻而嘉之曰：'此庶几所谓独立之士也，非乎？'……生字养廉，懋简其名也，世居吉之永丰。曾祖言，祖深，老略，俱不仕。养廉幼敏慧，意趣磊落。少长励志问学，从试有司累无遇，则喟曰：'经不耕不得道，田不耕不得食。是可一废乎？'每读书小倦，则取陶朱治生之书而考问焉。昼尔于田，宵尔于简编。经史内饫，食货外羡。卒擅一乡士农之赢，然营以胼胝，享以锱撮。积以豆区，施以庾釜。……养廉既一新六一先生之祠，大夫士翕

---

① 毕仲游：《西台集》卷六《代欧阳考功撰西阳宫记》，叶23a。

② 曾敏行撰，朱杰人标校：《独醒杂志》卷二，上海古籍出版社，1986年，第12页。

③ 杨万里撰，辛更儒笺校：《杨万里集笺校》卷八三《陈签判〈思贤录〉序》，中华书局，2007年，第3329页。

然称之。适新太守方侯崧卿下车闻之，驰书致礼，且谂泷冈阡无恙否，亟出公有属邑尉陈元勋汛除焉，又请养廉赞之。养廉欣然曰：'吾志也。'即尽力佐费，屋庐垣墉，是葺是周，是坚是饬。工告成而养廉以疾逝矣，盖绍熙二年八月一日也，享年六十有五。"① 陈懋简少时有志于问学仕进，后屡试不第遂转力稼穑，并在闲暇时兼事贩鬻。这种生活经历与宋代江右地区多数稍具学识的乡绅并无不同。杨万里称陈懋简多年务农经商所积资财并不丰厚，但因仰慕欧阳修的功业德行，且慨伤西阳宫之坍圮颓败，故倾其所有用于修缮事宜。西阳宫修缮完成后，陈懋简即因操劳过度猝然辞世，照管西阳宫的责任落到了其子陈应雷身上。欧阳守道记文提到，陈应雷埋葬父亲后，"追继先志，皇皇乎不能缓"，每天都前往西阳宫祭拜欧阳修遗像。在欧阳守道看来，"陈氏数世于泷冈，存亡不相及，无所为而为之者"，② 这正是永丰士民受到欧阳修德行感召和濡染的表现。

　　元文宗至顺元年（1330），西阳宫的道士鞠文质派遣萧民瞻请求硕儒吴澄撰文记述殿宇的营缮始末。吴澄是抚州崇仁人，格外推崇欧阳修的文学。由记文可知，当时西阳宫占地达六亩，除《泷冈阡表》碑和碑亭外，还有神殿和屋舍，及供奉欧阳观和欧阳修的祠堂。西阳宫的日常维护和香火之费主要来自周边划定的田产租赋，每年田赋收入可达三百斗，刨除各项开支仍有大笔结余。③ 因此，元代的西阳宫道士常常借助欧阳修的影响牟取利益，并不注重修护宫内殿宇和坟茔。吉水人刘岳申在写给欧阳玄的信件中就写道，元代以来，由于欧阳修的直系后代不曾造访西阳宫，西阳宫道士遂借助欧阳修的名声，控制了绵延数十里的田地山林，甚至还"以

---

① 杨万里撰，辛更儒笺校：《杨万里集笺校》卷一三一《陈养廉墓志铭》，第5059—5060页。
② 欧阳守道：《六一祠记》，嘉靖《吉安府志》卷六《舆地志·坛庙》，《北京图书馆古籍珍本丛刊》第31册，书目文献出版社，1998年，第559—561页。
③ 吴澄：《吴文正集》卷四八《西阳宫记》，第495—496页。

文忠公祠内景（骆勇摄）

欧阳氏为无人，稍伐坟木之连数抱者，假缮完以为名，而实鬻之以与远近有力者为棺椁、为屋宇，纵寻斧焉"。居住在永丰县城的欧阳忠义得知这些乱象后非常愤慨，却苦于上诉无门，只能坐视道士为非作歹。刘岳申在哀叹时人"但知有道士，不知有欧阳"之余，也只能劝说欧阳玄前往西阳宫祭拜先祖，"使乡邦耸动惊喜，诸豪民冒附者、侵夺者，皆知欧阳公有后，为之改心易虑"。① 欧阳玄是否听从了刘岳申建议，今已不得而知，不过欧阳修的直系后代因未在吉州居住故无力照管祖茔却是不争的事实。

西阳宫在明代至少经历过三次修缮。第一次在正统年间，由沙溪人张道源重修，② 但修成后不久似乎就再度毁坏。成化年间夏言所撰《谒欧阳公祠》即写道："墙角碑犹在，山头冢已荒。遗祠黯春日，古道送斜阳。文藻江山润，功名简策香。临风吊乡哲，吾泪满泷冈。"③ 第二次在弘治二年（1489），永丰知县王昂主持修缮了欧阳观夫妇的坟茔。④ 第三次在天启七年（1627），艾日昇主持复修，修复的建筑主要为文儒读书堂，⑤ 其他建筑的修缮情况不见于方志，也没有其他题咏佐证。

嘉靖初年，永丰硕儒聂豹从颍州迎回欧阳棐的十六世孙欧阳云，并委托他操持西阳宫祭祀事宜，曾一度扭转西阳宫愈渐衰败之势，但康熙年间欧阳云玄孙欧阳广绝嗣，险些招致西阳宫祭祀权易主的恶果。康熙十四年

---

① 刘岳申：《申斋刘先生文集》卷四《与欧阳元功书》，中国国家图书馆藏瞿镛铁琴铜剑楼旧藏清抄本，叶 11b– 叶 12a。

② 光绪《吉安府志》卷九《建置志·永丰县庙祀》，《中国方志丛书·华中地方》第 251 号，成文出版社，1975 年，第 359 页。

③ 夏言：《桂洲诗集》卷一二《谒欧阳公祠》，《续修四库全书》第 1339 册，上海古籍出版社，2002 年，第 277 页。

④ 傅韶：《宋欧阳崇国公修复泷冈墓兆记》，《(宜黄阳坊)欧阳氏谱》不分卷，清刻本，无叶码。

⑤ 同治《永丰县志》卷八《建置志·祠》，《中国方志丛书·华中地方》第 760 号，成文出版社，1989 年，第 361 页。

（1675），西阳宫毁于山寇之手，永丰恶棍王招仔乘机勾结县学教官试图夺取西阳宫的祭祀权。奉欧阳偓为始祖的支派于乾隆六十年（1795）纂就的《泷冈欧阳氏谱》所收《泷冈欧阳氏祠墓考》曰："至康熙乙卯，被异类王招仔勾连山寇焚毁宫祠。讼之院、司、道，而伪冒甫除，正祀案存尚华。宜黄首倡复修，壬申兴工，癸酉告成，子孙群集，迎主入庙。吉安府主强讳致中同水陂太史齐著有碑记。"①该谱翔实记录了欧阳氏族人控诉王招仔的历程，族人的诉讼文书和官府的判案文书都被汇编为《泷冈正祀案》收入了谱中，不过，引文提到的强致中与欧阳齐合撰碑记今已不存。乾隆二十年（1755），永丰知县陶浚再度修缮了西阳宫。据曹秀先记文，陶浚上任之初，"趋谒泷冈，拜于墓，则古碑剥蚀，荆榛不薙也。拜于西阳宫，则颓垣败瓦，木主尘翳也。询其左右遗址，他姓居民攘以耕种也。侯兹见，怃目伤心"。这次修缮历时三个月，颇费周章，后续的祭祀和维护事宜则交由欧阳修的直系后代欧阳接主持。②此后直到嘉庆年间，西阳宫的建筑格局都大致保持稳定。

嘉庆二十二年（1817），永丰知县朱愐再度倡修西阳宫。次年江西学政顾德庆到吉安主持考试，受诸生周槐等邀请撰写了《沙溪西阳宫勖士子文碑记》，但具体修复情况未见于记文。③嘉庆二十五年（1820），乡绅李维瑛为创办义学，翻修了西阳宫内的文儒读书堂并将其更名为文儒书院，

① 佚名：《泷冈欧阳氏祠墓考》，《泷冈欧阳氏谱》卷一，清乾隆六十年活字本，无叶码，亦见于《兴国欧阳氏八修族谱》艺文集，美国犹他家谱学会图书馆藏民国三十五年活字本，叶137b–叶138a。
② 曹秀先：《重建西阳宫记》，乾隆《吉安府志》卷六九《艺文志下·记》，《中国方志丛书·华中地方》第769号，成文出版社，1989年，第7013–7016页。
③ 顾德庆：《沙溪西阳宫勖士子文碑记》，同治《永丰县志》卷三三《艺文志·记》，第2037页。

还与王云龙、张映彩等人捐出田租近百石用于办学。[①] 但好景不长，道光十八年（1838）永丰知县冯询拜谒西阳宫时，所见只有书院的荒凉景象，遂作诗云："我来谒祠墓，屹然临泷冈。祀公西阳宫，书院依其旁。胡为文教地，近公转荒凉。非无膏火资，无人为振倡。亟亟召生徒，延师开讲堂。"[②] 西阳宫更晚近的故事，由于方志失载，今已不得而知。

总的来看，西阳宫成为欧阳修父母的坟院后兴衰无常，居住在吉安的欧阳氏家族并未积极参与营缮，反倒是居住在沙溪的民众和部分有志于弘扬欧阳修学行的地方官员促成了历次修缮。需要说明的是，功德寺观中的祠堂并非子孙祭祀先祖的场所，而是僧人或道士祭奠施主的空间，但施主和先祖的身份并非截然对立。明清福建、浙江、江西等地就因佛教的衰落和宗族组织的壮大，出现了许多功德寺院转变为宗族祠堂的案例。[③] 西阳宫的营缮史乍看起来平淡无奇，如果将其置于华南宗族将功德寺院改造为祠堂的风气下审视，便可发现西阳宫之所以未被改造为宗族祠堂，是因为欧阳修的直系后代长期未居住在永丰。抚州府宜黄县城岳前派的欧阳斗照在清圣祖康熙六年（1667）撰写的《重建西阳宫碑记》就说："祖既幼长于斯，后历官在朝，思念松楸所在，置田若干亩，与羽流量取子粒供岁时祀事。祖生四子，晚年卜筑于颍，留棐公，其后命发、奕、辩三公之后还守先茔，阅五六传，瓜瓞繁衍，遂散徙于吉、抚、盱、赣之间。远者距宫

---

① 同治《永丰县志》卷一〇《学校志·书院》、卷二五《人物志·义行》，第549–550、1288–1289页。

② 冯询：《子良诗存》卷四《纪事》之一，《续修四库全书》第1526册，上海古籍出版社，2002年，第61页。

③ 张小军：《佛寺与宗族：明代泉州开元寺的历史个案研究》，陈志明、张小军、张展鸿编：《传统与变迁——华南的认同和文化》，文津出版社，2000年，第93–107页。张小军：《宗族化中的功德寺院：以福建阳村凤林祠和蝉林祠为例》，《台湾宗教研究》第2卷第1期，2002年12月。

不下三四百里，惟尚华、白竹、东源、兴邑子姓为至近，以故四派得岁奉明禋，而远者间一至焉。"①记文提到的时常前往西阳宫祭拜的欧阳修同宗后裔，距离永丰最近者也居住在吉水、乐安、兴国等县，所在村落俱已建起祠堂，自然不必再打西阳宫的主意。

纪念欧阳修的文化景观最主要的功能无疑是教化士民。清初永新学者贺贻孙为永新县学乡贤祠撰写的记文就说："吾郡文忠烈，儿时入学宫，见所祀乡贤欧阳文忠、胡忠简二主，奋曰：'它日不俎豆其间，非夫也！'其后卒如其言。夫学宫一俎豆而能使人奋欲为欧阳公、为胡公，是前之贤者有以劝百世以下之贤也。"②文天祥在学宫内看见欧阳修和胡铨的木主，遂立下比肩两位乡贤的壮志并最终如愿。这个故事固然有演绎的成分，但其主旨在于强调乡贤德行可劝励士民向善向学。从这个角度来说，吉安士民营建和修缮纪念欧阳修的文化景观的历史，正是宋代以降他们受到欧阳修德行感召和濡染的例证。

附表 宋代至清代吉安纪念欧阳修的文化景观

县份	名称	位置	始建年份与主持修建者	文献依据	备注
庐陵	六一祠	吉州官学大成殿后	建炎元年（1127）吉州知州方时可建·	郭孝友《欧阳文忠公祠堂记》（嘉靖《吉安府志》卷六《舆地志·祠庙》）、《舆地纪胜》卷三一《江南西路·吉州·古迹》	

---

① 欧阳斗照：《重建西阳宫碑记》，《泷冈欧阳氏谱》卷首，清乾隆六十年活字本，无叶码，亦见于《兴国欧阳氏八修族谱》艺文集，叶102b。

② 贺贻孙：《水田居文集》卷四《乡贤祠记》，《清代诗文集珍本丛刊》第32册，国家图书馆出版社，2017年，第33页。

续表

县份	名称	位置	始建年份与主持修建者	文献依据	备注
庐陵	六一堂	吉州官署便厅东	绍熙二年（1191）吉州知州方崧卿建	杨万里《吉州新建六一堂记》（《杨万里集笺校》卷七三）、周必大《京西转运判官方君崧卿墓志铭》（《周必大集校证》卷七一）、《舆地纪胜》卷三一《江南西路·吉州·古迹》、嘉靖《吉安府志》卷七《舆地志·古迹》	
	六一先生祠	吉州官署便厅东，与六一堂相对	嘉泰三年（1203）吉州知州胡元衡建	杨万里《六一先生祠堂碑》（《杨万里集笺校》卷七三）、《舆地纪胜》卷三一《江南西路·吉州·古迹》、嘉靖《吉安府志》卷六《舆地志·祠庙》	
	三忠堂	庐陵县学内	嘉泰四年（1204）庐陵知县赵汝厦建	周必大《庐陵县学三忠堂记》（《周必大集校证》卷六〇）、《程史》卷一一《三忠堂记》、《大明一统志》卷五六《吉安府·祠庙》	奉祀欧阳修、杨邦乂、胡铨，嘉定年间（1208—1224）增祀杨万里、周必大
	忠节祠	庐陵县城南门外仁寿山西	咸淳年间（1265—1274）吉州知州李芾建	邓光荐《文丞相督府忠义传》（《文山先生文集》别集卷六）、周忱《重修忠节祠疏》《重修忠节祠堂上梁文》（《双崖文集》卷四）、《明宣宗实录》宣德八年八月甲申条、《大明一统志》卷五六《吉安府·祠庙》、嘉靖《吉安府志》卷六《舆地志·祠庙》	奉祀欧阳修、杨邦乂、胡铨、周必大、杨万里，至治三年（1323）增祀文天祥。宣德八年（1433）前后吉安知府陈本深移建至慈恩寺西

续表

县份	名称	位置	始建年份与主持修建者	文献依据	备注
庐陵	九贤祠	吉安府学明伦堂东	不晚于延祐五年(1318)建成，修建者失考	彭士奇《庐陵九贤事实始末》、《大明一统志》卷五六《吉安府·祠庙》、嘉靖《吉安府志》卷六《舆地志·祠庙》	奉祀欧阳修、杨邦乂、胡铨、杨万里、周必大、胡梦昱、欧阳珣、欧阳守道、文天祥
	双忠祠	吉安府学明伦堂后	康熙二十三年(1684)吉安知府刘德新建	高璜《双忠祠记》(乾隆《吉安府志》卷一三《建置志·庙祀》)	奉祀欧阳修、文天祥
	七忠祠	庐陵县城钟楼西石阳书院内	乾隆九年(1744)庐陵知县钱界建	程含章《石阳书院记》(道光《庐陵县志》卷一六《学校志·书院》)	奉祀欧阳修、欧阳珣、胡铨、周必大、文天祥、曾凤韶、颜瓌
	双忠书院	吉安府学明伦堂后，紧邻双忠祠	咸丰九年(1859)庐陵人彭大忻建	李儒栗《双忠书院记》(同治《庐陵县志》卷一六《学校志·书院》)	奉祀欧阳修、文天祥
	宋四先生祠	庐陵县城西门外宾兴公所	同治九年(1870)建成，修建者失考	匡汝谐《宋四先生祠纪略》(同治《庐陵县志》卷八《建置志·祠》)、民国《庐陵县志》卷一三上《礼典志·祠庙》	奉祀欧阳修、胡铨、周必大、文天祥。民国四年(1915)庐陵人周鹗购得吉安府督学试院后，移建至试院

续表

县份	名称	位置	始建年份与主持修建者	文献依据	备注
吉水	忠节祠	吉水县学文庙西	始建年份与修建者失考	彭教《吉水县学忠节祠记》（《东泷遗稿》卷二）、嘉靖《吉安府志》卷六《舆地志·祠庙》	奉祀欧阳修、杨邦乂、杨万里。弘治年间（1488—1505）提督江西通省学政按察使司金事黄仲昭改名为忠孝祠，增祀李孝子、尹昌
	欧阳文忠公祠	吉水县学明伦堂东	嘉定十七年（1224）前后吉水知县林半千建	陈宗舜《孝子亭记》（嘉靖《江西通志》卷二四《吉安府·陵墓》）、周叙《重修李孝子亭记》（康熙《吉水县志》卷一五《艺林志下·记》）、乾隆《吉水县志》卷一二《学校志·学制》（乾隆十五年米嘉绩修）	
	瑞贤亭	吉水县文昌乡泷江口，今吉水县水南镇新居村附近	成化年间（1465—1487）吉水人王全璧建	吴宽《瑞贤亭记》（《匏翁家藏集》卷三七）、嘉靖《江西通志》卷二四《吉安府·祥异》	奉祀包括欧阳修在内的历代吉水籍进士。2003年重修后被列为吉水县文物保护单位
永丰	六一桥	永丰县城小西门外，今永丰县恩江镇永叔路附近	绍兴四年（1134）永丰人黄德广建	嘉靖《吉安府志》卷六《舆地志·关津》、徐裕《重修六一桥记》（同治《永丰县志》卷三三《艺文志·记》）	文天祥行经此桥时曾在门坊上题写桥名。2003年被列为永丰县文物保护单位

续表

县份	名称	位置	始建年份与主持修建者	文献依据	备注
永丰	状元楼	永丰县学内，今永丰县恩江镇永叔公园内	绍兴十八年（1148）前后永丰知县吴南老建	曾丰《永丰县重修状元楼记》（《搏斋先生缘督集》卷一〇）、林应芳《三元楼记》（顺治《吉安府永丰县志》卷六《碑记志》）	奉祀欧阳修、董德元，朱熹曾题写楼名。嘉靖二十三年（1544）永丰知县魏梦贤改名为三元楼，增祀曾棨、罗伦、朱缙、张唯、王昭明、曾鼎、陈律、罗奎。1983年被列为永丰县文物保护单位。
	六一祠	永丰县学内	不晚于庆元三年（1197）建成，修建者失考	曾丰《永丰县重修状元楼记》（《搏斋先生缘督集》卷一〇）、《大明一统志》卷五六《吉安府·祠庙》、顺治《吉安府永丰县志》卷二《学校志·名位》	
	欧阳文忠公祠	永丰县学北	嘉定十五年（1222）永丰知县陈观建	曾焕《欧阳文忠公祠堂记》（顺治《吉安府永丰县志》卷六《碑记志》）	
	石桥寺（六一书院）	永丰县城小西门外，紧邻六一桥	大德七年（1303）永丰人傅跃鲤建	邹守益《永丰六一书院记》（《东廓邹先生文集》卷四）、徐裕《重修六一桥记》（同治《永丰县志》卷三三《艺文志·记》）、万历《吉安府志》卷一五《学校志》、顺治《吉安府永丰县志》卷一《疆域志·寺观》	永乐（1403-1424）以后改建为六一祠。嘉靖二十九年（1550）永丰知县张言改建为六一书院

续表

县份	名称	位置	始建年份与主持修建者	文献依据	备注
永丰	志欧书院	永丰县城西平湖侧	延祐四年（1317）袁州学正曾靖翁建	杜显祖《志欧书院记》（顺治《吉安府永丰县志》卷六《碑记志》）、嘉靖《吉安府志》卷七《舆地志·学校》	
	欧阳文忠公祠	永丰县城西坊	嘉靖年间（1522-1566）建成，修建者失考	陈材《欧阳文忠公祠记》（同治《永丰县志》卷三三《艺文志·记》）、陶浚《新建欧阳文忠祠记》（同治《永丰县志》卷三三《艺文志·记》）	乾隆十八年（1753）永丰知县陈材于永丰县城西门外择地修建新祠，乾隆二十年（1755）永丰知县陶浚终成其事
	群英阁	永丰县学棂星门西	嘉靖三十一年（1552）永丰知县孙濬建	聂豹《群英阁记》（顺治《吉安府永丰县志》卷六《碑记志》）	奉祀包括欧阳修在内的历代永丰籍进士
	文明书院	永丰县城南门内	乾隆年间（1736-1795）永丰县城南坊文会建	同治《永丰县志》卷一〇《学校志·书院》	奉祀包括欧阳修在内的历代永丰籍先贤

第五章

龙王也爱泷冈碑

在永丰沙溪西阳宫，竖立着一块标题为《泷冈阡表》的石碑。这是欧阳修在宋仁宗皇祐五年（1053）撰写的《先君墓表》基础上，于宋神宗熙宁三年（1070）改订而成的墓表文，是他晚年最具代表性的作品之一。欧阳修在文中巧借母亲郑氏之口，转述父亲欧阳观的生平事迹，刻画了父亲仁厚正直、清谨奉公的品格，衬托出母亲持家俭约、勤苦自守的贤德，并以自己所建功业告慰双亲亡灵，情文并茂，意蕴隽永，感人至深。镌刻《泷冈阡表》的石碑高 212 厘米，宽 96 厘米，厚 23 厘米，通体呈墨绿色，碑阴为《欧阳氏世次表》，已于 2006 年被国务院列为第六批全国重点文物保护单位。

历代学者品评《泷冈阡表》，多聚焦于该文运用的独到手法和蕴含的杳远哀思，偶尔提到欧阳修护送《泷冈阡表》碑前往西阳宫祖茔途中，石碑落水后又复得的逸闻。尽管历史事实是欧阳修在撰写并请人镌刻《泷冈阡表》期间，因担任青州（治所在今山东省潍坊市青州市）知州的缘故，不曾亲身返回吉州安放石碑，[①] 但石碑落水复得的传说，还是被视为欧阳修

[①] 胡柯：《庐陵欧阳文忠公年谱》，欧阳修：《欧阳文忠公集》卷首，《四库提要著录丛书》集部第 89 册，北京出版社，2010 年，第 26—27 页。刘德清：《欧阳修纪年录》，熙宁三年四月，上海古籍出版社，2006 年，第 446 页。

孝思至诚和文才卓异的例证，长期在吉安文人中间广泛流传。下面就依据各版本传说出现的先后顺序展开介绍。

宋人曾敏行所撰《独醒杂志》，是现存最早记述《泷冈阡表》碑传说的文献。曾敏行是吉水人，字达臣，号独醒道人，主要生活于宋高宗和宋孝宗朝。他因年幼时患过重病，早早断绝了做官的念头，常年埋首经籍探求义理，偶尔也周游吉州古迹名胜，并将所见所闻记录成文。曾敏行病故后，其子曾三聘将父亲的遗稿汇编成了《独醒杂志》，并于宋孝宗淳熙十三年（1186）刊行。同为吉水人的大文豪杨万里应邀为该书作序，称书中所载史事"皆近世贤士大夫之言，或州里故老之所传"，还强调大部分内容符合自己的见闻。[①] 这样看来，曾敏行记录的《泷冈阡表》碑传说，应曾在南宋吉州士民中间得到一定认可。

曾敏行如是记录传说：欧阳修担任青州知州期间，撰写了《泷冈阡表》并请人镌刻在石碑上，后乘船护送石碑前往西阳宫。小船航行至长江下游的采石矶（今属安徽省马鞍山市雨山区），船身突然断裂，石碑沉入水中。船夫安慰欧阳修说："假如神灵有知，石碑就将重现，不妨稍加等待。"众人苦候多时，石碑果真露出水面，于是大家合力将石碑捞起并重新启程。石碑被安放在西阳宫之后，还曾发生一件不可思议的事。宋高宗绍兴五年（1135）西阳宫发生火灾，殿宇多被焚毁，唯独石碑和碑亭幸免，大家都说这是因为神灵在暗中保护石碑。[②] 相比更晚出现的传说，曾敏行记录的传说情节尚不复杂，人物关系还比较简单，也没有明确指出石碑落水是神灵所为。但该版本传说已勾勒出石碑落水复得的基本经过，并突出了石碑

---

① 杨万里撰，辛更儒笺校：《杨万里集笺校》卷七九《〈独醒杂志〉序》，中华书局，2007年，第3236页。

② 曾敏行撰，朱杰人标校：《独醒杂志》卷二，上海古籍出版社，1986年，第12页。

具备的神异特性，这在下文将要介绍的各版本传说中皆有体现。

曾敏行病故后的四百多年间，《泷冈阡表》碑传说都未见于文人笔端。无论是元代抚州路崇仁（今抚州市崇仁县）籍学者吴澄和虞集记述西阳宫历史的诗文，[1] 还是明初泰和名相杨士奇从永丰硕儒曾棨处获见《泷冈阡表》碑拓本后题写的跋语，[2] 抑或分别于明世宗嘉靖元年（1522）和嘉靖四年（1525）告成的《吉安府志》和《江西通志》所记欧阳观墓概况，[3] 都未提到《泷冈阡表》碑运往西阳宫途中曾经发生什么奇闻逸事。由此可以推想，该时期石碑落水复得的传说即便在士民中间偶有流传，也没有普遍转化为文字形态。直到明神宗万历十三年（1585）刊行的《吉安府志》，才再次提到石碑落水复得的传说。

万历《吉安府志》收载的传说是这样的：欧阳修护送《泷冈阡表》碑前往西阳宫途中，在采石矶停船休整，夜晚梦见龙王使者求借石碑。梦醒后，欧阳修未及思虑便继续赶路。不料小船航行在江心时，江流忽如镜面破碎一般裂开，小船难以承载石碑，渐有翻覆之势。欧阳修突然忆起昨夜梦见的龙王使者，赶忙将石碑投入江中，才得以幸免于难。大诗人黄庭坚与欧阳修是忘年交，他得知欧阳修的遭遇后，盛怒之下撰写了《诘龙文》，严厉告诫龙王必须将石碑交还原主。过了很久，一只灵龟驮运着石碑出现在沙溪西阳宫旁的浅沼中，碑体可见几道龙王爪迹，就像雕镂上去的一样。

① 吴澄：《吴文正集》卷四八《西阳宫记》，《景印文渊阁四库全书》第 1197 册，第 495–496 页。虞集：《道园遗稿》卷三《拜欧阳文忠公遗像》，《北京图书馆古籍珍本丛刊》第 94 册，书目文献出版社，1998 年，第 31 页。

② 杨士奇：《东里文集》卷一〇《跋〈泷冈阡表〉》，《明代诗文集珍本丛刊》第 11 册，国家图书馆出版社，2019 年，第 35 页。

③ 嘉靖《吉安府志》卷七《舆地志·陵墓》，《北京图书馆古籍珍本丛刊》第 31 册，第 620 页。嘉靖《江西通志》卷二四《吉安府·陵墓》，《中国方志丛书·华中地方》第 780 号，成文出版社，1989 年，第 3971–3973 页。

欧阳修在欣喜之余，将石碑立于西阳宫并营建了碑亭。后来西阳宫发生火灾时，唯独石碑和碑亭未遭劫难。[①] 相比曾敏行记录的传说，万历《吉安府志》所记传说最大的变化，是明确了石碑落水乃龙王所为，并增添了协助欧阳修索讨石碑的黄庭坚和送还石碑的灵龟两个次要角色。这两个次要角色在其他版本的传说中，甚至成了情节延展与细化的线索。

明人汤瑞至记录的传说又呈现出另一番面貌。汤瑞至是永丰人，字开先，号四明，万历四十三年（1615）举人。他博学好古，识见甚广，致仕后仍以学行名节闻名于乡里。[②] 他在《〈泷冈阡表〉记》中这样记述石碑落水复得的传说：欧阳修乘船护送《泷冈阡表》碑航行至鄱阳湖时，梦见五位身着青衣的龙王使者求见。使者说："龙王听闻您文章盖世，要拜读船上这通石碑。"语毕便消失在梦境里。次日小船航行在湖中，几度遭遇疾风大浪。就在小船将要翻覆时，欧阳修忆起龙王使者求借石碑的梦，赶忙命令船夫将石碑推入湖中，才免于淹溺之祸。当时黄庭坚正担任泰和知县，听闻石碑落水的经过后，他愤而提笔撰写檄文，怒斥龙王攫取石碑的过失。龙王收到檄文后不敢怠慢，便派遣使者将石碑运往西阳宫归还原主。孰料使者忙中出错，竟然误将石碑送至距离西阳宫八百里之遥的信州永丰县（今上饶市广丰区）的县衙。官员们看见石碑忽然从地面涌出，感到不可思议，听了使者讲述事情由来，方才解开心中疑惑，并在石碑上写下"永丰二字一般同，只少欧阳六一公"两句诗作为纪念。龙王得知使者失误后颇为不满，转而委派灵龟前往西阳宫送还石碑。过了几天，欧阳修忽然发现西阳宫门坊外的鱼池云雾弥漫，隐约可见池中有虹光闪烁。就在他深感困惑时，灵

---

① 万历《吉安府志》卷一二《山川志》、卷三一《杂传·遗事》，《中国方志丛书·华中地方》第 768 号，成文出版社，1989 年，第 718、1671–1672 页。

② 康熙《吉安府永丰县志》卷五《人物志·贤达》，《中国方志丛书·华中地方》第 759 号，成文出版社，1989 年，第 498–499 页。

龟驮着石碑出现在池中，卸下石碑就消失了。欧阳修走近一看，发现石碑正是先前沉入鄱阳湖的《泷冈阡表》碑，碑上"祭之丰，不如养之薄"两句可见龙爪圈起的痕迹，轻叩碑体有近似金器和玉石的响声。由于碑面水迹久不干涸，众人拓印石碑时，宣纸很快湿透以致无法吸收墨汁，故每日仅能拓得一纸。①

汤瑞至在记述石碑落水复得的经过之余，还在文中提到两起与石碑有关的神异事件。第一件事发生在明熹宗天启五年（1625），当时汤瑞至途经徐州，遇见一人自称是欧阳修后裔。此人在闲谈间说起家中原本藏有两张《泷冈阡表》碑拓本，后被徐州兵备道的赵姓官员买走，孰料赵姓官员家中失火时，存放拓本的房间竟完好无损。第二件事发生在明思宗崇祯四年（1631），当时汤瑞至从好友钟应问处得知，钟家遭雷击失火时，邻宅因藏有《泷冈阡表》碑拓本而幸免遭灾。对于石碑落水复得传说和上述两起神异事件的真实性，汤瑞至认为，欧阳修文才卓异，"公之文不独起八代之运，盖通三界而钟五行之精"，即不必严格遵守现实世界的时空法则，②故传说和逸闻中违背常理的部分都无须置疑。

相比万历《吉安府志》所记传说，汤瑞至记录的传说除石碑落水地点由采石矶改为鄱阳湖外，还增补了龙王使者误送石碑至信州永丰县的情节。明清之际的史学家谈迁所撰《枣林杂俎》，也记录了与这一情节相近的逸闻：《泷冈阡表》碑在明代曾一度从欧阳观墓前消失，后出现在广信府永丰县，不久竟又回到了欧阳观墓前，以致当时的士民中间都流传着"吉永

---

① 汤瑞至：《〈泷冈阡表〉记》，同治《永丰县志》卷三三《艺文志·记》，《中国方志丛书·华中地方》第760号，成文出版社，1989年，第2252—2254页。

② 汤瑞至所记传说称黄庭坚协助欧阳修索讨石碑时的身份为泰和知县，暗示此事发生于黄庭坚担任泰和知县的元丰四年至六年期间，但这与欧阳修在熙宁三年镌刻石碑，并于两年后病殁的史实抵牾。

丰移广永丰,永丰二字适相同。人民城郭依然是,只少当年六一公"的歌谣。①
石碑出现在信州永丰县的情节不依托于石碑落水复得传说就可单独流布,
表明该情节与传说主干结构关联不大。该情节之所以能被添入传说并被士
民接受,是因为官员和民众常苦恼于广信府与吉安府都辖有永丰县。生活
时代略早于汤瑞至的泰和人郭子章,就在《郡县释名》广信府永丰县条下
指出:"吉安亦有永丰县,每科试录,分吉永丰、广永丰以别之"。② 清世
宗雍正九年(1731),江西巡抚谢旻提请朝廷为广信府永丰县更名,也说
当时"文移印信,不无混淆。请另改嘉名,以免滋弊"。③ 由此来看,汤瑞
至所记传说增补的龙王使者混淆两个永丰县的情节,不仅能使情节发展更
具柳暗花明、峰回路转之感,还可激起经历相似者的共鸣,并为传说赋予
更多真实感。

吉水人曾大本的生活时代与汤瑞至相近,所撰《游泷冈记》也提到了
自己从陈姓好友处听闻的石碑落水复得传说:欧阳修护送《泷冈阡表》碑
前往西阳宫祖茔途中,在鄱阳湖梦见龙王求借石碑。次日小船航行至湖中,
竟数度为急流乱石所阻,眼看就有翻覆的危险。见此情形,欧阳修突然忆
起龙王求借石碑的梦,赶忙与随从一同将石碑推入湖中,小船才转危为安。
时任泰和知县的黄庭坚听闻欧阳修的离奇遭遇后,愤慨于龙王攫取石碑的
行径,便撰写檄文告诫龙王务必归还石碑,没过几天石碑果然出现在了泷
冈山上。据亲眼所见石碑重现的乡人说,当时有一巨龟驮着石碑从西阳宫

---

① 谈迁撰,罗仲辉、胡明校点校:《枣林杂俎》中集《营建·泷陵阡》,中华书局,2006 年,
第 412 页。
② 郭子章:《郡县释名·江西郡县释名》卷上《广信府·永丰县》,《四库全书存目丛书》
史部第 166 册,齐鲁书社,1997 年,第 753 页。
③ 《清世宗实录》卷一○四,雍正九年三月庚辰,《清实录》第 8 册,中华书局,1985 年,
第 381 页。

附近的无名水塘中浮起，这便是乌龟塘得名的由来。①

记录石碑落水复得的经过后，曾大本还意犹未尽，又在记文中接着描述了自己拜谒西阳宫的见闻，称石碑上的龙王爪迹依旧清晰如新，黄庭坚撰写的檄文仍保存完好，至于乌龟塘，雨时水满不溢，旱时水减不涸，掷入一根羽毛竟也立即沉入塘中，这都足以证明石碑落水复得绝非好事者编造的奇谈怪论。曾大本进而指出，既然史籍记录的禹帝拥据天命吓退作祟的黄龙，和韩愈守土安民驱逐肆虐的鳄鱼的典故，比起石碑落水复得更加离奇，那么欧阳修的孝思和黄庭坚的仗义"至诚动物"，引发了诸多看似荒唐的事件，便也就顺理成章。这种论说将推动传说情节发展的因素归结为"至诚"，不仅可消解士民对传说合理性的怀疑，也因其符合朝廷意识形态而具有笃厚人伦、劝励风俗的功能。

以上介绍的明代后期出现的几种《泷冈阡表》碑传说，虽然包含黄庭坚撰文索讨石碑的情节，但都未引录黄庭坚文中辞句。直到清圣祖康熙十年（1671）前后，归德府商丘（今河南省商丘市睢阳区）人宋荦才首次引录黄庭坚《檄龙文》。宋荦字牧仲，号漫堂，又号西陂，康熙三年授黄州府通判，九年丁母忧返归商丘。②乡居期间，他在遍览经史之余，亦将游宦所得奇闻逸事整理成篇并结集为《筠廊偶笔》，其中就包括这篇《檄龙文》：

> 臣黄鲁直谨言：臣闻天子诏修永叔以三月三日趋朝，钦承皇上深宠，锡以重爵，推以峻位，加恩三世，著其褒辞以赠。修命石氏镌

---

① 曾大本：《游泷冈记》，康熙《西江志》卷一七〇《艺文·记十八》，《中国方志丛书·华中地方》第783号，成文出版社，1989年，第3122页。

② 宋荦：《西陂类稿》卷四七《漫堂年谱一》，《中华再造善本》影印中国国家图书馆藏清康熙毛扆、宋怀金、宋岑刻本，国家图书馆出版社，2014年，叶9a–叶11b。宋至、宋致、宋筠：《少师公行状》，《商邱宋氏家乘》卷一五《文翰二》，上海图书馆藏清乾隆六年刻本，叶28a。

之，故刻《泷冈阡表》《世次》碑，乃雇舟载回。五月十三日至鄱阳湖，泊舟庐山之下。是夜，一叟同五人青衣大带来舟，揖而言曰："闻公之文章盖世，水府愿借一观。"自谓龙也，请碑入水，遂不见焉，惟阴风怒号，淡月映空。修惊悼不已，坐以待旦，黎明起谕。直时知泰和令，以同邦之谊，命直为文以檄。

恭惟洞天水府之宫·震泽主者·润济王阙下：福地阴阳，龙池岁月。星斗芒寒，受穹质于上界；云津变化，膺显号于人间。庙食吴中，官民均赖。兹有河神之玩法，敢将表石以沉沦。妙画雄文，自应呵护，琼章玉册，孰敢谁何。虽龙宫之幽玄，而雷神之慧彻，巽风震雷，骇蚪奔鲸，地裂水竭，渊泉俱灭。既已各司其职，胡不永保其身。以汝上天功也，骧首云霄，德配亭毒，乾道之性，厥位六焉，鼎成以升，实汝之神。下地利也，渊源潭洞，养身遁性，坤绝妖尘，其德玄焉，禹舟之负，实汝之功。今汝不然，乃罹兹禁，万一株连，五龙尽灭。

书毕，投檄湖中，忽空中语云："吾乃天丁也，押服骊龙，往而送至永丰沙溪，敕赐文儒读书堂之南龙泉坑而交也。"文忠公归家扫墓，但见坑中云雾濛蔽，虹光烁空。往视，一大龟负碑而出，倏忽不见，惟碑上龙涎宛然在焉。乃起置于崇国公墓前，俾垂不朽。

呜呼！文能动龙，孝足感天，公之文章德业，至矣，极矣！天下万世，谁不翕然而宗师之。

时熙宁三年庚戌七月望日，黄鲁直谨识。[1]

这篇檄文可被拆解成四部分：其一，欧阳修护送《泷冈阡表》碑前往西阳宫祖茔，夜泊鄱阳湖时梦见龙王使者求借石碑，石碑旋即沉入水中，

---

[1] 宋荦：《西陂类稿》卷四三《筠廊偶笔上》，叶 34b– 叶 35b。

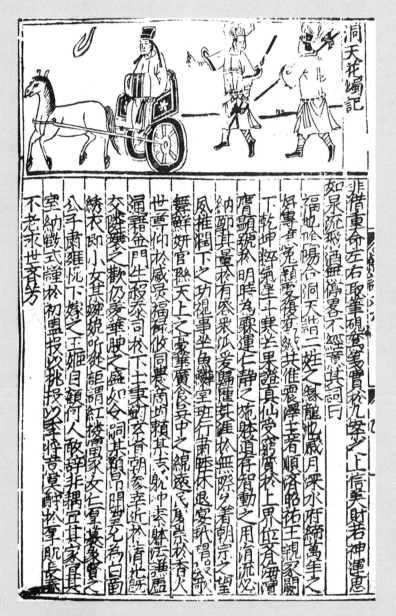

洞天花燭記

李昌祺撰《洞天花烛记》中的求亲文

欧阳修在惊惧之余，委托时任泰和知县的黄庭坚撰文索讨石碑；其二，黄庭坚怒斥龙王攫取石碑之举触犯天规，警诫其务必送还石碑；其三，天兵收到檄文后，从龙王处取回石碑并交由灵龟运往西阳宫；其四，因为欧阳修文才卓异且孝思至诚，所以他在返归永丰途中会经历石碑失而复得的波折。文末附有黄庭坚的署名和纪日，以示石碑落水复得发生于熙宁三年（1070）。需说明的是，康熙二十三年（1684）刊行的《吉安府永丰县志·杂志》古迹门亦收录有《檄龙文》，[①] 篇章结构与引文相同，但篇幅更长且辞句差异较大，应非传抄转写所致，那么不妨推测《筠廊偶笔》和康熙《吉安府永丰县志》所收《檄龙文》是初定本和修订本的关系。

宋荦所记传说的主干结构与更早出现的版本大体相同，增补的内容主要是黄庭坚声讨龙王的檄文。这篇檄文虽然慷慨激昂，但许多细节都经不起推敲。庐陵人李昌祺在明成祖永乐十七年（1419）前后撰写的小说《洞天花烛记》，讲述了元文宗天历二年（1329），秀才文信美应镇江路金坛县茅山华阳洞（今属江苏省镇江市句容市）仙人之邀，代笔撰文向震泽主者求亲，并在婚礼期间尽展文才获赠珍宝的故事。[②] 文信美所撰求亲文开篇曰："福地阴阳合，洞天谐二姓之缘；龙池岁月深，水府缔万年之好。专凭兔颖，虔复鸾缄。恭维震泽主者·顺济昭祐王亲家阙下：乾坤粹气，星斗寒芒。果证真仙，受穹质于上界；位齐海渎，膺显号于明时。"与《檄龙文》的语气和遣辞颇为相似。求亲文夸耀震泽主者的威望和灵力曰："官联天上之豪华，庙食吴中之绵远。民虔崇于香火，世尊仰于威灵。福禄攸同，商农均赖。"也与《檄龙文》"庙食吴中，官民均赖"之语意涵相合，

---

① 康熙《吉安府永丰县志》卷八《杂志·古迹》，第 1098–1101 页。
② 李昌祺：《剪灯余话》卷四《洞天花烛记》，《古本小说丛刊》第 5 辑第 1 册，中华书局，1990 年，第 110 页。

而吴中通常指代今江苏和浙江两省交界处的太湖周边地区。此外，《檄龙文》中龙王的名号为"震泽主者·润济王"，①但震泽是太湖古称，震泽主者应为太湖保护神的尊号，那么龙王的名号便与《泷冈阡表》碑沉入鄱阳湖的情节抵牾。由此来看，宋荦所记传说中的《檄龙文》，应是参考了《洞天花烛记》的产物。《洞天花烛记》之所以被选为参考对象，可能是因为这篇小说曾在吉安士民中间广泛流传，②且其以龙王倾慕才子手笔为主题，契合传说称颂欧阳修"文能动龙"的旨趣。

清人李之素在《孝经外传》中提到的《泷冈阡表》碑传说，又与上文介绍的五种版本有所不同。李之素是黄州府麻城（今湖北省黄冈市麻城市）人，曾为国子监岁贡生，后隐居山中埋首经籍。③《孝经外传》是他汇编历代孝子事迹而成的作品，与注解《孝经》义理的《孝经正文》和《孝经内传》一同刊行于康熙十五年（1676）。李之素记录的传说是这样的：欧阳观年幼时就失去了父母，他考取功名后每次祭祀双亲，都为自己不能尽孝而自责，总会哀叹"祭而丰，不如养之薄也"。欧阳修四岁时，欧阳观就离世了，由母亲郑氏独自将他抚养成人。欧阳修不负期望步入仕途后，郑氏竟在皇

---

① 吉泰盆地各县方言中润、顺音近，今吉安市区将润读作 lùn，顺读作 sùn，那么传说中求借石碑的龙王的名号"润济王"，便很可能就是江河神灵常用封号"顺济王"的讹变。见刘纶鑫主编：《客赣方言比较研究》，中国社会科学出版社，1999 年，第 186–187 页。

② 为《剪灯余话》或书中部分篇章撰写序跋的文人籍贯多在吉安，如罗汝敬、刘敬、周述、周孟简、钱习礼为吉水人，曾棨、邓时俊为永丰人，萧时中为庐陵人，李时勉为安福人。这些文人或与李昌祺同在永乐二年进士登第，或与李昌祺在翰林院共事，不难想见该书应曾在吉安广泛流传。此外，万斯同主持编修的《明史》所收《李昌祺传》，提到《剪灯余话》因败坏士风而被禁毁，李昌祺也因此未能入祀庐陵县学乡贤祠："昌祺在房山，尝著《剪灯余话》，为轻薄者所喜。李时勉为祭酒，疏请禁之。后韩雍抚江西，举故贤士大夫祀乡贤祠，昌祺以撰此书，故不获预云。"这也是该书影响昭著的例证。见万斯同：《明史》卷二〇九《李昌祺传》，上海古籍出版社，2008 年，第 4 册，第 595 页。

③ 乾隆《麻城县志》卷一九《列传五·文苑》，《故宫博物院藏稀见方志丛刊》第 70 册，故宫出版社，2013 年，第 274 页。

祐四年（1052）他担任应天府（治所在今河南省商丘市睢阳区）知府期间病故。一年后欧阳修护送郑氏灵柩回到永丰，不巧遇到连绵阴雨。欧阳修担心延误葬期，便向掌管当地晴雨的神灵沙山太守诚心祈祷。也许是欧阳修的孝思打动了沙山太守，到了郑氏下葬那天雨歇转晴，葬礼因此得以顺利进行。后来欧阳修撰写了《泷冈阡表》，请人镌刻在石碑上，并命小吏乘船护送石碑前往西阳宫。孰料行船途中风浪大作，还有恶龙袭扰，小船眼看就要翻覆。船夫意识到这是龙王觊觎船上宝物所致，赶忙与小吏一同将石碑推入水中，恶龙果然扭头离去。小吏饱经波折抵达吉州后，向知州禀报了石碑落水的经过，后又奉知州之命前往西阳宫详察究竟，却发现石碑早已屹立在欧阳观墓旁。守墓者见小吏深感困惑，便解释道："昨晚的雷声震动了整座泷冈山，石碑伴着雷声就从墓旁的土中涌出了。"小吏听罢上前察看石碑，只见碑文完好无恙，唯独"祭而丰，不如养之薄"两句被红圈圈起，痕迹如新。①

李之素所记传说前半部分的主旨，是欧阳修如愿祈得晴天，使郑氏得以顺利下葬。庐陵人周必大编集并于宋宁宗庆元二年（1196）刊行的《欧阳文忠公集》所收《祭沙山太守祈晴文》，②和吉水人罗大经于宋理宗淳祐八年（1248）撰成的笔记《鹤林玉露》，③都记录了欧阳修向沙山太守祈晴的史事，可知传说前半部分来源有自。李之素所记传说后半部分的主旨，是《泷冈阡表》碑落水后重新出现在欧阳观墓旁。肇庆府高明（今广东省佛山市高明区）知县钮琇在康熙三十九年（1700）编成的笔记小说集《觚

① 李之素：《孝经内外传》卷三《欧阳观、修》，《四库全书存目丛书》经部第 146 册，齐鲁书社，1997 年，第 376 页。

② 欧阳修：《欧阳文忠公集》卷七〇《祭沙山太守祈晴文》，《中华再造善本》影印中国国家图书馆藏宋庆元二年周必大刻本，北京图书馆出版社，2005 年，叶 4b。

③ 罗大经撰，王瑞来点校：《鹤林玉露》甲编卷一《仕宦归故乡》，中华书局，1983 年，第 15 页。

剩》中，记录了自己从进京赶考的吉安举子处听闻的石碑落水复得故事，[①]情节与传说后半部分完全相同。既然李之素所记传说的前后两部分可彼此独立流布，那么欧阳修葬母前祈晴，便不是引发石碑落水复得事件的诱因。李之素将这两起互无关联的事件整合在一起，可能既有突出欧阳修孝行的考量，也旨在利用欧阳修祈晴的史实，误导读者相信石碑确曾落水复得。

综观以上介绍的六种《泷冈阡表》碑传说，可发现这些传说都拥有相同的主干结构。如果将各版本传说简化到最精练的形态，只描述主人公欧阳修的境遇转变和应对举措，不考虑次要角色的行为和状态，也忽略不能推动情节发展的内容，就可归结出传说的主干——欧阳修护送《泷冈阡表》碑前往西阳宫，途中石碑落水后又复得。[②]各版本传说主干结构的共同点，在于都包含欧阳修启程护送石碑、石碑落水、搜讨石碑和石碑复得等四个节点。这四个节点环环相扣，缺一不可，其中石碑落水是引发后续离奇事件的诱因，也是理解传说主旨的关键。下面就来分析石碑落水的情节有何玄机。

尽管《泷冈阡表》碑在运往西阳宫途中是否确曾落水，由于史料欠缺今已不得而知，但考虑到石碑落水事件从未见于欧阳修笔端，反而在他离

---

① 钮琇撰，南炳文、傅贵久点校：《觚剩》正编卷四《燕觚·朱圈墓表》，上海古籍出版社，1986 年，第 62 页。

② 本章讨论各版本《泷冈阡表》碑传说的主干结构时，参考了施爱东分析民间故事的方法。见施爱东：《孟姜女故事的稳定性与自由度》，《民俗研究》2009 年第 4 期。施爱东：《理想故事的游戏规则》，《民族艺术》2019 年第 4 期。

世大约百年后才首次被曾敏行提到，[①]且历代典籍记载了许多佳作名篇落水的史事和逸闻，那么石碑落水便很可能出自倾慕欧阳修文才和孝思的好事者编造。

清初学者方中德所编类书《古事比》的珍宝门，汇集了多个水上神灵求取书画名作的故事。[②]除《泷冈阡表》碑传说和下文将会介绍的中水府攫取韩幹所绘马图、彭蠡小龙讨要《维摩经》、江神嗜好黄庭坚草书扇面三事外，还包括以下三则逸闻：吕端在宋太宗端拱元年（988）乘船出使高丽时遭遇风浪，他把用金字写成的《维摩经》投入海中后，船底响起海神演奏的乐歌，风浪亦随之平息；[③]陈尧咨在宋真宗朝某年乘船行至江宁府三山矶，龙王的一位部将告诫他次日不宜行船，他听从了建议，果然幸免于难，事后部将请求他赠给《金光明经》以便升职；[④]安焘和陈睦在宋神宗元丰元年（1078）出使高丽途中，数百海怪攀爬上船索取佛经，随从将佛经剪成字块分发给海怪后才平安抵岸。[⑤]对比上述故事与《泷冈阡表》碑传说，可发

[①] 晚清学者方濬师和萧穆考辨《泷冈阡表》碑落水复得传说时，皆主张曾敏行《独醒杂志》纪事最贴近史实。方濬师称："敏行庐陵人，与公为同乡，所纪必确。或者后人因碑石曾沉于江，讹为龙王攫取耳。"萧穆的论断与此基本相同。两人指出《独醒杂志》是传说衍生的起点，颇具见地，但未再追索这则纪事是否与欧阳修的仕宦履历抵牾，略嫌草率。见方濬师撰，盛冬铃点校：《蕉轩随录》卷三《龙攫泷冈碑》，中华书局，1995年，第121页。萧穆：《敬孚类稿》卷七《再跋欧阳文忠公〈泷冈阡表〉》，《续修四库全书》第1561册，上海古籍出版社，2002年，第37页。

[②] 方中德辑：《古事比》卷五〇《珍宝》，《四库全书存目丛书》子部第234册，齐鲁书社，1995年，第472页。

[③] 此事亦见于孙升口述，刘延世笔录，杨倩描、徐立群点校：《孙公谈圃》卷上《书维摩经过东海》，中华书局，2012年，第104–105页。

[④] 此事亦见于刘斧：《翰府名谈·游奕将求金光明经》，曾慥辑：《类说》卷五二，《北京图书馆古籍珍本丛刊》第62册，第885页。

[⑤] 此事亦见于何薳撰，张明华点校：《春渚纪闻》卷二《龙神需舍利经文》，中华书局，1983年，第23页。

现它们成立的共同前提，是水上神灵具有品鉴文字的能力。这一前提被不同故事的编造者共同遵守，则表明书画名作以落水的形式被水上神灵占有的设计，通常不会受到士民质疑。

洪亮吉是清高宗乾隆五十五年（1790）殿试榜眼，他在清仁宗嘉庆八年（1803）好友赵怀玉于清江浦（今属淮安市清江浦区）落水获救后，应邀作诗记录此事：

> 推量其故亦可晓，至宝随身遭迫逼。
>
> 龙神要看泷冈碑，鲛府思搜避雍刻。
>
> 不然画宝吴道元，或者字藏黄鲁直。
>
> 遭风湿米考竟升，落水兰亭价谁敌。①

赵怀玉乘坐的小船因年久失修而断裂，当时船上恰好载有多种珍稀典籍，故洪亮吉在诗中戏称他遭罹水厄是龙王觊觎至宝所致，并在诗中化用了多个书画名作落水的典故以呼应主题。诗云"龙神要看泷冈碑"，即《泷冈阡表》碑落水复得传说；"鲛府思搜避雍刻"，指东魏武定四年（546），权臣高欢胁迫孝静帝从洛阳迁都邺城时，取道黄河运送太学门前的熹平石经，航行至河阳岸崩船毁，石经大半散裂落水的史事；② "不然画宝吴道元"，

---

① 洪亮吉撰，刘德权点校：《洪亮吉集·更生斋诗》卷八《北郊种树集·赵司马怀玉自山左奔丧归同官赠以一舟至清江浦渡河胶败舟坼八口几至覆没以救得免司马作厄解自嘲并索余一诗记事》，中华书局，2001年，第1417页。李金松：《洪亮吉年谱》，人民出版社，2015年，第397页。著名学者赵翼得知赵怀玉落水获救事后，亦作诗宽慰赵怀玉。其中"得非神亦我辈人，嗜书有癖忘漂麦。瞰汝生平著述多，光赛金膏掩瑶碧。遂欲截留泷冈表，弗顾葬期误窀穸"，将赵怀玉藏书落水与龙王借观《泷冈阡表》碑相提并论，且与洪亮吉诗对龙王嗜好佳作名篇的描述意近，表明《泷冈阡表》碑传说已成为形容佳作名篇成就卓著以致打动鬼神的意象。见赵翼撰，李学颖、曹光甫校点：《瓯北集》卷四六《味辛衔恤归泊舟袁浦为他舟触破眷属仅得登岸行李已大失稚存作诗相慰余亦次韵》，上海古籍出版社，1997年，第1169页。
② 魏徵、令狐德棻：《隋书》卷三二《经籍志一》，中华书局，1973年，第947页。

指宋代词人秦观夜泊鄱阳湖宫亭庙下，梦中遇见维摩诘散花天女挟唐代画家吴道子的作品索要赞语的逸闻；[1]"或者字藏黄鲁直"，指渡客把黄庭坚草书扇面献给江神以平息风浪的故事；"落水兰亭价谁敌"，指元代书画家赵孟坚花费重金购得王羲之《兰亭序》书帖珍本，航行至湖州雪溪时风起船覆，赵孟坚不顾危险抢救书帖，后在书帖上题写"性命可轻，至宝是保"的轶事。[2]这样看来，佳作名篇落水不仅是文学史和艺术史上常见的掌故，也是凸显诗文和画作成就卓著的文学意象。

经典的文学意象会左右士民对传说情节的偏好，进而影响传说编造者对情节的设计。下面以京剧旦角名家梅兰芳对剧本创作落入格套的评说为例略作说明。梅兰芳曾回忆自己在民国初年编排新戏《牢狱鸳鸯》时，受到戏剧结构和情节格套的限制，无法完全依照自己的观点设计剧情："旦角戏的剧本，内容方面总离不开这么一套，一对青年男女经过无数惊险的曲折，结果成为夫妇。这种熟套，实在腻味极了。为什么从前老打不破这个套子呢？观众的好恶力量是相当大的。"[3]观众对旦角戏情节的好恶，源自他们熟悉鸳鸯蝴蝶派小说和剧本创作格套后形成的思维定式。这种思维定式不仅会使观众对戏剧情节走向产生"理应如此"的预期，也会倒逼戏剧创作者主动顺应观众预期设计情节。这个道理放在《泷冈阡表》碑传说的情节安排上，就是欧阳修乘船护送石碑前往西阳宫的开端，必然因《泷冈阡表》文采斐然而引发石碑落水的情节，石碑屹立于西阳宫的史实，则

① 惠洪撰，陈新点校：《冷斋夜话》卷二《安世高请福·亭庙秦少游宿此梦天女求赞》，中华书局，1988年，第25页。

② 周密撰，张茂鹏点校：《齐东野语》卷一九《子固类元章》，中华书局，1983年，第357–358页。周密撰，邓子勉点校：《云烟过眼录》卷上《王子庆芝号西井所藏》，中华书局，2018年，第260页。

③ 梅兰芳述，许姬传记：《舞台生活四十年》第二集，人民文学出版社，1957年，第48页。

驱使传说编造者设计出石碑复得的结局。①

当然，传说编造者基于既定的主干结构设计情节时，并非完全没有发挥想象的余地。只要确保传说的节点稳定不变，编造者就可以灵活安排节点之间的情节。各版本《泷冈阡表》碑传说之间的差异，便主要体现在石碑落水地点在采石矶抑或鄱阳湖（在石碑落水和搜讨石碑节点之间），和欧阳修搜讨石碑过程中是否得到黄庭坚协助（在搜讨石碑和石碑复得节点之间）。这些情节安排其实颇有讲究，下面就来谈谈个中妙处。

曾敏行和万历《吉安府志》所记传说称石碑在采石矶落水，应与宋代流传的中水府嗜好收藏名画的故事有关。中水府是庇佑采石矶渡口航运的神灵，与马当山（今属九江市彭泽县）的上水府、金山（今属江苏省镇江市润州区）的下水府合称为三水府。三水府自五代至宋代都受到长江下游士民祭拜，并数度因显灵而获得封爵。②早在乾贞二年（928），南吴睿帝就封上水府为宁江王，中水府为定江王，下水府为镇江王。③南唐元宗保大年间（943—957），又分别加封三水府为广佑宁江王、济远定江王、灵肃镇江王。④宋代朝廷也曾多次晋升三水府的封号，至绍兴三十一年（1161），三水府已被加封为八字王，⑤地位仅次于拥有帝号的极少数神灵。有关三水府的传说和逸闻也在当时广泛流布，中水府在采石之战期间兴风作浪驱退

① 南明遗臣卢若腾所撰《方舆互考》的"水涌石"条，汇集了多个石碑从水中涌出的故事，其中就包括《泷冈阡表》碑落水复得的传说。看来传说编造者设计石碑复得的情节时，也许就参考了这类故事。见卢若腾撰，陈红秋校注：《方舆互考》卷一《水涌石》，厦门大学出版社，2016年，第94—95页。

② 古林森广：《宋代の长江流域における水神信仰》，《中国宋代の社会と经济》，国书刊行会，1995年，第86-111页。王元林、钱逢胜：《长江三水府信仰源流考》，《安徽史学》2014年第4期。黄纯艳：《宋代水上信仰的神灵体系及其新变》，《史学集刊》2016年第6期。

③ 欧阳修撰，徐无党注：《新五代史》卷六一《吴世家》，中华书局，1974年，第758页。

④ 徐松辑，刘琳等校点：《宋会要辑稿·礼》二一之三，上海古籍出版社，2014年，第1081页。

⑤ 洪迈撰，孔凡礼点校：《容斋随笔》卷一〇《礼寺失职》，中华书局，2005年，第131页。

南下的金军，[①] 和郑刚中、真德秀、李曾伯等宋代名臣在中水府庙祈得霖雨缓解旱情，[②] 都是长江下游士民津津乐道的故事。

与《泷冈阡表》碑传说关联最密切的中水府神迹，是其曾攫取渡客携带的唐代画师韩幹的名作。宋代书画家米芾所撰《画史》就提到了这样一件怪事：宋仁宗嘉祐年间（1056—1063），有位宦官在江南购得一幅韩幹绘制的马图，欣喜之余启程返回开封府。就在他来到采石矶渡口准备登船渡江时，疾风骤起，只得作罢。这样的情形持续了三天，眼看回到开封府的期限越来越近，宦官焦急难耐，于是听从当地人建议，前往中水府庙祭拜，当晚即梦见中水府说："留下你手中的马图，我就让你渡江。"梦醒后，宦官不敢怠慢，赶忙将马图献给庙中祝史，随后果然顺利渡江，马图从此便成了中水府庙的藏品。[③]

这件怪事还有更离奇的后续。张耒曾在宋哲宗绍圣三年（1096）拜谒中水府庙，其所撰笔记《明道杂志》提到了从庙中祝史处获知的故事：张瑰卸任太平州知州后，在前往采石矶渡口途中进入中水府庙祭拜，见庙中藏有韩幹所绘马图，很想将它据为己有，便命令随行画工仔细临摹，随后用摹本替换了庙中真本。就在张瑰一行人登船准备启航时，中水府显灵了。只见其他数船已驶出很远，唯独载有马图真本的小船无法划动，甚至渐有沉没之势。张瑰大惊，不得不将真本送回庙中，才最终顺利乘船离开。[④]

---

① 李心传撰，胡坤点校：《建炎以来系年要录》卷一九四，绍兴三十一年十一月甲午，中华书局，2013 年，第 3810 页。

② 郑刚中：《北山集》卷一四《祭中元水府文》，《金华丛书》第 167 册，广陵古籍刻印社，1983 年，叶 3b– 叶 4a。真德秀：《西山先生真文忠公文集》卷四八《中元水府庙祝文》，《宋集珍本丛刊》第 76 册，线装书局，2004 年，第 540 页。李曾伯：《可斋杂稿》卷二四《采石水府庙祈雨》，《宋集珍本丛刊》第 84 册，第 396 页。

③ 米芾撰，燕永成整理：《画史》，《全宋笔记》第 2 编第 4 册，大象出版社，2006 年，第 290 页。

④ 张耒撰，查清华、潘超群整理：《明道杂志》，《全宋笔记》第 2 编第 7 册，第 5–6 页。

虽然攫取马图的中水府与求借《泷冈阡表》碑的龙王身份不同，但两者的封域都在采石矶且都能品鉴书画名作，或表明曾敏行和万历《吉安府志》所记传说的编造者曾受到上述故事影响。明清以来，随着长江流域其他水上神灵的兴起，三水府在士民中间的影响力趋弱，仅在部分道教文献中可见三水府显灵的故事。晚于万历《吉安府志》出现的各版本传说不再有石碑在采石矶落水的设计，原因也许是当时中水府已经寂寂无闻。

汤瑞至、曾大本和宋荦所记传说称石碑在鄱阳湖落水，应与宋代以后鄱阳湖附近流传的彭蠡小龙庇佑往来舟船的故事有关。早在南唐政权统治江西时，生活于鄱阳湖周边地区的道教信众，就在道士吴猛和许逊斩杀湖中巨蛇传说的基础上，附会出了巨蛇之子彭蠡小龙侥幸逃脱的故事，[1] 此后当地官府便常将舟船翻覆归咎于小龙作祟。为确保鄱阳湖航运畅通，宋真宗在大中祥符六年（1013）下令封小龙为顺济侯，还撰写了《戒蛟文》规劝小龙改邪归正。[2] 随着小龙被列入祀典并逐渐加封为八字王，[3] 称颂小龙庇佑舟船和调节晴雨之功的论说不断涌现，小龙行祠逐渐遍布赣江流域，[4] 小龙在流域内士民中间的威望也愈发高涨。

与《泷冈阡表》碑传说关联最密切的小龙神迹，是其曾向王安石讨要《维摩经》。嘉祐三年（1058），王安石被委任为提点江南东路刑狱，治所在鄱

① 乐史撰，王文楚等点校：《太平寰宇记》卷一一一《江南西道九·南康军·建昌县》，中华书局，2007年，第2265页。亦见于王象之：《舆地纪胜》卷二五《江南东路·南康军·景物下》，中华书局，1992年，第1099页。

② 李焘：《续资治通鉴长编》卷七三，大中祥符三年六月辛未，中华书局，2004年，第1675页。马端临：《文献通考》卷九〇《郊社考·杂祠淫祠》，中华书局，2011年，第2770页。

③ 蔡絛撰，惠民、沈锡麟点校：《铁围山丛谈》卷六，中华书局，1983年，第113—114页。徐松辑，刘琳等校点：《宋会要辑稿·礼》二〇之六五，第1020页。

④ 孙廷林、王元林：《宋代彭蠡小龙信仰与其地域扩展》，《世界宗教研究》2017年第1期。

阳湖东岸的饶州（今上饶市鄱阳县）。[1]有一天他乘船行经鄱阳湖，途中遭遇疾风大浪，平安抵岸后他作诗记录此事曰：

> 茫茫彭蠡春无地，白浪春风湿天际。
>
> 东西捩柂万舟回，千岁老蛟时出戏。
>
> 少年轻事镇南来，水怒如山帆正开。
>
> 中流蜿蜒见脊尾，观者胆堕予方咍。[2]

诗云"千岁老蛟时出戏"，实指小船在风浪中摇晃，随时有翻覆的风险，"中流蜿蜒见脊尾"，形容的是波涛激荡状似龙尾，本与小龙显灵无关。但好事者为了夸耀小龙灵力，便依据该诗编造出王安石梦中遇见小龙索要佛经的故事。孙升对王安石变法甚为不满，他在朝中任官期间曾听闻许多王安石的轶事，其中就包括这个故事：某天王安石梦见小龙前来讨求《维摩经》，梦醒即把此事抛到了脑后。后来在友人家中的佛堂见到这部经书，他突然想起小龙的嘱托，索性抄好经文送至小龙庙。此后小龙再无音讯，直到他跻身相位，才梦见小龙前来道谢。[3]这样看来，至迟在北宋后期，士民已认可小龙具有品鉴文字的能力。汤瑞至、曾大本和宋荦所记传说的编造者设计鄱阳湖龙王求借石碑的情节时，也许就曾参考上述故事。至于编造者将石碑落水地点由采石矶改为鄱阳湖，个中原因今已不得而知，但这一改动表明石碑在何处落水并不影响传说主干结构，知采石矶和鄱阳湖都不是编造者设计情节时依托的客观实在物。换句话说，采石矶和鄱阳湖只是编造者为实现石碑落水的情节而安排的叙事空间，安放石碑的西阳宫

---

① 刘成国：《王安石年谱长编》卷三，嘉祐三年四月，中华书局，2018 年，第 430 页。
② 王安石撰，刘成国点校：《王安石文集》卷六《彭蠡》，中华书局，2021 年，第 89—90 页。
③ 孙升口述，刘延世笔录，杨倩描、徐立群点校：《孙公谈圃》卷上《王荆公录维摩经》，第 105 页。

才是传说衍生的动力来源。

传说编造者增补黄庭坚协助索讨石碑的情节，可能不仅与黄庭坚对欧阳修推崇备至，且两人同为江西人有关，还与宋代文人中间流传的江神嗜好黄庭坚草书的故事有关。诗僧惠洪是黄庭坚的好友，他在《冷斋夜话》中记录了这样一则逸闻：王荣老在观州（治所在今广西壮族自治区河池市南丹县）任官期满准备乘船离开，连续七天都在到达渡口后为风浪所阻。船工见他每次都随身携带一个匣子，便告诫他唯有将匣中宝物献给江神才能顺利渡江。王荣老犹豫了一阵，只得把最珍视的玉柄拂尘投入江中，风浪却丝毫没有平息的迹象，又忍痛拿起端州石砚投入江中，风势依旧不见减小，再把其他宝物投下，仍未发挥任何作用。直到夜里入眠时，他才想起自己曾购得黄庭坚草书扇面，但因字迹难以识别，故未将其视作珍宝。次日他怀着迟疑的心情把扇面投入江中，江面竟然立马变得如镜面一般平静，登船后还有顺风助力，不多时便抵达目的地。在惠洪看来，江神生前应和黄庭坚同为元祐党人，都在宋徽宗崇宁年间（1102—1106）因反对变法而被贬往偏远州县，所以才对黄庭坚的手笔情有独钟。[1]考虑到惠洪曾以结交元祐党人获罪，可知这个故事的主旨当系表达对党人的同情。但随着宋室南渡后为党人平反昭雪，和黄庭坚文学与书学地位提升，[2]该故事逐渐褪去了政治色彩，转而成为证明黄庭坚书法功力深厚以致打动鬼神的依据。[3]《泷冈阡表》碑传说的编造者设计黄庭坚撰文斥责龙王的情节时，可

---

[1] 惠洪撰，陈新点校：《冷斋夜话》卷一《江神嗜黄鲁直书韦诗》，第9页。

[2] 黄宝华：《黄庭坚评传》第九章《人格诗品，衣被后世》，南京大学出版社，1998年，第456–458、469–480页。

[3] 该故事在明代后期仍被视为文人翰墨打动鬼神的例证，见陈继儒：《佘山诗话》卷中，《四库全书存目丛书》集部第418册，齐鲁书社，1997年，第285页；许自昌：《樗斋漫录》卷二，《北京图书馆古籍珍本丛刊》第65册，第261页；谢肇淛：《文海披沙》卷三《水神求物》，《北京图书馆古籍珍本丛刊》第65册，第416页。

能就参考了这个故事。

有趣的是，刻有黄庭坚所作文章的石碑，竟然真的遭遇过落水复得的波折。元丰六年（1083），黄庭坚应故里洪州分宁县（今九江市修水县）清隐寺的僧侣邀请，为该寺顺济龙王庙撰写了《南山顺济龙王庙记》。僧侣将这篇记文镌于石碑立在寺中，殊不知若干年后，这通石碑居然不翼而飞。直到康熙五十一年（1712），在修江之畔候船的民众才意外地于浅滩中发现了该碑。[①] 当地一位名叫刘显祖的读书人，学识渊博却屡试不第。他得知黄庭坚手笔重现于世的消息后，作诗记录此事曰：

> 在昔南山师清隐，君曾为作顺济词。
>
> 大笔劖刊如锥画，镌刻不殊泷冈碑。
>
> 潭底龙眠抱砂砾，乍听晨钟睡初觉。
>
> 光怪陆离湛水濆，奋鬐露爪来相攫。
>
> 一自沙沉铁画埋，夜夜紫气凌星宿。
>
> 公去无人作水檄，老蛟雄据蟠盘躩。
>
> 龙宫至宝难久藏，一朝浪涌碑浮洛。
>
> 元丰距今七百年，字字抉石神工凿。
>
> 璞隐荆巅价连城，剑埋丰狱光荡岳。[②]

这首诗以黄庭坚所撰碑记遗失数百年后被意外发现的事件，类比《泷冈阡表》碑落水复得传说，感叹《泷冈阡表》碑因黄庭坚仗义斥责龙王而很快重见天日，黄庭坚自己的作品却无人出面索讨以致长期深藏龙宫。考

---

① 乾隆《宁州志》卷二《舆地志下·祥异》，《北京师范大学图书馆藏稀见方志丛刊》第 11 册，北京图书馆出版社，2007 年，第 231 页。道光《义宁州志》卷九《金石》，《中国方志丛书·华中地方》第 905 号，成文出版社，1989 年，第 478 页。

② 刘显祖：《书南崖顺济龙王碑后》，道光《义宁州志》卷三〇下《艺文·诗》，第 1861–1862 页。

虑到刘显祖累年困于举场的境遇，可知这首诗应当也有借黄庭坚手笔久埋江底，来抒发怀才不遇之情的寓意。到了乾隆三十年（1765），时任宁州知州的宋调元还利用编集《山谷全书》的机会，将黄庭坚所撰碑记失而复得的经过写入了书中。他也感慨这通石碑的命运远比《泷冈阡表》碑更多舛："昔欧阳公制《泷冈阡表》，没于龙宫，时先生宰太和，檄而出之。噫！此碑复出，檄之者谁耶？出也有候，藏也有首，世有抱璞而忧其沉沦者乎？可以无憾矣。"[1] 这样看来，黄庭坚在《泷冈阡表》碑传说中扮演的角色，至迟在清中期已得到宁州故里士民的认可，并成为体现他的仗义秉性的文化资源。

通过以上对《泷冈阡表》碑传说的衍生历程和情节安排的介绍，想必各位读者已经理解了各版本传说的主要内容，也领会了传说编造者设计情节时的巧思。但与该传说有关的史事还不止这些，在下一章中，我们就来谈谈为什么这一传说可以流传至今。

---

[1]　黄庭坚：《山谷全书·宋黄文节公文集》正集卷一七《清隐院顺济龙王庙记》附宋调元跋，《宋集珍本丛刊》第25册，第446页。

传说为何广流布

任何传说的衍变都有其外在的情境，要理解一则传说的主旨，不仅应考察编造者如何设计主干并安排情节，还需要分析传说衍生和流布依托于哪些动力。第五章介绍的六种《泷冈阡表》碑传说中，除曾敏行所记传说来自南宋吉安士民外，其他五种传说都在曾敏行病故四百余年后流布于吉安。由于现存史料难以反映士民编造和传播各版本传说的具体动机，且该传说在南宋流传的广度已不得而知，故本章拟分析明代后期至清代中期传说衍生和流布依托的历史情境，以期为各位读者揭示传说字面之外的寓意。

各版本《泷冈阡表》碑传说赖以衍生和流布的宏观因素，是其在帝制时代后期中国的文学品评语境中具有真实性。唐代以来，文人大都认为驾驭文字是与生俱来的能力，融汇天地之气的诗文辞章与其承载的道德理念，不仅能经邦济世教化万民，还可震撼兽畜乃至打动鬼神。例如大文豪白居易在唐敬宗宝历元年（825）为元宗简文集撰写的序文就说："天地间有粹灵气焉，万类皆得之，而人居多。就人中，文人得之又居多。盖是气凝为性，发为志，散为文。粹胜灵者，其文冲以恬；灵胜粹者，其文宣以秀；粹灵均者，其文蔚温雅渊，疏朗丽利。"①文人汲取天地间的粹气和灵气，才能将世间至道转化成文。汲取粹气更多的文人具有严谨纯真的气质，为文朴实而恬淡；汲取灵气更多的文人具有明秀放达的气质，为文新奇而绚丽；均衡地汲取粹气和灵气的文人最具才性，为文含蓄深沉且晓畅灵动。既然文才被视为天地赋予的素质，那么文采斐然的作品就是天人感应的产物。欧阳修作为开创一代文风的文坛领袖，在历代文人心目中无疑是"文曲星下凡"式的人物，他的作品因此也更容易被认为具有超自然的力量。

在这种将文学才能神秘化的社会氛围中，称颂文人才性和文学力量的神异传说往往能广泛流布，韩愈驱逐鳄鱼的传说即属代表。唐宪宗元和十四年（819），韩愈因进呈《论佛骨表》而被贬为潮州（治所在今广东省潮州市潮安区）刺史。到任后，他听闻当地鳄鱼肆虐，民众苦不堪言，于是撰文告谕鳄鱼务必在七日内迁往海里，否则就要"选材技吏民，操强弓毒矢，以与鳄鱼从事，必杀尽乃止"。鳄鱼感知到韩愈的杀心，果然如期逃离了潮州。②韩愈驱逐鳄鱼的真相今已不得而知，但因为他极负文名且恤爱百姓，所以潮州文人和民众愿意相信驱鳄事件确曾发生。潮州至今留存有多座韩文公祠，就是当地士民感念韩愈德行的证明。③以今天的眼光来看，韩愈驱鳄传说显得荒诞不经，但在唐代以后中国的日常统治和社会生活中，文学具有尊崇清要的地位和神秘玄妙的属性，因此这一渲染文学

① 白居易撰，谢思炜校注：《白居易文集校注》卷三一《故京兆元少尹文集序》，中华书局，2011 年，第 1823 页。

② 韩愈撰，刘真伦、岳珍校注：《韩愈文集汇校笺注》卷二六《鳄鱼文》，中华书局，2010 年，第 2752–2753 页。

③ 李志贤：《唐人宋神：韩愈在潮州的神话与神化》，《陕西师范大学学报》2012 年第 2 期。陈春声：《地方故事与国家历史：韩江中下游地域的社会变迁》第二章《明中叶以前的信仰、族群与社会秩序》，生活·读书·新知三联书店，2021 年，第 14–15 页。

具有神异力量的传说,得以先后被编撰《旧唐书》和《新唐书》的史官采信,①进而成为了推动潮州士民奉祀韩愈的助力。对比韩愈驱鳄传说和《泷冈阡表》碑传说,可发现两者都包含文章打动非人之物的情节,且该情节都是后续离奇事件发生的前提,而两位主人公在唐宋文坛的崇高地位,也都是后世文人和民众乐于相信并讲述传说的重要原因。

明代后期至清代中期士民对《泷冈阡表》文学造诣的认识,可举林云铭编选的《古文析义》与吴楚材和吴调侯叔侄编选的《古文观止》为例。两书皆告成于清圣祖康熙年间,刊行不久即风靡于书肆村塾,成为学童研习古文重要的启蒙读物。《古文析义》称颂《泷冈阡表》"句句归美先德,且以自己功名皆本于父母之垂裕,深得立言之体。此庐陵晚年用意合作也",②《古文观止》则谓该文"善必归亲,褒崇先祖。仁人孝子之心,率意写出,不事藻饰,而语语入情,只觉动人悲感,增人涕泪。此欧公用意合作也"。③考虑到两书在基层社会流传甚广,那么林云铭和吴氏叔侄极力褒扬《泷冈阡表》的文学造诣,无疑为《泷冈阡表》碑传说的流布提供了深厚土壤。

官方对《泷冈阡表》碑传说真实性的确认,也是推动其广泛传播的助

① 刘昫等:《旧唐书》卷一六〇《韩愈传》,北京:中华书局,1975年,第4202-4203页。欧阳修、宋祁:《新唐书》卷一七六《韩愈传》,北京:中华书局,1975年,第5262-5263页。
② 林云铭评选:《古文析义》卷五《泷冈阡表》评语,上海图书馆藏清康熙经元堂刻本,叶75b。
③ 吴楚材、吴调侯选:《古文观止》卷一〇《泷冈阡表》评语,文学古籍刊行社,1956年,第457页。

力。① 储欣主要生活在清世祖和清圣祖两朝，他从清世祖顺治八年至十年（1651—1653）担任永丰知县的族人储曾处，获见《泷冈阡表》碑拓本并听闻该碑落水复得传说后，便在《唐宋十大家全集录》中记录了该传说，还评论道："其说颇诞，然文章能事至于如此，于以动神明而感怪物，亦理之或然者欤？"② 储欣也许一度怀疑过龙王借观《泷冈阡表》碑的真实性，但他最终还是认定此事确曾发生，理由是欧阳修文才卓异，足以打动非人之物。储欣的观点后来被乾隆三年（1738）清高宗主持编定的《唐宋文醇》采信，③ 则意味着《泷冈阡表》碑传说得到了官方认可，并成为体现欧阳修"百代文宗"之尊的文化资源。随着朝廷将《唐宋文醇》颁布到各地官学，芸芸学子应也理解并接受了这一传说。

值得注意的是，宋荦《筠廊偶笔》由于引录了号称是黄庭坚手笔的《檄龙文》，乍看起来更具真实感，所以成为了各版本《泷冈阡表》碑传说中影响最大的一种。清人徐名世在删补黄庭坚族孙黄瞽所编《山谷先生年谱》时，就于宋神宗元丰四年（1081）条下增添了黄庭坚作《檄龙文》一事，并考辨了文末纪年的讹谬："至今永丰碑檄犹存，非仅如空文传奇之谓也。第所纪时日熙宁三年庚戌，今查年谱，实公元丰四年事。若熙宁，公尚在叶，

---

① 雍正《江西通志》著录曾大本《游泷冈记》后，附有一段考辨传说真实性的按语："阡表立于熙宁三年，文忠以熙宁五年卒，山谷以元丰三年知西昌，是山谷为邑时，去文忠之殁已九年矣。此见于《文忠年谱》《泰和县志》及他纪载之文，皆有明据。此云永叔归泷冈，会黄鲁直为邑西昌，已属无征，而檄碑之事，尤涉妄诞。"可知主持编纂该志的官员并不认可传说的真实性，但质疑传说可信度的声音似乎影响有限。见曾大本：《游泷冈记》，雍正《江西通志》卷一三三《艺文·记》，《中国方志丛书·华中地方》第782号，成文出版社，1989年，第2574页。

② 储欣辑：《唐宋十大家全集录·六一居士集》卷二《泷冈阡表》，《四库全书存目丛书》集部第405册，齐鲁书社，1997年，第61页。

③ 清高宗选，允禄等辑：《御选唐宋文醇》卷三一《庐陵欧阳修文十·泷冈阡表》，中国国家图书馆藏清乾隆三年武英殿刻四色套印本，叶25a–叶25b。

未至太和也。"① 徐名世未厘清历史事实与神异传说的糅合机制，便依据黄庭坚自元丰四年开始担任太和知县的履历，推定《橄龙文》作于此年，模糊了传说与史实的界限。随着徐名世所编年谱被收入宁州知州宋调元编集的《山谷全书》，越来越多文人和民众相信黄庭坚确曾撰写《橄龙文》。黄庭坚故里义宁州高城乡双井村（今属九江市修水县杭口镇）的族裔于清德宗光绪二十四年（1898）刊行的《黄氏宗谱》，大冶县（今湖北省黄石市大冶市）与鄂城县（今湖北省鄂州市鄂城区）奉黄均瑞为始祖的族裔于民国二十六年（1937）修竣的《黄氏宗谱》，和居住在瑞昌县横路乡建坪村（今属九江市瑞昌市肇陈镇）的族裔于民国三十三年（1944）纂成的《黄氏重修宗谱》，都在引录徐名世所编年谱时，保留了元丰四年黄庭坚撰写《橄龙文》的纪事。② 由此可以推想该文应曾被不辨其伪赝的士民，视为石碑落水复得事件属实的例证。

士民对《泷冈阡表》碑传说真实性的认可，甚至助长了《橄龙文》伪帖和石碑伪拓的传播。宁国府旌德县（今安徽省宣城市旌德县）的碑帖商人姚学经向来以制作伪帖而为鉴赏家所不齿，他在乾隆五十二年（1787）刊行的《唐宋八大家法书》，便将《橄龙文》系于黄庭坚名下。书法家张伯英曾担任《续修四库全书总目提要》法帖部分的撰稿人，他在《唐宋八

---

① 徐名世：《黄文节公年谱删补》，黄庭坚：《山谷全书·宋黄文节公文集》正集首卷一，《宋集珍本丛刊》第 25 册，线装书局，2004 年，第 215 页。

② 徐名世：《黄文节公年谱》，《黄氏宗谱》卷三，美国犹他家谱学会图书馆藏清光绪二十四年双井堂活字本，叶 29b– 叶 30b。徐名世：《文节公年谱》，《黄氏宗谱》首卷中，美国犹他家谱学会图书馆藏民国二十六年敦伦堂活字本，叶 28a– 叶 28b。徐名世：《山谷公年谱》，《黄氏重修宗谱》卷三，美国犹他家谱学会图书馆藏民国三十三年双井堂活字本，叶 74a– 叶 75a。杨希闵编纂的《黄文节公年谱》指出欧阳修在熙宁五年病逝，早于徐名世所称《橄龙文》的撰写时间，所以《橄龙文》必是伪作。但杨谱的影响力不及收录于《山谷全书》行世的徐谱，因此黄庭坚族裔编修族谱时仍沿袭了徐谱之误。见杨希闵：《黄文节公年谱》，《北京图书馆藏珍本年谱丛刊》第 20 册，北京图书馆出版社，1999 年，第 438–439 页。

大家法书》提要中写道："他家刻帖有伪有真，姚氏则惟伪之求，其于真伪之别，茫然如堕十重云雾中。……世人收书，大率以曾经刻帖者为可信，如此等帖所有，即信以为真，可乎？"①张伯英对《唐宋八大家法书》深恶痛绝，不难想见其中收录的《橄龙文》伪帖应曾广泛流传，并误导众多好古之士。诗人陈赫在清宣宗道光七年（1827）观览《橄龙文》伪帖后就深感震撼，赋诗曰：

> 孝行动天心，文章篆海国。一橄使之惊，淋漓老龙泣。
> 出水走千里，碑屹崇公侧。当其下笔时，气已摄丁甲。
> 奈何钩党人，不怕雷霆殛。痂龙与宵小，同一恣取夺。
> 而龙爱非憎，大胜噬人蝎。君子颠倒之，反能为我役。
> 敬观橄龙书，曲而体自直。敬读橄龙文，正气可祛惑。
> 合同泷冈表，孝义两不灭。②

陈赫称颂石碑落水复得过程中，欧阳修的孝思和黄庭坚的义举交相辉映，应能代表不辨《橄龙文》真伪的文人和民众阅读该文后的普遍认识。此外，同治《永丰县志·艺文志》金石门在记述《泷冈阡表》碑落水复得的经过后，称石碑拓本具有神异力量，"墨拓能避火灾，朱拓能避水灾，屡有明验"，且永丰官府可担保所售拓本为真，购买拓本者"须用沙溪司官篆为识，以别真赝"。③永丰官府大量制作并售卖拓本的动机，是为了弥

---

① 中国科学院图书馆整理：《续修四库全书总目提要（稿本）》第18册，齐鲁书社，1996年，第300–301页。

② 陈赫：《小琼海诗四集》卷四《观黄文节公〈橄龙文〉书帖》，《清代诗文集汇编》第468册，上海古籍出版社，2010年，第449页。

③ 同治《永丰县志》卷三八《艺文志·金石》，《中国方志丛书·华中地方》第760号，成文出版社，1989年，第2863–2864页。

补办公费用的不足，还是为了使该碑驱灾远祸的灵力荫及他乡士民，抑或为有志于书学者研摹真迹提供便利，今已不得而知。不过是否钤有沙溪巡检司官印成为鉴别拓本真伪的标准，却表明奸商伪造石碑拓本在清代已经蔚然成风。

以上分析表明，历代文人对欧阳修文学造诣的推崇，和士民对文学所具神异力量的信从，为《泷冈阡表》碑传说的衍生和流布提供了深厚土壤。但这一结论因缺乏"地方感"，还是显得单薄空泛。① 从事传说研究的学者大多认为，传说通常会以其流布的区域内具体可感的客观实在物为依托，往往只在具体的社会历史情境中才具有意义。② 考虑到《泷冈阡表》碑传说的编造者和传播者多为生活在吉安府的士民，且传说中搜讨石碑和石碑复得节点之间的情节发生在西阳宫，那么传说衍生和流布的动力，应主要来自西阳宫所在地永丰县及其所属吉安府。③ 下面就从明代后期至清代中

---

① 此处所谓"地方感"，指某个区域的民众在日常生活中积累起来的感觉经验。这种感觉经验不具备普遍意义，只在一定区域内才有效，往往比"地方性知识"更不成体系。见杨念群：《"地方性知识""地方感"与"跨区域研究"的前景》，《天津社会科学》2004 年第 6 期。
② 参见柳田国男著，连湘译：《传说论》，中国民间文艺出版社，1985 年，第 26–27 页；林继富：《民间叙事与非物质文化遗产》传说篇《民间传说谫识》，中国社会出版社，2012 年，第 94 页；陈泳超：《作为地方话语的民间传说》，《北京大学学报》2013 年第 4 期。
③ 明清时期吉安府和所辖各县编修的方志中，记录了《泷冈阡表》碑传说的有万历《吉安府志》（见于《山川志》和《杂传·遗事》）、顺治《吉安府志》（见于《山川志》和《杂传·遗事》）、乾隆《吉安府志》（见于《山川志·永丰县古迹》）、光绪《吉安府志》（见于《地理志·永丰县古迹》）、顺治《吉安府永丰县志》（见于《疆域志·古迹》）、康熙《吉安府永丰县志》（见于《杂志·古迹》）和同治《永丰县志》（见于《地理志·古迹》和《艺文志·金石》）。除永丰外的八县所修县志皆未提到该传说，盖因传说依托的实物和景观都位于永丰县。有趣的是，《永丰文史资料》第七辑"欧阳修故里"专号收录的《神龟护碑》，与第五章介绍的六种传说版本又有所不同。该文称石碑落水事发生于熙宁三年，落水地点为鄱阳湖，促使龙王归还石碑的是乌龟将军，未提及黄庭坚撰写檄文之举和石碑具备的神异特性。这样看来，《泷冈阡表》碑传说在当代衍生和流布的动力仍来自永丰县。见张龙祥：《神龟护碑》，政协永丰县文史资料研究委员会编：《永丰文史资料》第七辑，内部发行，1994 年，第 80–83 页。

期永丰县和吉安府其他县的人文生态切入，谈谈传说对于两者分别有哪些文化意义，以期为传说的衍生和流布寻得符合"地方感"的解释。

明清时期吉安府所辖各县的开发程度并不均衡。吉泰盆地各县得益于北方大族自唐末至宋初大量迁入，较周边山区更早得到开发，还孕育了众多以科举为业的家族。但即便同处吉泰盆地，比起位于赣江之畔、拥据地利之宜的庐陵县、泰和县与吉水县，永丰县地处吉泰盆地东沿，南接"俗尚悍讦，士好逸游"的赣州府兴国县（今赣州市兴国县），[①] 东南毗邻"教化不行，而俗不长厚"的赣州府宁都县（今赣州市宁都县），[②] 东南山区各乡直到明清之际仍难以称得上是文教鼎盛之地。就连顺治《吉安府永丰县志·疆域志》风土门所引旧版县志也不得不坦承："西北诸乡士崇文学而敦礼教，多达宦君子。东南诸乡地邻赣境，山险水激，故人情轻悍而健讼，患瘴疟而多灾，且信巫鬼而重淫祀。"[③] 由此不难推想当时永丰在吉泰盆地多数士民心目中并非人文渊薮。

庐陵人赖良鸣于康熙八年（1669）编就的《吉州人文纪略》，是反映明清之际吉安府人文生态的重要文献。赖良鸣字吹万，明末为吉安府学生员，明亡后决意不仕，潜心治学著书。[④] 他在书中将收录的吉安人物分为十三类，包括理学名臣、忠节名臣、经济名臣、文学名臣、内阁辅臣、才力、

① 卢宁：《朱华塔记》，康熙《兴国县志》卷一二《征文志》，《中国方志丛书·华中地方》第 936 号，成文出版社，1989 年，第 579 页。亦见于卢宁：《五鹊别集》卷下《兴国县朱华塔记》，《四库全书存目丛书》集部第 111 册，齐鲁书社，1997 年，第 735 页。

② 黄克缵：《旧志前序》，乾隆《宁都县志》卷首，《中国方志丛书·华中地方》第 881 号，成文出版社，1989 年，第 23 页。亦见于黄克缵：《数马集》卷二二《重修宁都县志序》，《四库禁毁书丛刊》集部第 180 册，北京出版社，2000 年，第 276 页。

③ 顺治《吉安府永丰县志》卷一《疆域志·风土》，中国国家图书馆藏清康熙刻本，叶 9b—叶 10a。

④ 乾隆《庐陵县志》卷三二《人物志七·隐逸》，《中国方志丛书·华中地方》第 952 号，成文出版社，1989 年，第 2271—2272 页。

孝义、死事、清正、儒行、隐逸、科名、列女，并在每篇传记开头标有传主籍贯。由卷首所列校阅人名单可知，该书收录的人物经过知府郭景昌核定，同知许焕、通判赵士魁和吉安府所辖九县知县均曾参与校阅，[①]不难推想人物的取舍当经过反复博弈，应能体现吉安府多数官员和文人对各县人文生态的认知。为了直观地呈现各县名贤数量的差异，本章末尾附有该书所收各县各类人物名录。在忽略难以认定籍贯的列女类人物，并排除一人被列为数类人物带来的重复统计问题后，计得书中所收各县人物数量分别为：庐陵县 51 人，泰和县 53 人，吉水县 63 人，永丰县 24 人，安福县 47 人，龙泉县 5 人，万安县 8 人，永新县 20 人，永宁县 0 人。

可与以上数据相互印证的是万历《吉安府志·人物表》。该表根据人物籍贯所在县份，分别列举了明武宗正德三年（1508）和明世宗嘉靖元年（1522）告成的旧版府志与当次编修时收录的人物，计得这三种府志所载各县人物数量分别为：庐陵县 159 人，泰和县 204 人，吉水县 255 人，永丰县 53 人，安福县 139 人，龙泉县 54 人，万安县 30 人，永新县 99 人，永宁县 1 人。[②] 此外，明英宗天顺五年（1461）刊行的《大明一统志》和清高宗乾隆八年（1743）编就的《大清一统志》所收吉安府人物中，庐陵、泰和、吉水、安福四县名贤数量远多于其他五县，[③] 也与《吉州人文纪略》所收人物的籍贯分布特点相合。

永丰县在吉安府人文生态中相对弱势的另一例证，是乾隆五十四年

---

① 赖良鸣辑，郭景昌定：《吉州人文纪略》卷首，《四库全书存目丛书》史部第 127 册，齐鲁书社，1996 年，第 5 页。

② 万历《吉安府志》卷一〇《人物表》，《中国方志丛书·华中地方》第 768 号，成文出版社，1989 年，第 576–655 页。

③ 《大明一统志》卷五六《吉安府·人物》，《中华再造善本》影印中山大学图书馆藏明天顺五年内府刻本，国家图书馆出版社，2009 年，叶 20b– 叶 29b。康熙《大清一统志》卷一九九《吉安府·人物》，中国国家图书馆藏清乾隆九年内府刻本，叶 5b– 叶 32b。

（1789）编定的《四库全书总目》著录和存目部分中，永丰籍文人撰作或编集的书目数量不及庐陵、泰和、吉水和安福四县。胡思敬在民国四年（1915）筹备《豫章丛书》编刻事宜时，汇集并考辨了《四库全书总目》所录江西人著述，后辑为《四库著录江西先哲遗书钞目》。该书辑录的吉安各县文人著述数量分别为：庐陵县 56 种，泰和县 76 种，吉水县 61 种，永丰县 31 种，安福县 36 种，龙泉县 1 种，万安县 3 种，永新县 24 种，永宁县 1 种。[1]若不计入欧阳修的著述，永丰的文人作品甚至少于僻处罗霄山脉且"风俗敝坏极矣"的永新。[2] 这种对比固然难以避免将贤达名士与普通文人的著述等量齐观的局限，但结合上文对《吉州人文纪略》所收各县人物数量的介绍，仍可推知永丰县在吉安府的文化影响力不甚突出。如何提振永丰县在吉安府的文化地位，成为了摆在永丰士民面前的一道难题。

永丰士民破解这一难题的办法，是强化欧阳修与永丰的关联。欧阳修之所以被选定为论证永丰文化影响力的"关键素材"，是因为历代吉安文人都认可他开启吉安文运的功绩。宋高宗建炎元年（1127），吉州官学后侧的六一祠在知州方时可主持下竣工，龙泉人郭孝友应邀撰文记述营建始末。他在记文中称欧阳修生前虽不曾在吉州久居，身后也未归葬永丰祖茔，但乡人仍"荫其余晖，霑其剩馥，述道德则以公为称首，序乡里则以公为盛事"，体现了欧阳修功业和德行的感召力，又谓"大江以西，州郡十数，而庐陵士视他郡为多，盖公有以发之也"，将吉州举业的兴盛归功于欧阳

---

① 胡思敬等辑：《四库著录江西先哲遗书钞目》，《丛书集成续编》第 3 册，新文丰出版公司，1989 年，第 182–215 页。

② 万历《永新县志》卷三《物俗·风俗》，《北京大学图书馆藏稀见方志丛刊》第 198 册，国家图书馆出版社，2013 年，第 374 页。

修的引领。① 主要生活在宋宁宗和宋理宗两朝的吉水人罗大经,则主张"江西自欧阳子以古文起于庐陵,遂为一代冠冕,后来者莫能与之抗。其次莫如曾子固、王介甫,皆出欧门,亦皆江西人。"② 建昌军南丰(今抚州市南丰县)人曾巩和抚州临川 (今抚州市临川区) 人王安石都是北宋文坛的巨擘,两人皆受过欧阳修的知遇之恩,因此欧阳修被认为奠定了江西文风的基调。

与上述观点相近的论说不胜枚举,直到明代后期仍时常见于吉安文人笔端。明神宗万历十年（1582）,永丰官学修缮完毕,泰和人曾于拱应知县冯应凤的邀请撰写记文,便指出宋代以来吉安人文蔚起得益于永丰名贤发挥的引领作用,还称"吾吉之宰相多矣,必首称欧阳文忠公,盖开先之名贤也",凸显了欧阳修光耀故里之功。③ 万历《吉安府志·风土志》也主张欧阳修是开创吉安文章节义传统的关键人物:"至欧阳修,一代大儒,开宋三百年文章之盛。士相继起者,必以通经学古为高,以救时行道为贤,以犯颜敢谏为忠,家诵诗书,人怀慷慨,文章节义遂甲天下。"④ 其中"以通经学古为高,以救时行道为贤,以犯颜敢谏为忠"三句,出自苏轼为欧阳修生前自编的《居士集》撰写的序文。⑤ 府志编纂者化用这三句话的用意,当在于强调吉安文化传统与欧阳修人格秉性渊源深厚。这样看来,相比其他永丰籍名贤,欧阳修对于永丰具有更特别的意义,即他是吉安士风、文风和学风的代表人物,象征着深植在吉安文化传统中的永丰元素。

永丰文人论证欧阳修与家乡关联的着力点,是欧阳修的功业和德行对

① 郭孝友 :《欧阳文忠公祠堂记》,嘉靖《吉安府志》卷六《舆地志·祠庙》,《北京图书馆古籍珍本丛刊》第 31 册, 书目文献出版社, 1998 年, 第 558 页。
② 罗大经撰,王瑞来点校:《鹤林玉露》丙编卷三《江西诗文》,中华书局,1983 年,第 284 页。
③ 曾于拱:《复修永丰县学记》,同治《永丰县志》卷三三《艺文志·记》,第 2227、2231 页。
④ 万历《吉安府志》卷一一《风土志》,第 660 页。
⑤ 苏轼撰,孔凡礼点校 :《苏轼文集》卷一〇《〈六一居士集〉叙》,中华书局,1986 年,第 316 页。

永丰士民的表率作用。董良史在宋高宗绍兴十八年（1148）为新近落成的永丰县学撰写记文，就说："永丰为庐陵之支邑，其细民力穑而纯，士大夫多美秀而文，以通经学古、济世行道为志。盖自文忠公倡之，陶染风化，百年间其俗大概如此。"①永丰民众勤劳耕种风俗淳朴，文人博学好古心怀家国，他们都服膺朝廷教化，而这一局面的实现得益于欧阳修的感召和濡染。聂豹是明代中后期声望最显的永丰籍名贤，他为永丰县永丰乡珠溪村（今属永丰县古县镇）王氏所修族谱撰写的序文，提到王氏先祖王得行"受学于欧阳文忠公之门，遂偕其子发居于泷冈之沙溪"。王得行的后裔虽陆续迁离沙溪，但欧阳修所授学问仍在族内世代流传，因此该家族门风清美人才辈出。②考虑到欧阳修仅在葬母前后于永丰居住数月，且王得行向欧阳修问学一事于史无征，那么此事便很可能出自王氏族人编造。而聂豹采信此事并对王氏族人传承欧阳修的学问称誉有加，当旨在凸显欧阳修对永丰士民情操的熏陶绵延不绝。此外，嘉靖初年聂豹担任南直隶巡按御史期间，在颍州（治所在今安徽省阜阳市颍州区）寻得欧阳修三子欧阳棐的十六世孙欧阳云，后延请他迁居永丰奉祀先祖的举措，③同样具有强化欧阳修与永丰关联的用意。

万历二十一年（1593），永丰知县吴期照主持修纂的《吉安府永丰县志》即将告成，他在序文中这样记述永丰人文的盛况："吉之永丰固江右名邑，语山川则夸明秀，语财赋则居充斥，语人才则自欧阳文忠公而下，磊磊落落，

① 董良史：《永丰学记》，嘉靖《吉安府志》卷七《舆地志·学校》，第595页。

② 聂豹：《双江聂先生文集》卷三《珠溪王氏族谱序》，《四库全书存目丛书》集部第72册，齐鲁书社，1997年，第290–291页。

③ 宋仪望《华阳馆文集》卷一一《明荣禄大夫太子太保兵部尚书赠少保谥贞襄双江聂公行状》，《四库全书存目丛书》集部第116册，齐鲁书社，1997年，第739页。

海内称罕俪矣，盖与文江、安成、西昌诸邑并峙而争雄者。"① 文江、安成、西昌分别为吉水、安福、泰和三县古称，三县都是人文渊薮，名贤数量远多于永丰。吴期照称永丰名贤可与三县争雄，他的底气就来自欧阳修在吉安享有的超然地位。类似论说也见于顺治十三年（1656）编就的《吉安府永丰县志》。该书《疆域志》风土门引述旧版县志曰："钟间气而产贤豪，若欧阳文忠、罗文毅二先生，名垂不朽。斯邑增重，有自来矣。"② 罗文毅即成化二年（1466）殿试状元罗伦，以刚直耿介见称于世。既然欧阳修和罗伦被视为提振永丰文化地位的关键人物，那么以两人为主人公的传说在永丰广泛流布也就不足为奇。③《泷冈阡表》碑传说旨在凸显欧阳修的文才和孝思，自然会被永丰士民争相传诵。

有趣的是，各版本《泷冈阡表》碑传说密集涌现的时期，恰好也是第二章介绍的欧阳修故里论争渐趋激烈的时期。传说的衍生和流布与庐陵、吉水、永丰三县之间的故里论争相伴发生，恐怕不是历史的巧合。永丰人解文炯在乾隆四十六年（1781）前后撰写的《欧阳公称庐陵辩》，便对故里论争的根源有一番精准的分析："欧阳子之名，一字耳。争之如家宝，若惟恐他人是攘者，以公在庐则庐重，在丰则丰重。夫能为庐与丰重者，

---

① 吴期照：《（吉安府永丰县志）叙》，顺治《吉安府永丰县志》卷首，叶 2a。亦见于吴期照：《吉永丰县志序》，董斯张等辑：《吴兴艺文补》卷三九，《四库全书存目丛书》集部第 377 册，齐鲁书社，1997 年，第 235 页。

② 顺治《吉安府永丰县志》卷一《疆域志·风土》，叶 10a。

③ 罗伦故里永丰县永丰乡湖西村（今属永丰县瑶田镇）的族裔于光绪三十二年刊行的《吉丰湖西罗氏六修族谱》，收录了多种称颂罗伦文才和德行的传说，包括"文正访许状元""大风不动大罗""返镪还金""与神联诗""橄雷回生"等。这些传说的来源有郭子章所撰《豫章诗话》、永丰知县陈材为罗伦祠撰写的对联，和孙恒年所作《罗伦赶考》，可知这些传说已得到部分文人认可。需要说明的是，笔者未能目验《六修族谱》，而是参考了基本保留《六修族谱》原貌的《七修族谱》。见《吉丰湖西罗氏七修族谱》杂类志《轶事》，美国犹他家谱学会图书馆藏 1996 年排印本，叶 8a– 叶 9a。

岂不以其人以其文哉？"①欧阳修以其功业和德行卓然立于吉安众多名贤之首，因此他的籍贯归属将影响三县在吉安的文化地位。对永丰士民来说，《泷冈阡表》碑这一遐迩著闻的遗迹坐落在永丰境内，是论证欧阳修为永丰人的重要依据，基于该碑编造的传说在永丰广泛流布因此也就顺理成章。

从以上讨论来看，明代后期至清代中期永丰士民编造和传播《泷冈阡表》碑传说，当与他们急于提振家乡文化影响力的心态有关，但这一结论还无法解释传说为何能在吉安府其他县衍生和流布。上文已经提到，欧阳修通常被视为开启吉安文运的关键人物，那么分析明清吉安举业的盛衰及其对士民心态的影响，便不失为探究上述问题的可行之途。

明清吉安举业经历了先盛后衰的转折。②景泰（1450—1457）以前，江西每科进士人数占同科取士总数的比例常超过二成。吉安府每科进士常多于二十名，占江西同科进士人数的四至六成，彼时吉安文人在朝野亦颇具影响力。转折发生在天顺至正德年间（1457—1521）。该时期江西每科进士人数占同科取士总数的比例降至一成，吉安府每科进士人数虽仍占江西同科进士的三至四成，但再无一科进士超过二十名的盛况。成化元年（1465），镇江府金坛（今江苏省常州市金坛区）人王克修由金坛县学教谕升任吉安府学教授，时任翰林院修撰的岳州府华容（今湖南省岳阳市华容县）籍状元黎淳特地撰文庆贺，就提到"今天下儒道之盛称江右，而江右

① 解文炯：《欧阳公称庐陵辩》，同治《永丰县志》卷三六《艺文志·辩》，第 2445-2446 页。
② 何炳棣著，徐泓译注：《明清社会史论》第六章《科举的成功与社会流动的地域差异》，联经出版事业股份有限公司，2013 年，第 288-289 页。[日] 生驹晶：《明初科举合格者の出身に関する一考察》，明代史研究会、明代史论丛编集委员会编：《山根幸夫教授退休记念明代史論叢》，汲古书院，1990 年，第 45-71 页。衷海燕：《儒学传承与社会实践——明清吉安府士绅研究》第二章《士绅阶层与世家大族》，世界图书出版广东有限公司，2012 年，第 34-38、42-47 页。吴金成著，崔荣根译：《矛与盾的共存：明清时期江西社会研究》第二篇第二章《阳明学派的书院讲学运动》，江苏人民出版社，2018 年，第 159-167 页。

士风之盛首吉安"。每次参加江西乡试的吉安举子多达千余人，通过乡试获得解额者中"吉安恒半之"，接连通过会试和殿试的吉安举子也"联名数十人"。[①] 其实，黎淳所言已是吉安府举业最后的辉煌。嘉靖（1522—1566）以后，江西每科进士人数占同科取士总数的比例，因吉安举业的衰落而逐渐降至半成左右，南昌府取代吉安府成为江西举业最盛的府级政区，建昌府进士人数也在乾隆年间（1736—1795）超越了吉安府。也就是说，在《泷冈阡表》碑传说密集衍生的时期，吉安文人正面临着扭转家乡科举颓势的难题。

与江西科举由盛转衰形成鲜明对比的是，浙江的进士人数自正统（1436—1449）起便逐渐缩小了与江西的差距，并在天顺年间（1457—1464）超越了江西。[②] 严州府淳安（今浙江省杭州市淳安县）人商辂在明宣宗宣德十年（1435）夺得浙江乡试解元，明英宗正统十年（1445）又接连夺得会试会元和殿试状元的传奇经历，便被时人视为浙江文运盛于江西的标志性事件。理学家湛若水生活在明宪宗朝至明世宗朝，他认为明初江西文运昌隆，故当时朝野广泛流传着"翰林多吉水，朝内半江西"的俗谚，但正统前后浙江文运渐兴，商辂连中三元乃"浙省山川气运之盛致然"。[③] 湛若水此说影响颇广，不仅被陈建撰《皇明历朝资治通纪》、陈鎏辑《皇明历科状元录》、张朝瑞辑《皇明贡举考》、张弘道和张凝道辑《皇明三元

---

① 黎淳：《黎文僖公集》卷一一《送王克修升吉安府学教授序》，《续修四库全书》第1330册，上海古籍出版社，2002年，第100页。

② 吴宣德：《明代进士的地理分布》第五章《地方教育建设与进士的地理分布》，中文大学出版社，2009年，第175-184页。浙江解额与江西相近，府县数量也与江西相若，故明人常比较两省的科举成就高低。南直隶虽为明代进士人数最多的一级政区，但其解额与府县数量远多于浙江和江西，江西进士人数不及南直隶不足为奇。

③ 商振伦编：《明三元太傅商文毅公年谱》卷一《分纪》，《北京图书馆藏珍本年谱丛刊》第39册，第183页。

考》等史部典籍采信，①就连明末文人周楫撰写的平话小说《商文毅决胜擒满四》，也在介绍商辂身世时沿袭了湛若水的论断。②考虑到有明一代吉安府进士的多寡，对江西进士总数具有举足轻重的影响，那么湛若水主张明代中期江西文运渐衰，应也代表了时人对吉安府举业渐显颓势的认知。

嘉靖初年，供职于南京兵部的嘉兴府海盐（今浙江省嘉兴市海盐县）人徐咸，与两名籍贯分别为浙江和江西的同僚论及两省人才优劣。江西同僚以当时朝野盛传的"翰林多吉水，朝内半江西"为据，坚称江西人才多于浙江。浙江同僚颇感不忿，却不知如何反驳。徐咸见状插话道："大明开国以来，我们浙江人才济济。太祖皇帝打天下时，若论运筹帷幄、决胜千里的谋臣，处州府青田人刘基居首，若论代圣立言、文才卓异的儒臣，金华府浦江人宋濂居首。靖难之役，台州府宁海人方孝孺为忠臣之首。土木之变，杭州府钱塘人于谦为功臣之首。宁王朱宸濠起兵叛乱，绍兴府余姚人孙燧最早密奏朱宸濠反状，同为余姚人的王守仁最早募集义兵征讨叛军。本朝皇帝以武宗从父弟的身份继位，群臣奏请皇帝改奉武宗生父孝宗为皇考，温州府永嘉人张璁率先支持皇帝仍奉孝宗为皇伯考。这样看来，浙江人才的功业、文章和秉性都是各省中最杰出的。江西人才虽也优秀，但比起我们浙江还是逊色不少。"③这种论说虽有以偏概全之嫌，但明代中后期出身江西的达官显贵愈渐稀少却是不争的事实。谢环《杏园雅集图》

① 陈建撰，钱茂伟点校：《皇明通纪》后编卷一三，正统十年三月，中华书局，2008年，第651页。陈鎏辑：《皇明历科状元录》卷二《正统十年乙丑状元商辂》，《北京图书馆古籍珍本丛刊》第21册，第678—679页。张朝瑞辑：《皇明贡举考》卷一《取士之地》，《续修四库全书》第828册，上海古籍出版社，2002年，第154页。张弘道、张凝道辑：《皇明三元考》卷四《正统乙丑科》，《四库全书存目丛书》史部第271册，齐鲁书社，1996年，第94页。
② 周楫：《西湖二集》卷一八《商文毅决胜擒满四》，《中华再造善本》影印北京大学图书馆藏明末云林聚锦堂刻本，国家图书馆出版社，2013年，叶3b。
③ 徐咸：《西园杂记》卷下，《丛书集成初编》第2914册，商务印书馆，1937年，第199—200页。

描绘的正统二年（1437）杨士奇、王直、陈循、周述、钱习礼和李时勉六位吉安籍馆阁名臣宴聚的场景，[①] 在明代中后期只能成为吉安文人述说往昔科举成就的素材，毕竟"翰林多吉水，朝内半江西"的盛况已经逝去不返。明代后期至清代中期《泷冈阡表》碑传说在吉安衍生和流布，其依托的动力应当包括当地士民急于扭转科举颓势的愿景。

需要指出的是，上文所论欧阳修开启吉安文运的功绩，在明代前中期吉安科举成就卓著的情境中有着特殊的意义。第一章已指出永乐至正统年间（1403—1449）台阁体文学的兴盛，是吉安举子接连登科的重要因素，而欧阳修之文恰为台阁体诸家所尊崇。黄佐在嘉靖初年编纂的《翰林记》就提到："馆阁文字，自士奇以来，皆宗欧阳体。"[②] 明末文坛领袖钱谦益所撰《列朝诗集小传》也说："仁宗在东宫久，圣学最为渊博，酷好宋欧阳修之文，乙夜翻阅，每至达旦。杨士奇，欧之乡人，熟于欧文，帝以此深契之。"[③] 杨士奇对欧阳修之文的推重影响了明仁宗的文学趋尚，颇擅台阁体的吉安举子因此得以连取高第。也就是说，承袭欧阳修文风的台阁体，与明代前中期吉安府的科举成就紧紧联系在一起，《泷冈阡表》碑传说也因此成为吉安文人鼓舞举子再创科举辉煌的素材。

以上讨论表明，《泷冈阡表》碑传说在吉安府永丰以外各县传播，当与明代中后期吉安举业逐渐衰落的现实有关。不过，上文分析《泷冈阡表》碑传说衍生和流布依托的区域历史情境时，依据的史料主要为方志和文集，还未发掘欧阳氏族谱中的有关内容。居住在江西、湖南和湖北的欧阳氏家

---

① 尹吉男：《政治还是娱乐：杏园雅集和〈杏园雅集图〉新解》，《故宫博物院院刊》2016年第1期。

② 黄佐：《翰林记》卷一一《评论诗文》，《中华再造善本》影印南京图书馆藏清初抄本，国家图书馆出版社，2013年，叶13b。

③ 钱谦益：《列朝诗集小传》乾集上《仁宗昭皇帝》，上海古籍出版社，1983年，第3页。

族，其实也是助推传说广泛流布的重要力量。

欧阳斗照是顺治十一年（1654）举人，为欧阳修从祖弟欧阳暹的二十八世孙，居住在抚州府宜黄县城（今抚州市宜黄县）阳坊。①他在康熙六年（1667）撰写的《重建西阳宫碑记》，称《泷冈阡表》碑之所以先被借入鄱阳湖龙宫，后又出现在西阳宫附近的乌龟塘，是因为"吾祖之精诚有以致之也"。碑体留存的龙王爪迹，就是石碑曾被龙王借去观赏的证明。妄图毁碑者曾被惊雷吓退，则表明石碑始终保有从龙王处获得的灵力。他进而强调"吾祖之功德文章，足以役使异族，驱策百灵，况于气类之士大夫乎，又况于其一本之孙子乎"，凸显了石碑打动鬼神和荫庇宗族的效用。②这种把石碑灵力与族人命运关联起来的论述，反映了自明代后期开始密集衍生的各版本传说，已成为欧阳氏族裔用以建设宗族的文化资源。

清代和民国编修的欧阳氏族谱引录《泷冈阡表》碑传说的现象并不鲜见。例如奉欧阳偃为始祖的支派于乾隆六十年（1795）纂就的《泷冈欧阳氏谱》所收《泷冈欧阳氏祠墓考》记述西阳宫格局，就称石碑"前面阡表文，后面镌世次碑，有龙涎盘郁，光荧不可磷，神龙之说不诬也"，旨在强调龙王借观石碑事件确曾发生。③黄州府黄冈县（今湖北省黄冈市团风县）奉欧阳世文为始迁祖的支派于光绪二十九年（1903）刊行的《欧阳氏宗谱》，麻城县（今湖北省黄冈市麻城市）奉欧阳开泰为始迁祖的支派于民国十二

---

① 雍正《抚州府志》卷二六《人物考·笃行》，《中国方志丛书·华中地方》第928号，成文出版社，1989年，第2103页。《江西宜黄南岳欧阳氏五修宗谱》宗六公系凤三四公房世次，美国犹他家谱学会图书馆藏民国三十六年排印本，叶1a。
② 欧阳斗照：《重建西阳宫碑记》，《泷冈欧阳氏谱》卷首，清乾隆六十年活字本，无叶码，亦见于《兴国欧阳氏八修族谱》艺文集，美国犹他家谱学会图书馆藏民国三十五年活字本，叶102b、叶104a。
③ 佚名：《泷冈欧阳氏祠墓考》，《泷冈欧阳氏谱》卷一，无叶码，亦见于《兴国欧阳氏八修族谱》艺文集，叶137b–叶138a。

年（1923）修竣的《欧阳宗谱》，和奉湘乡县沐导乡油榨铺（今属湖南省湘潭市湘乡市虞唐镇）欧阳祖材为始祖的支派于民国十五年（1926）编就的《上湘田边欧阳氏三修族谱》，皆引录了宋荦《筠廊偶笔》所记传说。[①]宁乡县秀士乡井泉村（今属湖南省长沙市宁乡县大屯营镇）奉欧阳谦为始迁祖的支派于民国元年（1912）付梓的《宁乡井泉欧阳氏四修族谱》，则引录了钮琇《觚剩》所记传说。[②]衡山县（包括今湖南省衡阳市衡山县和衡东县）奉欧阳万为始祖的支派于民国三十一年（1942）纂成的《衡山欧阳氏七修通谱》，其至还将宋荦和钮琇所记传说一并收录。[③]这样看来，欧阳氏家族是推动传说在吉安府以外地区流布的重要力量。

部分欧阳氏族谱记录的传说，甚至还衍生出了苏轼随同欧阳修和黄庭坚索讨石碑的情节。吉水县文昌乡尚华村（今属青原区富滩镇）的欧阳履于乾隆六十年（1795）撰写的《沙溪泷冈地图记》称："昔文忠公与苏、黄二公载碑渡湖，龙王借观，遂沉碑于鄱阳，后出碑于龟塘，龙涎至今日犹鲜。"[④]记文谓苏轼和黄庭坚曾与欧阳修一同护送石碑，表明传说除第五章介绍的六种版本外仍有异文，尽管这种异文并未得到士民广泛认可。此外，上文提到的《泷冈欧阳氏谱》，乐安县云盖乡港口村（今属抚州市乐安县牛田镇）奉欧阳德成为始迁祖的支派于同治八年（1869）付梓的《港

---

① 黄庭坚：《檄文》，《欧阳氏宗谱》卷三上，美国犹他家谱学会图书馆藏清光绪二十九年笃亲堂活字本，叶 34a– 叶 35b。黄庭坚：《檄文》，《欧阳宗谱》卷二，美国犹他家谱学会图书馆藏民国十二年六一堂活字本，叶 36a– 叶 37a。《上湘田边欧阳氏三修族谱》卷首《先世轶事》，美国犹他家谱学会图书馆藏民国十五年笃亲堂活字本，叶 36b– 叶 37a。

② 《宁乡井泉欧阳氏四修族谱》杂录卷中《阡表朱圈》，美国犹他家谱学会图书馆藏民国元年六一堂活字本，叶 105b– 叶 106a。

③ 《衡山欧阳氏七修通谱》卷三《修公文艺》，美国犹他家谱学会图书馆藏民国三十一年渤海堂活字本，叶 15b– 叶 16b。

④ 欧阳履：《沙溪泷冈地图记》，《泷冈欧阳氏谱》卷一，无叶码，亦见于《兴国欧阳氏八修族谱》艺文集，叶 100a。

節不辱其先者其來有自

熙寧三年歲次庚戌四月辛酉朔十有五日乙亥男推

誠報德崇仁翊戴功臣觀文殿學士特進兵部尚書知

青州軍事兼管勸農使充京東路安撫使上柱國樂安

郡開國公食邑四千三百戶食實封一千二百戶修表

下

福地陽泝龍池歲月星辰芒彗受穹賚於上界雲

津變化膚顯號於人間廟食與中官民均賴茲有河神

而玩法散將表石以沉淪紗畫雄文自應阿護瓊章玉

冊就敢誰何潛龍宮之幽玄而雷神之慧澈巽靈震鼓

駭蚪奔鯨地裂水竭淵泉俱滅飢已各司其職胡不承

保其身以汝上天功也驪首雲霄德配亭壽乾道之性

厥位六為禹舟之貞實汝之功玄焉鼎成已升淵源潭洞竅

身道性坤絕妖塵其德玄焉五龍盡滅書畢投橇湖中恕

不然乃罹茲禁萬一株連五龍盡往而送王承豐泝溪勒

空中語云吾乃天丁押伏壞龍往而送王承豐泝溪勒

黃侯山谷橇龍文

臣聞

皇上錫以重爵推以峻位加恩三世著其裒辭以贍修命石氏

鶴之故刊瀧岡阡表世次碑乃催舟載回五月十六日

至郡湖泪府盧山之下足夜一夔同五人青衣大帶來

舟提而言日間公文章益世水府顯借一觀自謂龍也

諸碑入水遂不見爲惟陰風慘淡月印空修驚悼不

已坐以待旦黎明起喻直時知秦和令以同邦之誼命

直爲文以橇恭惟洞天水府之宮霞潭主者順濟王闕

天子詔修承叔以三月三日趙　朝欽承

賜支儔誼堂之南龍泉坑而爻也爻忠公歸家福聚世

見坑中宗霧濛薇虹光燦空往視一大蠱負碑而出修

忽其身惟碑上龍涎儼然在焉乃竈於崇國公墓前俾

乖不朽嗚呼文能動龍孝是裕天公之文章德業至矣

極矣天下萬世誰不龕然師之

當

熙寧三年歲次庚戌五月　日泰和縣黃魯直

同門生東坡穌軾謹書於南溪之郡陽

清光緒三十一年惇敘堂刊《杏塘歐陽氏宗譜》所錄《橇龍文》

口欧阳氏重修房谱》，永丰县永丰乡杏塘村（今属永丰县藤田镇）奉欧阳昌仁为始迁祖的支派于光绪三十一年（1905）刊行的《杏塘欧阳氏宗谱》，万载县进城乡排江村（今属宜春市万载县潭埠镇）奉欧阳定邦为始迁祖的支派于民国十年（1921）纂成的《万载排江欧阳氏族谱》，万载县奉欧阳宗远为始迁祖的支派于民国二十九年（1940）修竣的《万载欧阳氏族谱》，和兴国县奉欧阳同为始迁祖的支派于民国三十五年（1946）共同编就的《兴国欧阳氏八修族谱》，皆收录有《橄龙文》，辞句与《笋廊偶笔》略同，只是篇末黄庭坚题名改作"熙宁三年岁次庚戌五月□日泰和县黄鲁直"，并增补了"同门生苏轼谨书于南湖之鄱阳"。[1] 欧阳氏族裔将苏轼作为协助索讨石碑的次要角色添入传说，也许意在强调石碑落水复得殊为不易。

值得注意的是，以上列举的欧阳氏族谱皆系托派族人所编，与欧阳修不同宗的房支编修的族谱，则未述及《泷冈阡表》碑传说。考虑到欧阳斗照《重建西阳宫碑记》曾援引该传说以警诫妄图毁碑者，且在《泷冈欧阳氏谱》所收康熙二十六年至二十八年（1687—1689）欧阳修同宗后裔控诉王招仔冒名承祀的诉状中，该传说被欧阳氏族人用以自证熟知西阳宫史事，[2] 那么该传说应亦有强调西阳宫祭祀权之归属的意义。换句话说，欧阳氏族人宣扬该传说，旨在驱退图谋侵夺祭产的不法之徒，从而确保西阳宫的祭祀活动有序进行。

综观以上介绍的《泷冈阡表》碑传说赖以衍生和流布的历史情境，可

---

① 黄庭坚：《橄龙文》，《泷冈欧阳氏谱》卷一，无叶码。黄庭坚：《橄龙文》，《港口欧阳氏重修房谱》，清同治八年活字本，叶20a-叶22b。黄庭坚：《橄龙文》，《杏塘欧阳氏宗谱》卷一，美国犹他家谱学会图书馆藏清光绪三十一年惇叙堂活字本，无叶码。黄庭坚：《橄龙文》，《万载排江欧阳氏族谱》卷八，上海图书馆藏民国十年六一堂活字本，叶8b-叶10a。黄庭坚：《橄龙文》，《万载欧阳氏族谱》卷首上，上海图书馆藏民国二十九年文忠堂活字本，无叶码。黄庭坚：《橄龙文》，《兴国欧阳氏八修族谱》艺文集，叶13b-叶15a。
② 佚名：《泷冈正祀案》，《泷冈欧阳氏谱》卷七，无叶码。

知该传说被宋人曾敏行首度记录后，时隔四百余年又被改述并在吉安府广泛流布，应与永丰文人提振家乡文化影响力的愿景，和吉安府其他县的士民急于扭转科举颓势的心境有关。民众对文学所具神异力量的信从，为传说的衍生和流布提供了深厚土壤。欧阳氏族裔对传说的接受和宣扬，则使传说得以在吉安府以外地区流布。进而言之，该传说为理解明清吉安社会文化提供了一个切口，反映的是有别于官方叙述的人文生态。

附表 《吉州人文纪略》所列吉安府九县各类人物名录

县名 （著录人数）	著录人物名氏
庐陵（51）	理学名臣（3）：周必大、陈嘉谟、贺泚 忠节名臣（9）：陈乔、欧阳珣、胡铨、文天祥、颜瑰、曾凤韶、曾子祯、刘子辅、刘铎 经济名臣（2）：周必大、王概 文学名臣（5）：罗泌、欧阳守道、刘辰翁、萧时中、曾皋 内阁辅臣（3）：周必大、文天祥、陈文 才力（5）：彭思永、张奭、陈瓛、孙鼎、萧近高 孝义（5）：邓光荐、张千载、杜环、萧瓒、萧球 死事（6）：罗明远、周冕、李继先、王接武、刘以森、李之清 清正（3）：曾崇范、葛敏修、萧象烈 儒行（6）：刘清之、刘亨、彭炳文、陈嘉谟、贺泚、曾皋 隐逸（4）：段子冲、吴成、彭应璧、黄君锡 科名（9）：陈文、彭序、罗崇岳、习孔教、王命爵、张贞生、文天祥、萧时中、李贯

续表

县名 （著录人数）	著录人物名氏
泰和（53）	理学名臣（2）：罗钦顺、欧阳德 忠节名臣（5）：曾如骥、周是修、王思、曾翀、刘魁 经济名臣（4）：曾安强、杨士奇、郭子章、杨寅秋 文学名臣（4）：刘崧、杨士奇、曾鹤龄、曾彦 内阁辅臣（5）：杨士奇、陈循、萧镃、王直、尹直 才力（6）：王贽、王亿、杨景行、尹昌隆、欧阳铎、杨嘉祚 孝义（3）：邓学诗、杨寅冬、高应岗 死事（1）：朱袞 清正（4）：李湘、曾羣、罗钦德、杨海 儒行（5）：萧楚、刘过、陈谟、萧岐、曾于乾 隐逸（5）：彭惟孝、曾珏、王以道、刘伯川、王彦臣 科名（16）：尹昌隆、陈循、易居仁、罗钦顺、欧阳云、陈昌积、王渤、宋琮、杨相、曾鹤龄、曾彦、刘江、罗珵、罗璟、曾追、欧阳衢
吉水（63）	理学名臣（3）：杨万里、罗洪先、邹元标 忠节名臣（7）：杨邦乂、王省、王祯、廖庄、张戫、邹元标、李邦华 经济名臣（9）：杨万里、李发、曾三聘、罗复仁、解缙、周忱、罗通、毛伯温、李邦华 文学名臣（6）：罗大经、解缙、刘俨、彭教、刘应秋、刘同升 内阁辅臣（1）：解缙 才力（10）：萧定基、罗韭恭、胡梦昱、周肃、陈诚、钱习礼、熊概、曾同亨、罗大纮、李日宣 孝义（3）：毛泂、王大临、刘和 死事（7）：高文鼎、刘元谟、萧生、王艮、尹昌、罗如墉、徐士骧 清正（4）：聂以道、罗循、李中、周延 儒行（2）：罗侨、李廷谏 科名（25）：解缙、黎德让、王艮、刘子钦、钱习礼、尹凤岐、王修、王鉴、刘观、李庸修、彭教、李中、王昂、谢应岳、邓洪震、刘应秋、夏积、胡靖、刘俨、罗洪先、刘同升、周述、徐穆、周孟简、邓珍

续表

县名 （著录人数）	著录人物名氏
永丰（24）	理学名臣（2）：罗伦、聂豹 忠节名臣（3）：邹瑾、魏冕、钟同 经济名臣（1）：欧阳修 文学名臣（2）：欧阳修、曾棨 内阁辅臣（1）：欧阳修 才力（2）：欧阳载、郭汝霖 孝义（1）：欧宝 死事（4）：刘鹗、陈无斋、张光远、罗惟远 清正（2）：欧阳观、欧阳晔 科名（10）：王昭明、张唯、曾鼎、陈律、罗奎、朱缙、曾棨、罗伦、刘素、钟复
安福（47）	理学名臣（5）：邹守益、刘文敏、刘阳、王时槐、刘元卿 忠节名臣（5）：刘子荐、李时勉、刘球、傅应祯、刘台 经济名臣（5）：李时勉、彭时、伍骥、张敷华、王时槐 文学名臣（5）：王庭珪、邹守益、刘邦采、刘元卿、邹德溥 内阁辅臣（2）：彭时、彭华 才力（2）：赵璜、彭黯 孝义（5）：赵伯深、王炎午、伍洪、刘撰嘉、姚周甫 死事（1）：李廉 清正（5）：刘实、刘戬、王学夔、周案、谢应祥 儒行（4）：刘宣、李宗栻、欧阳瑜、邹德泳 隐逸（3）：刘应凤、欧阳晓、夏梦夔 科名（14）：吴节、张业、刘宣、刘璲、刘泉、周儒、王绩灿、刘渤、刘锡爵、彭华、邹守益、彭时、刘震、刘戬
龙泉（5）	忠节名臣（1）：孙逢吉 才力（2）：郭知章、郭维经 死事（1）：李靓 儒行（1）：孙叔通

续表

县名 （著录人数）	著录人物名氏
万安（8）	经济名臣（1）：刘玉 才力（2）：赖卓、朱衡 清正（2）：张衡、彭与明 隐逸（1）：刘周 科名（2）：李素、刘哲
永新（20）	经济名臣（2）：萧俨、马铉 文学名臣（2）：刘友益、刘定之 内阁辅臣（2）：刘沇、刘定之 才力（2）：尹台、刘朝噩 孝义（1）：颜诩 死事（2）：左誉、赵云 清正（1）：张景良 儒行（4）：龙升之、冯翼翁、吴勤、颜铎 隐逸（2）：胡幼黄、周之冠 科名（4）：张叔豫、尹襄、刘定之、刘昇
永宁（0）	无

　　表格说明：本表依据《四库全书存目丛书》史部第127册所收《吉州人文纪略》制成，县名后的"著录人数"，是排除一人被列为数类人物的情况后计得的各县名贤人数。检览国内外族谱收藏机构保存的谱籍地为吉安的族谱，可发现这些族谱载录的宋元明时期序跋、像赞、祝寿文和祠堂记所题作者，与本表所列名贤多有重合，表明《吉州人文纪略》收录人物的标准应符合吉安多数士民的价值观念。

王山大王加封历程所见南宋永和基层社会

　　吉州在唐代以前的开发历程鲜见于史籍，伴随唐末五代北方大族的迁入，当地丁口激增，财赋益饶，举业渐兴，风俗愈淳，至宋代已成为赣江中游的望郡。要探究宋代吉州社会的发展脉络，不仅应关注当地官员营建城池、稽捕贼盗和创设官学等举措，还应分析士民理解并接受朝廷的价值观念和礼仪法度的过程。永乐《东昌志》所收王山大王获赐辅顺庙额和由二字侯累次加封为八字王的敕牒，便是反映这一复杂过程的例证。

　　永乐《东昌志》三卷，篇末附有《辅顺庙志》一卷，系吉安府庐陵县永和镇（古称东昌）人钟彦彰和曾钝，在乡贤文玉立所编诗文集《东昌十五咏》的基础上，搜求汇辑镇内于元末兵火中幸存的文献而成。[1] 该书明本亡佚已久，仅存江西省博物馆所藏清初抄本一种，已于2020年被文化和旅游部列入《第六批国家珍贵古籍名录》。该书版式为每半叶十行，

---

[1]　有关永乐《东昌志》主要内容的介绍参见刘景会、黄庆文：《手抄孤本永乐〈东昌志〉价值考论》，《南方文物》2018年第4期。永乐《东昌志》现有两种标点本，分别收录于《吉安县方志文化丛书》（康泰、汪泰荣点校，江西高校出版社，2018年）和《江西旅游文献·名迹卷》下册（张志军点校，江西人民出版社，2018年）。本文征引永乐《东昌志》时所加标点与两种标点本差异较多，但由于清初抄本无叶码且尚未发行影印本，故仍据两种标点本标注引文出处，并分别省作"吉安第 × 页""江西第 × 页"。

每行二十四字，版框、版心、栏格、叶码俱无，间有句读符号。从扉页所题"本会何国维同志往赣南调查，在吉安市搜得。一九五四年三月十一日。明东昌志抄本"来看，该书系供职于江西省人民政府文物管理委员会的何国维，在永和镇调查吉州窑遗址期间访得。[①] 从事陶瓷考古研究的学者常征引该书以论证吉州窑的烧造历史，于书中反映的永和镇民与官府互动的历史过程则关注不多。[②] 本文拟在考辨该书所收南宋朝廷颁给王山大王的赐额和加封敕牒的基础上，分析永和镇民如何构拟王山大王与朝廷的联系，名士和大族如何叙说王山大王的获祀历史和显灵事迹，以期在宋代吉州社会的发展脉络中，理解当地基层社会与朝廷的互动过程。

首先来看"永和镇"与"王山大王"这两个关键词。永和镇位于今吉安市吉安县东部，2014 年被住房和城乡建设部与国家文物局列为第六批中国历史文化名镇。该镇东濒赣江面对青原山，北与神冈山隔禾水相望，镇内的吉州窑是宋元时期享誉海内的窑场。[③] 宋高宗绍兴元年（1131），曾任吉州司户参军的单晔为镇内的清都观撰写记文，就说当地"濒江带山，聚为井落。俗以凿山火土，埏埴为器，贸易于四方"。[④] 生活在元末明初的钟彦彰所作《东昌志》序文，也说该镇在宋代"附而居者至数千家，民物繁庶，舟车辐辏"，并称该镇"生齿之繁，文物之丽，地利而人和，实西南之一

---

① 何国维：《吉州窑遗址概况》，《文物参考资料》1953 年第 9 期。
② 吉州窑考古研究成果颇丰，参见张文江：《吉州窑考古研究回顾》，北京艺术博物馆编：《中国吉州窑》，中国华侨出版社，2013 年，第 230–241 页。
③ 吉州窑遗址于 2001 年被国务院列为第五批全国重点文物保护单位。在该遗址基础上建设的吉州窑国家考古遗址公园，也于 2017 年被国家文物局列为第三批国家考古遗址公园。
④ 单晔：《清都观记》，永乐《东昌志》卷二，吉安第 59 页，江西第 56 页。

乾隆《庐陵县志》所收《永和图》

都会也"，^① 盛况可见一斑。辅顺庙位于该镇东端，如今仅存殿宇基址。^② 庙内曾经供奉的王山大王又称王仙或匡仙，仙化前本名匡和，其正祠在吉州太和县东部的王山（今称紫瑶山），主要接受吉州士民的祭拜。

下面来看王山大王获赐庙额的过程。

一、隆祐南奔与王山大王获赐庙额

南宋以前，王山大王还只是未获得官府认可的神灵。得益于隆祐太后行经吉州，王山大王获得了朝廷赐予的庙额，永和镇民也借此契机深化了与朝廷的联系。

建炎三年（1129）八月，宋高宗迫于金军已有南下之势，命令隆祐太后率领六宫与百官，迁奉太庙神主前往洪州（治所在今南昌市东湖区）避战。当年十月，金军兵分两路攻宋，东路取道滁州与和州渡江追击宋高宗，西路直捣洪州抓捕隆祐太后。洪州知州王子献得知长江防线失守后弃城逃跑，迫使隆祐太后与随从由陆路退至吉州。吉州知州杨渊听闻金军兵锋进逼州城，也未组织兵士御敌，隆祐太后只得仓惶乘舟溯赣江而上逃往虔州（治所在今赣州市章贡区）。当时"虏遣兵追御舟。有见金人于市者，乃解维夜行"。孰料行至太和县，随行部将忽遭离间，哗变后劫掠财货遁入山中，损失的珍宝价值数百万钱，还有百余名宫女失踪。在护卫士卒不满百人的情况下，"太后乃自万安舍舟而陆，遂幸虔州"。后来金军因不敢深入虔州山区作战而退兵，隆祐太后才得以脱身，^③ 并在建炎四年（1130）八月最终

① 钟彦彰：《〈东昌志〉序》，永乐《东昌志》卷一，吉安第 6 页，江西第 15 页。
② 辅顺庙遗址概况参见李德金、蒋忠义：《南宋永和镇的考察》，中国考古学会编：《中国考古学会第七次年会论文集（1989）》，文物出版社，1992 年，第 336–344 页。
③ 李心传撰，胡坤点校：《建炎以来系年要录》卷二九，建炎三年十一月丁卯，中华书局，2013 年，第 675 页。类似纪事亦见徐梦莘：《三朝北盟会编》卷一三五，建炎三年十一月丁卯，《中华再造善本》影印中国国家图书馆藏明抄本，国家图书馆出版社，2013 年，叶 1a。

回到越州行宫。

宋金战事告一段落后，宋高宗为安抚民心，频繁向皇家行经州县的神灵颁赐庙额和爵号。[①]永和镇民于是决定利用这一契机，以王山大王在隆祐太后行经吉州时显灵为由，请求宋高宗赐予庙额。永乐《东昌志》所附《辅顺庙志》收载的《敕封辅顺庙额及封王爵原由》，系辑录庙中数通石碑而成，其中就包括绍兴五年（1135）赐辅顺庙额敕牒。今依敕牒不同层次分段整理如下：

　　尚书省牒吉州泰和县永和镇辅顺庙

　　　礼部状

　　　　准批送下江南西路转运司奏

　　　　　据吉州申

　　　　　　据士庶、父老、僧道、百姓、左迪功郎邓泾舟等状："建炎三年十一月廿四日，睹番兵三百余骑到永和驻扎寨，驱掳士女，掠取金银，镇民无计逃避。众议祈祷本处土神王山大王，望神阴助。当便狂风骤至，飞沙走石，番兵仓惶失势，结队奔走，遗下所掳。民户回归，皆言番兵齐说：'此地小镇，却有六七千兵，皆绯衣绯巾，红旗焰焰，势不可敌。'切缘户民即无绯衣巾、红旗，显是大王神兵之力。

① 建炎四年宋高宗诏："巡幸经由温、台、明三州海道，应神祠庙宇已有庙额、封号处，令太常寺加封；有封号、无庙额去处，与赐额；其未有庙额、封号，令所在官司严洁致祭一次，钱于本路转运司系省钱内支破。"此诏适用范围虽仅限于温州、台州和明州，但金军退兵后，皇室行经州县有大量地方神灵获赐庙额或加封爵号，或表明彼时宋高宗还曾诏命其他州县奏报皇室行经期间的神灵事迹。见徐松辑，刘琳等校点：《宋会要辑稿·礼》二〇之四，上海古籍出版社，2014年，第989页。

乞敷奏朝廷赐恩命褒嘉、爵赏及庙额。"

吉州委庐陵县尉刘之邵躬亲前去永和镇体究，得王山大王上件灵迹因依，保明是实。本司行下邻州，委官询究，续据袁州申："依应委司法参军邹敦礼询究所陈灵应，委是有功于民。"寻委本司主管帐司何澹前去覆实。今据何澹申："躬亲到吉州永和镇覆实上件王山大王灵迹，与前后委官询究保明到，事理一同，即无伪冒。"本司保明指实，欲望特降睿旨施行。

> 前批：送礼部。

本部寻行下太常寺勘会去后，今据本寺状："检会已降指挥节文：'神祠如有灵应，即先赐额。'勘会今来江南西路转运司保奏到，吉州泰和县永和镇土神王山大王庙祈祷感应，合先赐额。"本部欲依本寺所申事理施行，伏乞朝廷钦差指挥。伏候指挥。

牒。奉敕："宜赐辅顺庙为额。"牒至准敕，故牒。

绍兴五年十二月 日行

参知政事沈

尚书右仆射同中书门下平章事

尚书左仆射同中书门下平章事

敕牒是宰相机构秉承皇帝旨意，批复臣僚或有司奏请而形成的文书形式，在宋代通常用于处理除授官员、委任僧道和颁给庙额等日常政务。[①]

[①] 赵升《朝野类要》谓宋代"凡知县以上并进士及第出身，并被旨挥差充试官，或奉使接送馆伴，及僧道被旨住持并庙额，并给敕牒"，列举了敕牒在政务运行中的使用情况。见赵升编，王瑞来点校：《朝野类要》卷四《文书·敕牒》，中华书局，2007年，第85页。

上引敕牒在从纸本原件到镌刻上石，再到编入《辅顺庙志》的过程中经历了哪些变化，今已不得而知，但比对现存其他元丰改制后颁行的赐额敕牒，可发现这通敕牒的体式符合规范，应不存在大篇幅的脱漏或改撰。①敕牒颁给对象为"吉州泰和县永和镇辅顺庙"，礼部引录的太常寺勘会文书也作"吉州泰和县永和镇土神王山大王庙"，但宋神宗元丰年间（1078—1085）编定的《九域志》称庐陵县辖"九乡、永和一镇"，②《宋会要辑稿·礼》诸祠庙门叙及王山大王获赐庙额事，亦谓该庙"在吉州庐陵县永和镇"。③考虑到永和镇在隋代以前为东昌县城，隋文帝于开皇十一年（591）废东昌县后，永和镇转隶太和县，至迟在宋神宗元丰年间（1078—1085）已改属庐陵县，④那么敕牒所谓"泰和县永和镇"，应是《敕封辅顺庙额及封王爵原由》的编集者误书。牒尾列衔者共三人，署"沈"的参知政事为沈与求，位尊例不署姓的右仆射和左仆射分别为张浚和赵鼎。⑤

---

①　参见须江隆：《唐宋期における祠廟の廟額·封号の下賜について》，《中国—社会と文化》第9号，1994年6月。张袆：《制诏敕札与北宋的政令颁行》，北京大学博士学位论文，2009年，第109–110页。林煌达：《论宋代祠庙赐额封爵乞请与稽核程序——以安吉县仁济庙为例》，《淡江史学》第32期，2020年9月。

②　王存撰，王文楚、魏嵩山点校：《元丰九域志》卷六《江南路·西路·吉州》，中华书局，1984年，第252页。

③　徐松辑，刘琳等校点：《宋会要辑稿·礼》二〇之一三二，第1057页。

④　魏徵、令狐德棻：《隋书》卷三一《地理志下》，中华书局，1973年，第880页。康熙《庐陵县志·地舆志》古迹门东昌城条谓永和于贞观五年改属庐陵县，乾隆《泰和县志·舆地志》古迹门东昌城条引弘治旧志亦作此说，但此说史源不清，姑不采信。另据万历《吉安府志·郡纪》，元贞元年太和县升为太和州，洪武二年太和州易为泰和县，知永乐《东昌志》所称"泰和"实系明代地名。见康熙《庐陵县志》卷五《地舆志·古迹》，中国国家图书馆藏清康熙二十八年刻乾隆增刻本，叶2a。乾隆《泰和县志》卷四《舆地志·古迹》，《中国方志丛书·华中地方》第838号，成文出版社，1989年，第224页。万历《吉安府志》卷一《郡纪》，《中国方志丛书·华中地方》第768号，成文出版社，1989年，第50、53页。

⑤　徐自明撰，王瑞来校补：《宋宰辅编年录校补》卷一五《高宗皇帝中》，中华书局，1986年，第1001、1002页。

以上是赐辅顺庙额敕牒基本信息，接下来介绍敕牒反映的庙额乞请和审批过程。永和镇民申报王山大王神迹的文书这样写道："建炎三年（1129）十一月，三百余名金军骑兵到永和镇扎营，不仅抢掠金银财货，还抓捕壮年男女充作杂役。镇民无力招架，只能齐聚庙中祈祷王山大王显灵。谁知读罢祷文不久，突然狂风大作，沙石漫天飞舞。金军惊慌失措，纷纷丢下武器作鸟兽散。从金军营地逃出的镇民说，当时金军惊呼'区区永和竟驻有六七千兵士，都身穿绯色衣巾，阵中红旗飘扬，势不可敌'。镇民家中没有绯色衣巾和红旗，那么驱退金军的显然是王山大王统率的阴兵。"吉州官府收到申报文书后，随即委派庐陵县尉刘之郃前往查验王山大王神迹，确认属实后申报至江南西路转运司。转运司先牒袁州差委司法参军司法参军邹敦礼前往永和镇询究神迹，袁州向转运司申报神迹属实后，转运司又派遣主管帐司何澹再度勘核神迹，确认属实后撰写奏状呈送朝廷。

在拟定庙额的环节，首先是尚书省将江南西路转运司所进奏状付下礼部，礼部行下太常寺勘会；然后太常寺依照既有指挥和转运司奏状，确认申报神迹的流程符合规范后，拟定庙额并上报礼部；礼部按覆太常寺所申勘会意见和庙额后上报尚书省，再由尚书省奏请宋高宗裁断。需要说明的是，敕牒中"准批送下江南西路转运司奏"指礼部依据尚书省批示付下的转运司奏状出具意见，具有标示礼部受文情况的功能。用方框标出的"前批：送礼部"，是尚书省收到转运司奏状后批示的送付意见，系文书往还过程中的程序用语，并不体现庙额审批时的权责关系，且依据批状语的常例当作"前批：送礼部勘会后申省"。[①] 在颁赐庙额的环节，尚书省奉宋高宗"宜赐辅顺庙为额"之敕出牒，宰臣在牒尾签押后，通过江南西路转运司和吉

---

① 有关南宋尚书省行用批状情况的讨论参见李全德：《信息与权力：宋代的文书行政》第四章《宋代的省札与批状》，社会科学文献出版社，2022年，第259—267页。

州将敕牒发至辅顺庙。

永和镇民收到敕牒后，无不欢欣鼓舞酌酒相贺。为了展现王山大王与朝廷的联系，他们又在绍兴七年（1137）延请刻工将敕牒摹刻上石。欧阳氏永和派始祖欧阳堂的七世孙欧阳世坚在镇内颇有文名，所以镇民一致推举他撰文记述王山大王获赐庙额的经过，[①] 由此不难推想，欧阳氏永和派族人应曾积极参与请求朝廷颁赐庙额的活动。

王山大王因庇护隆祐太后而获赐庙额，并非吉州士民利用太后行经之机为当地神灵乞得庙额或爵号的孤例。胡铨为吉州城隍神灌婴的祠庙撰写的记文就说："建炎初，大驾南巡，降奴长驱江界，所至守若令望风举额，人走死如骛。邦民惧不免，哀祷庭下。卒之，城虽不守，而邑屋赖以全"。绍兴三年（1133）士民申报灌婴在金军进逼吉州时庇护州城的神迹后，次年朝廷就向其颁赐了灵护庙额。[②] 考虑到城隍神是士民普遍奉祀的神灵，可知隆祐太后行经吉州，对于构拟当地与朝廷的联系应具有重要意义。

虞集曾撰文记述元代中期吉水州孚应庙更名为显祐庙并加封庙神的由来，文中引录元文宗至顺二年（1331）江西等处行中书省所呈奏状曰：

> 吉安守臣言，其所统吉水州中鹄乡有神庙食于石砮之里者。相传神姓刘氏，讳焕，盖长沙定王之裔云。……建炎初，金兵躁江南，隆祐太后入赣避之。舟行为石所碍，有巨人翼其舟以出于险。后物色之，则神良是也，遣人祠谢之。自是百数十年之间，岁或旱，祷之，则必有云起其东以为雨；有蝗，祷之，蝗不至其旁近；有群盗犯其境，祷

① 佚名：《敕封辅顺庙额及封王爵原由》，永乐《东昌志》附《辅顺庙志》，吉安第129–130页，江西第118页。

② 胡铨：《胡澹庵先生文集》卷一七《灵护庙记》，中国国家图书馆藏清乾隆二十二年练月楼刻本，叶3b。

之，贼恍惚有所见而散去。……敕赐其庙曰孚应庙，又封其神曰顺惠侯。盖当时之制，神灵之有功于民者，有司核实其事以闻，始赐庙额，又有功，则封之以王，其号自二字以上，累封至八字极矣。[1]

孚应庙供奉的是长沙定王刘发的后裔刘焕，其在太后所乘御舟被巨石挡住去路时挺身相助。宋金战事平息后朝廷知悉刘焕神迹，遂颁赐孚应庙额并遣使致祭。此后刘焕因消祛旱蝗和驱退盗贼，累次加封为八字王。吉水县和万安县的刚应庙神，因在御舟夜泊庙前时，于梦中警示太后追兵将至，并分别建议太后溯赣江而上和从万安造口登岸，故获封刚应侯。[2] 奉祀刘焕和刚应庙神的群体应当异于王山大王的祭拜者，但太后躲避金军追击期间行经神灵封域，却是这些群体构拟神灵与朝廷的联系时共同借重的政治资源。

对吉州士民而言，隆祐太后行经当地不唯影响了幽冥世界，也为试图改变当地权势格局者提供了契机。抚州府乐安县云盖乡流坑村（绍兴十九年以前属吉州永丰县云盖乡，今属抚州市乐安县牛田镇）名士董燨于明神宗万历十年（1582）主持修成的《抚乐流坑董氏族谱》，收载了万历七年（1579）族人董裕所编《乡贤表》，表中引录《永丰县志》曰：

> 建炎三年，金人追隆祐太后至吉州文江之下，太后因问："两河相交，从何上广？"侍臣对曰："西岸水驿上广，东岸河是董御史家水出。"太后曰："取金钟来，饮一杯水。董御史生死是我大恩人，饮此水以报之。"是夜，太后梦董御史来朝谢。明日，风便送皇船上广。

---

[1] 虞集：《道园学古录》卷四八《敕封显祐庙碑》，《四部丛刊初编》第1446册，上海商务印书馆，1919年，叶3b-叶4a。

[2] 罗大经撰，王瑞来点校：《鹤林玉露》甲编卷三《幸不幸》，中华书局，1983年，第47页。康熙《吉安府万安县志》卷二《建置志·坛庙》，中国国家图书馆藏清康熙刻本，叶25b。

今永丰县号恩江者，以此也。①

隆祐太后行至吉水县城南侧文江汇入赣江处，得知文江上游的流坑村是在瑶华秘狱中为自己申冤的侍御史董敦逸故里，遂饮下江水以示报恩，翌日御舟竟获强风助力故得摆脱追兵，文江因此又得恩江之名。在流坑董氏逐渐垄断恩江流域竹木贸易的背景下，②董氏族人依据董敦逸为太后申冤和太后行经吉水的史实，构拟出太后饮下江水的故事，当有强调董氏家族与恩江关联紧密的用意。考虑到恩江得名于东汉末年庐陵孝子欧宝结庐守丧期间，将被猎户追捕的猛虎藏于庐中，猛虎脱身后每月捕鹿报恩的论说，较恩江因太后饮下江水而得名的论说更早在永丰士民中间流传，③那么董氏族人极力刻画先祖与太后的施报关系，也许旨在改变当地既有权势格局。

将地方景观或神灵与隆祐太后躲避金军追击的史事相联系的现象，还见于赣江中下游其他州县：洪州丰城县（今宜春市丰城市）的金花潭因太后将金花投入潭中祈风而得名；④临江军新淦县（今吉安市新干县）的暮膳

---

① 董裕：《乡贤表》，《抚乐流坑董氏族谱》卷二，明万历刻本，叶 26b– 叶 27a。董燧于隆庆四年撰写的《恩江古迹考》亦叙及恩江得名由来："自孟后过恩江，问恩人董御史家，左右对曰：'此水自其家来。'命取金杯饮水，以报瑶华秘狱之恩。是夜，后梦敦逸朝服谢恩。"董燧还强调隆祐太后饮江水以示报恩的逸闻与《乐安县志》《永丰县志》《董氏族谱》等史籍相合，"与今故老相传口碑亦同"，表明此事至迟在明代后期，已成为恩江流域士民普遍拥有的记忆。见董燧：《恩江古迹考》，《抚乐流坑董氏族谱》卷三，叶 40a。
② 有关流坑董氏从事竹木贸易的讨论参见邵鸿：《竹木贸易与明清赣中山区土著宗族社会之变迁——乐安县流坑村的个案研究》，《南昌大学学报》1995 年增刊。
③ 《大明一统志》卷五六《吉安府·寺观》，《中华再造善本》影印中山大学图书馆藏明天顺五年内府刻本，国家图书馆出版社，2009 年，叶 14a。亦见嘉靖《江西通志》卷二九《吉安府·寺观》，《中国方志丛书·华中地方》第 780 号，成文出版社，1989 年，第 4799 页。
④ 万历《南昌府志》卷三《舆地类·山川》，《中国方志丛书·华中地方》第 810 号，成文出版社，1989 年，第 234 页。

桥因太后暮间于当地用膳而得名;① 抚州临川县（今抚州市临川区）的万岁岭因太后行经时指问，随从以万岁为对而得名;② 虔州赣县（今赣州市赣县区）嘉济庙神石固则在太后从万安造口滩登岸时，曾统领阴兵驱退金军。③这样看来，建炎三年（1129）隆祐太后行经包括吉州在内的赣江中下游州县，为该区域基层社会深化与朝廷的联系提供了契机。永和镇民以王山大王庇护太后为由乞请朝廷颁赐庙额，不仅凸显了王山大王对朝廷的忠诚，还应有自证忠顺尊君的用意。

二、峒寇作乱与王山大王显灵护民

除赐辅顺庙额敕牒外，《辅顺庙志》所收王山大王由二字侯累次加封为八字王的十二通敕牒节文亦曾镌刻上石。这十二通敕牒的主要信息见下表。④

《辅顺庙志》所收宋廷加封王山大王的十二通敕牒节文

加封年月	加封爵号	命词所述加封事由
绍兴十五年（1145）七月	威远侯	永和之民愿赐封爵，应验昭晰，询究不诬
隆兴二年（1164）六月	肃应威远侯	于庐陵为之排寇攘，苏旱虐，厥功茂焉

① 隆庆《临江府志》卷三《疆域·桥梁》,《天一阁藏明代方志选刊》第 35 册,上海古籍书店,1962 年,叶 14b。

② 《大明一统志》卷五四《抚州府·山川》,叶 5a。亦见弘治《抚州府志》卷三《山水一》,《天一阁藏明代方志选刊续编》第 47 册,上海书店,1990 年,第 187 页。

③ 宋濂:《宋学士文集·銮坡集》卷五《赣州圣济庙灵迹碑》,《四部丛刊初编》第 1503 册,叶 1b。

④ 永乐《东昌志》附《辅顺庙志》,吉安第 130–133 页,江西第 118–121 页。

续表

加封年月	加封爵号	命词所述加封事由
庆元四年（1198）四月	英格肃应威远侯	神当周显德中，已列祀典，迨今盖三百年，而建炎却敌之功，其灵炫焰亦然，犹前日事。重以水旱禳祷，有功于民
嘉定九年（1216）十月	惠泽英格肃应威远侯	间者郡国以水旱遍走群望，而四方万里以神应来谂者，肩相摩也
嘉定十一年（1218）十一月	勇利公	本以神仙者流，积功累行，故于艰厄之际，尊主庇民之绩，灵异昭显。自周显德以迄于今，几三百载，水旱必祷，应答如响
嘉定十五年（1222）七月	勇利昭济公	民皆仁寿，乌有乎疵疠？物皆阜昌，乌有乎水旱？夫是以吏之名不著，神之功亦不显。今郡之守臣上神之功，明白隽伟，可褒不疑
宝庆元年（1225）六月	勇利昭济广惠公	著灵显德，庙食永和，曩以阴功，累加封爵，一方承祀，久而益虔。兹览曹臣之章，益加明效
绍定四年（1231）十二月	勇利昭济广惠忠显公	昔在建炎，阐威灵而卫社；逮于绍定，敷惠利以及民。属邻境之牢骚，借神兵之诃护
绍定六年（1233）三月	忠惠王	蠲除疫疠，民沾全活之恩；调节雨旸，郡奏祈祷之效。忠力潜驱于峒獠，阴功率护于城邦
淳祐二年（1242）十一月	忠惠灵应王	素怀忠而抱义，能捍患而御灾。在昔建炎，赖阴兵而保境；迄今淳祐，奉庙貌以妥灵。驱寇则扬旌蔽空，苏旱则随车致雨
淳祐十年（1250）五月	忠惠灵应昭肃王	隆祐舟行，所助者顺。扬旗而寇退，反风而火熄，需霖而旱苏。有祷必应，犹谷传声
宝祐四年（1256）十月	忠惠灵应昭肃广济王	助顺隆祐之舟行，启封绍兴之庙祀。反风致雨，若影响然；弭疫销兵，在呼吸顷。民一日非神而靡恃，神历于民而有功。矧纲司甫祷于瓣香，而江潦随通于輂漕

按《宋会要辑稿·礼》诸祠庙门所载王山大王于绍兴十五年（1145）

初封威远侯，和隆兴二年（1164）加封肃应威远侯二事，^①与上表所列前两通敕牒的颁行时间和加封爵号相合。庐陵名士刘将孙于元成宗大德七年（1303）撰写的《吉州路永和重修辅顺新宫记》，亦叙及王山大王及其家眷加封情况：

> 庐陵四境神庙封爵，宠灵赫奕未有若永和辅顺之祠者。自宋绍兴五年赐庙额，迄宝祐四年加王封极八字，百五十年间，由侯而公，公而王，始二字，增四以极美名。上自王父母，下逮妃若子又孙，皆疏王爵，崇显号，八八而并，以及女姬子妇，无不累加逾尊。^②

引文所记王山大王获赐庙额和加封为八字王的年份，与《辅顺庙志》中对应的敕牒相同，可知该书所收王山大王赐额和加封敕牒当非凭空捏造。对宋代朝廷而言，向地方神灵颁赐庙额和爵号，是宣扬儒家意识形态、构建基层社会秩序和管控民众祭拜活动的重要手段。^③熙宁七年（1074）宋神宗诏俞州县奏报祈祷灵验却未获赐庙额或爵号不显的神灵，开启了神灵赐额和加封普遍化的进程。^④元丰六年（1083）宋神宗又采纳太常博士王

---

① 徐松辑，刘琳等校点：《宋会要辑稿·礼》二〇之一三二，第 1057 页。

② 刘将孙：《养吾斋集》卷一七《吉州路永和重修辅顺新宫记》，《景印文渊阁四库全书》第 1199 册，台湾商务印书馆，1983 年，第 166 页。张贞生纂辑的《王山遗响》收录有佚名《王山三仙合传》，所记匡和获赐庙额并累次加封的史事，并非源自《辅顺庙志》，却与之全无抵牾，亦表明《辅顺庙志》所收敕牒真实可信。见佚名：《王山三仙合传》，张贞生辑：《王山遗响》卷五，《四库全书存目丛书》史部第 255 册，齐鲁书社，1996 年，第 108 页。

③ 皮庆生：《宋代民众祠神信仰研究》第六章《正祀与淫祀——宋代祠神信仰的合法性研究》，上海古籍出版社，2008 年，第 276-282 页。金相范：《宋代祠庙政策的变化与地域社会——以福州地域为中心》，《台湾师大历史学报》第 46 期，2011 年 12 月。

④ 徐松辑，刘琳等校点：《宋会要辑稿·礼》二〇之二，第 988 页。有关此诏影响的讨论参见须江隆：《熙宁七年の詔——北宋神宗朝期の賜額·賜号》，《東北大学東洋史論集》第 8 辑，2001 年 1 月。

古的建议，规定"诸神祠加封，无爵号者赐庙额，已赐庙额者加封爵，初封侯，再封公，次封王，生有爵位者从其本"，^①不仅昭示着朝廷处理神灵赐额和加封事务的机制趋于严密，还使士民依照程式为神灵乞得赐额或爵号渐成常态。建炎三年（1129）宋高宗在金军进逼江淮之际，仍颁行了"神祠遇有灵应，即先赐额；次封侯，每加二字，至八字止；次封公，每加二字，至八字止；次封王，每加二字，至八字止"的新规，^②在延展了受封神灵的等级序列之余，也使朝廷管控地方神灵的手段愈渐具有可操作性。宋宁宗嘉定九年（1216）加封王山大王的敕牒称"美号之加，非徒厚于神，所以厚于民也。神其体然朕爱民之意，益推所以加惠于民者，以慰满远方之望"，即表明朝廷向王山大王颁赐庙额和爵号，旨在施展权威和收揽民心。

检视表中敕牒可发现，相较调顺雨旸和消弭疫疠之类与士民生活关联紧密、奠定士民祭拜基础的神迹，宋理宗绍定年间（1228—1233）驱退劫掠永和的峒寇，才是地方官员和文人论证王山大王"素怀忠而抱义"时更重视的依据。

绍定元年（1228），南安军（治所在今赣州市大余县）的峒首赵万九率众焚毁南康县城后，^③北上吉泰盆地再行劫掠。欧阳堂的九世孙欧阳文龙所撰《辅顺庙阴兵颂》谓绍定二年（1229）秋，王山大王曾统领阴兵于永和列阵，"寇目所睹，猎猎神旌，寇耳所闻，嘶嘶马鸣。不有阴兵，欲御谁能"，但峒寇遁逃后并未罢休，"秋既奔窜，冬复纵横"。^④同为欧阳文龙手笔的《辅

① 李焘：《续资治通鉴长编》卷三三六，元丰六年闰六月辛卯，中华书局，2004年，第8100页。
② 陆增祥：《八琼室金石补正》卷一一七《渠渡庙赐灵济额牒》，《续修四库全书》第898册，上海古籍出版社，2002年，第453页。
③ 郑霖：《南康县治记》，嘉靖《江西通志》卷三六《南安府·公署》，第5775-5776页。
④ 欧阳文龙：《辅顺庙阴兵颂碑》，永乐《东昌志》附《辅顺庙志》，吉安第128-129页，江西第117页。

顺庙神木颂》称当年冬，峒寇再度攻入永和且势焰更盛，"金山一炬，冈焚其玉，白下、石溪，煨烬陆续，距我陶区，厥觊可烛"，士民虔诚祈求王山大王庇护，峒寇果皆伏诛。① 事后永和镇民以王山大王驱退峒寇为由，提请朝廷向王山大王授予更高的爵位。表中所引绍定四年（1231）和绍定六年（1233）敕牒，就是朝廷认可王山大王驱退峒寇之功的例证。

永和士民构拟王山大王驱退峒寇的神迹时依据的史实原型已不可考，但嘉定至绍定年间（1208—1233）峒寇肆虐应系吉泰盆地民众普遍拥有的记忆。朱熹门生李大训在嘉定前期曾先后担任万安县丞和龙泉知县，同为朱熹门生的黄榦为李大训撰写的墓志称，他在万安任官时"烽火屡警，君不为动，密调义丁戍兵以备之，贼不得逞而去"。但好景不长，"峒寇新平，龙泉遭焚荡，人心忧疑，负固喜乱者尚跳踉山谷间"。② 庐陵县宣化乡大鹏坑村（今属泰和县樟塘乡）里正萧必显纠集义兵抗击峒寇，战殁者三十六人，朝廷诏许立忠义庙祀之。族人萧山父所撰庙记曰：

> 方峒丁儌嚣，毁我邑庐，崖谷战摇，鱼奔鸟溃。萧君独能奋不顾身，召义勇为乡井金汤，请战以身舍矢如破。呜呼！忠义之心谁无之，如萧君则独能为陈（世雄）之所不能。向非以一矢歼厥渠魁，则其猖獗巨测，岂独西昌受其殃毒奸谋。遏截祸，隙窒塞，萧之力、萧之功也。当时之殁于兵刃者，萧且庙而祀之，使忠魂义魄有所托，其用心亦仁美。③

---

① 欧阳文龙：《辅顺庙神木颂碑》，永乐《东昌志》附《辅顺庙志》，吉安第 128 页，江西第 116 页。

② 黄榦：《勉斋先生黄文肃公文集》卷三五《李知县墓志铭》，《北京图书馆古籍珍本丛刊》第 90 册，书目文献出版社，1988 年，第 726–727 页。

③ 萧山父：《忠义庙记》，嘉靖《吉安府志》卷六《舆地志·坛庙》，《北京图书馆古籍珍本丛刊》第 31 册，第 567 页。类似纪事亦见萧崖《大鹏忠义事实记》、曾棨《重修忠义庙记》，《大鹏萧氏重修族谱》不分卷，美国犹他家谱学会图书馆藏民国四年宏远堂活字本，叶 26b–叶 28b、叶 33a–叶 34b。

萧山父在称颂萧必显击毙峒首的战功之余，亦痛斥江州副都统制陈世雄顿兵不进，[1]扬抑之间凸显了庐陵士民忠勇报国的秉性，而这种秉性恰为吉州文人论证当地的节义传统提供了依据。王山大王以驱退峒寇之功两度获得加封，在一定程度上也可视为朝廷对吉州节义传统的确认。

　　在前引绍定六年（1233）加封王山大王的敕牒与《辅顺庙阴兵颂》《辅顺庙神木颂》等代表官府和文人立场的文本中，"峒寇""峒獠""峒氓"等语汇指居于山林且不事赋役的人群。他们利用山中良田和溪涧耕植禾稻，兼以贩运私盐为生。随着官府对山区的管控逐渐强化，部分峒寇选择通过承担赋役的方式成为"省民"，多数峒寇则因拒纳钱粮且不堪滋扰，遂袭击官军差役乃至蜂起作乱。[2]陈元晋论及绍定年间南安军辖境内的峒寇劫掠邻邑之状曰："峒民作过，非如他贼相扰，能四出为乱，近则出至南安、南康、大庾诸邑，远则出至南雄、韶州管下。才有所得，即便归峒，正如鼠状，不敢离穴。虽然不能为乱，而常足以致乱。"[3]作乱峒寇往往规模有限，但官府囿于兵力短缺，难以及时将其搜捕归案。永和士民构拟出的王山大王驱退峒寇神迹，正是吉州官府治理陷入困境的写照。

　　不唯以上所论绍定之乱，绍兴和嘉定年间峒寇举事亦曾波及吉州与周边其他州县。[4]封域位于湘粤赣闽交界区的数种神灵，就曾在峒寇作乱时

---

①　康熙《庐陵县志》卷一二《祠祀志·庙》，叶29b。

②　参见黄志繁、胡琼：《宋代南方山区的"峒寇"——以江西赣南为例》，《南昌大学学报》2002年第3期。黄志繁：《"贼""民"之间：12–18世纪赣南地域社会》，生活·读书·新知三联书店，2006年，第66–79页。温春香：《文化表述与族群认同：新文化史视野下的赣闽粤毗邻区族群研究》，中国社会科学出版社，2015年，第54–60页。

③　陈元晋：《渔墅类稿》卷四《申措置南安山前事宜状》，《中华再造善本》影印中国国家图书馆藏清乾隆翰林院抄本，国家图书馆出版社，2011年，叶11b。

④　参见李荣村：《黑风峒变乱始末——南宋中叶湘粤赣间峒民的变乱》，《历史语言研究所集刊》第41本第3分，1969年9月。

庇护士民。例如汀州城普应庙所祀闽越王无诸的两位部将，和清流县城渔沧庙所祀唐末因抗击赣寇而战殁于当地的樊令，在绍兴年间俱曾统领阴兵驱退赣南峒寇。[①] 吉州永新县才德乡龙陂村三位无名兄弟神灵，因"嘉定中峒寇犯邑，将近庙，闻空中铁马声，大惧而退"而获赐灵泽庙额。[②] 南雄州城的五位无名神灵，因在嘉定年间黑风峒举事时"提阴兵若驱若护，灵迹显著。强酋震骇，莫敢承突"，和在绍定年间南安峒寇侵扰州境时"炉烟未竟，即闻空中有霹雳声，贼互惊疑，咸夜潜窜"而获赐孚应庙额。[③] 英德府真阳县麻寨岗虞湾村的寨将夫人虞氏，在绍兴末年峒寇焚毁殿宇时显灵，嘉定年间"叛兵洞寇接迹"时，"神躬擐金甲，领阴兵出入空际，鞭霆驾风，见者惊溃，人用安堵"，故获赐冥助庙额并被封为显祐夫人。[④] 不过，湘粤赣闽交界区的方志所录宋代已获庙额或爵号的神灵中，拥有驱退峒寇神迹的神灵数量相当有限。但这并不意味峒寇未深刻影响该地区的基层社会，而更可能由于方志所录祠庙多位于官府管控严密的"省地"，峒寇通常无力侵扰此类地区，故鲜见士民以神灵驱退峒寇为由乞请庙额或爵号的案例。宋理宗开庆元年（1259）欧阳守道撰文记述吉州知州萧逢辰营缮州

---

① 马蓉等点校：《永乐大典方志辑佚·临汀志·祠庙》，中华书局，2004 年，第 1276、1282 页。
② 《大明一统志》卷五六《吉安府·祠庙》，叶 16a。亦见万历《永新县志》卷三《祠祀·祠庙》，《北京大学图书馆藏稀见方志丛刊》第 198 册，国家图书馆出版社，2013 年，第 379–380 页。康熙《庐陵县志》和乾隆《永宁县志》所记两县灵泽庙神获赐庙额的缘由，与《大明一统志》和万历《永新县志》所记永新县灵泽庙由来相同，其原因或在于庐陵县和永宁县的灵泽庙为行祠，或在于庐陵县和永宁县部分士民，试图将某个未得赐额的地方神灵与灵泽庙神相联系，从而证明奉祀该神的合法性。见康熙《庐陵县志》卷一二《祠祀志·庙》，叶 45a；乾隆《永宁县志》卷四《祠祀志·祠庙》，《北京大学图书馆藏稀见方志丛刊》第 197 册，第 568 页。
③ 马蓉等点校：《永乐大典方志辑佚·南雄郡志·五侯庙碑》，第 2561–2564 页。
④ 林子升：《显祐夫人庙记》，道光《英德县志》卷六《建置略下·坛庙》，《中国地方志集成·广东府县志辑》第 12 册，上海书店出版社，2003 年，第 295–296 页。王象之编：《舆地纪胜》卷九五《广南东路·英德府·古迹》，中华书局，1992 年，第 3003–3004 页。

衙筹安堂始末，即叙及彼时峒寇的活动已被限制在山区内："今承平百余年，生齿蕃而习尚文。虽山峒之间与邻属邑间苦侵剿，而城郭晏然，无一日变容动色。"① 由此来看，峒寇作乱是导致南宋吉州与周边其他州县社会动荡的主因。永和士民以王山大王驱退峒寇为由乞请朝廷加封爵号，不仅凸显了王山大王保境安民的功业，当还有与不事赋役的峒寇划清界限的用意。

以上讨论揭示了隆祐太后南奔和峒寇作乱的事件被永和士民用于构拟王山大王与朝廷的联系的过程，但永和的名士大族扮演的角色仍不清晰。下面拟围绕永和的乡居名士与著姓大族对王山大王获祀历史和显灵事迹的论说，分析这些群体在其中发挥了何种作用。

三、名士大族与王山大王获祀历史

吉泰盆地的士民中间流传有王山大王在唐代前期即得奉祀，南唐显德五年（958）已获祭于永和行祠的逸闻，但该逸闻起初未取得地方官员与文人认可，也未被用于乞请庙额和爵号。《敕封辅顺庙额及封王爵原由》所录绍兴七年（1137）永和人欧阳世坚撰写的庙记曰：

> 王山之神，自唐开迹泰和，其后耀灵兹镇，因庙食焉。民戴休德，尚矣。建炎三年冬，天子南狩，靺鞨长驰，江介列城，困于蛇豕。惟蕞尔镇民，祈箓驱之。一时风声鹤唳，草木尽为赤帜，人马辟易，望尘引去。议者谓神护持默符，炎德中兴，有如此者。②

记文以唐代王山大王在太和县兴起，后庙食于永和镇为开端，随

---

① 欧阳守道：《吉州筹安堂记》，嘉靖《吉安府志》卷六《舆地志·公署》，第535页。
② 佚名：《敕封辅顺庙额及封王爵原由》，永乐《东昌志》附《辅顺庙志》，吉安第129-130页，江西第118页。

即接续其于建炎三年（1129）驱逐金军庇护镇民的神迹，并未将永和行祠始建事系于显德五年（958）。前引绍兴五年（1135）赐额敕牒和绍兴十五年（1145）加封敕牒，不言王山大王在宋代以前已被吉州官府认可，亦与这一叙说暗合。

周必大乡居永和期间撰写的《闲居录》，是现存最早叙及该镇王山大王行祠建置于显德五年（958）的文本。隆兴元年（1163），周必大因反对宋孝宗拔擢近幸而奉祠归乡，后在拜谒辅顺庙时，见"庙有南唐匡甫所撰碑铭，后题显德五年十一月八日"，其上记述了王子乔在太和县王山控鹤升天，贞观年间匡和入山学道，天宝年间匡和获封匡山王并得享庙食，"敕使诣庙祈祷，至瓷窑小吾团，若有影响，遂创此以为别庙"等故事。对于石碑内容的真实性，周必大认为"其文词甚凡下，不足考信"，并依据吉州的王山、王田村和王仙观因王子乔行经而得名的现象，与《太和县图经》所记"王乔尝控鹤于此山，其舄堕焉，血食山中"的传说，指出吉州士民"言王仙事迹甚多"，但都荒诞不经且彼此抵牾。[1] 隆兴二年（1164）加封敕牒未叙及宋代以前吉州官员致祭王山大王的史事，[2] 或亦表明显德五年（958）碑尚未被彼时的地方官员与文人用于延展王山大王取得官府认可的历史。

尽管吉州官员与文人在隆兴年间仍质疑将王山大王与王子乔相联系的

---

[1] 周必大撰，王瑞来校证：《周必大集校证》卷一六六《闲居录》，第2495-2496页。

[2] 尽管官府核实士民所申神迹时，神灵响应祈求的事迹确凿属实是关键，其出身履历清晰准确相对次要，但士民乞请庙额或爵号时仍常申神灵身世和前代封赐情况以求稳妥。永和士民为王山大王乞请庙额和前两次加封爵时，不言宋代以前吉州官员曾致祭王山大王，盖因彼时尚未发现乃至造出显德五年碑作为佐证。见皮庆生：《宋代民众祠神信仰研究》第六章《正祀与淫祀——宋代祠神信仰的合法性研究》，第279-280页。至于显德五年碑的真实性，马永卿《嬾真子录》谓南唐士人多以中主李璟主动削去帝号改奉中原正朔为耻，撰文多不书年号以示自守，故"江南寺观中碑多不题年号，后但书甲子而已"。显德五年恰为李璟改奉中原正朔的年份，则撰写碑记者在诟怨中主的氛围中题署后周年号颇乖情理。见马永卿撰，崔文印校释：《嬾真子录校释》卷一《画像纪年》，中华书局，2017年，第2页。

叙说，但王子乔在王山修道成仙的逸闻在宋初就已于吉州士民中间广泛流传。《太平寰宇记》曰：

> 王山在（太和）县东八十三里，周回三百里，其山峰峦秀异。昔王子乔曾控鹤于此山，故以王为名。旱即祈雨必应。按《山川记》云："祈祷之时，有人误唤奴者，则随其所犯乡境雨至，必见云开，卒无沾润。"相传云王乔既去，奴堕于此，因为神，至今操烈不可犯，民为之讳。[①]

这一旨在凸显王子乔与王山之关联的叙说，应系六朝以降传入赣江流域的道教神仙论，[②]与吉州士民崇拜王山的地方传统相融合的结果。周必大所引《太和县图经》记述的王子乔传说与《太平寰宇记》稍异，或表明该传说在吉州流传的过程中已衍生出多种异文，而这正是当地士民普遍相信该传说的反映。王子乔在王山修道的传说在吉州广泛流传，促使王山成为了当地的道教名山，故士民在构拟匡和身世时，选择将王山作为其修道仙化的场所。这种将匡和与王子乔相联系的叙说，还为胡铨和周必正论证王山的匡和正祠由来提供了依据。

淳熙六年（1179），致仕后归老于值夏镇（与永和镇隔赣江相望）的胡铨亦造访了辅顺庙并撰文记述该庙历史。该文虽未叙及庙中立有显德五年碑，但所述王山大王身世和立庙由来，与周必大引录的显德五年碑节文略同。庐陵人张贞生在康熙前期纂辑的《王山遗响》收有该文：

> 世传晋永嘉有王君讳子瑶，字太皋者，汉王乔之裔也。尝慕神仙

---

① 乐史撰，王文楚等点校：《太平寰宇记》卷一〇九《江南西道七·吉州·太和县》，中华书局，2007年，第2211页。

② 参见魏斌：《宫亭庙传说：中古早期庐山的信仰空间》，《历史研究》2010年第2期。孔令宏、韩松涛《江西道教史》第三章《隋唐五代时期江西道教的发展》，中华书局，2011年，第115页。

术，自玉笥山过庐陵抵泰和，乐其山水，隐居凡四十有八年，莫知其所终，人相闻以为仙去。至唐贞观中，有匡君讳智，长安人，弃妻子，脱屣轩冕，慕王君之为人，其兄子往依之，吸风餐霞，攻苦食淡者久之，人亦莫知其所终。里人塑正像祠之，水旱有祷辄应。……绍兴乙卯，有诏额庙曰辅顺。后十年，封神为威远侯。今上践祚，加封肃应。于是祀典益辉，过者加肃。[①]

胡铨裔孙胡定和胡沄于乾隆二十二年（1757）编成的三十二卷本《胡澹庵先生文集》亦收载了该文，[②] 篇幅短于张贞生辑本，但辞句与之略同。辑本中胡铨结衔为"端明殿大学士、朝散大夫、提举隆兴府玉隆万寿宫、庐陵郡开国侯、食邑一千五百户、实封八百户、赐紫金鱼袋"，除实封户数疑系传写致误外，其他部分与杨万里《胡铨行状》和周必大《胡铨神道碑》所记胡铨仕宦履历相合，[③] 知辑本当非凭空捏造。有别于周必大对吉州士民中间流传的王山大王逸闻抱持的怀疑态度，胡铨试图将王子乔的族裔王子瑶在义山（王山本名）修道成仙、匡智与匡和叔侄在王山仙化并得庙祀等故事，与朝廷颁赐庙额并加封爵号的史事相联系，揭示了王山正祠与永和

---

① 胡铨：《通仙郎庙碑记》，张贞生辑：《王山遗响》卷五，第 112 页。按引文标题所谓通仙郎庙，当指太和县的王山大王正祠，但文中所记朝廷颁赐之庙额和爵号的主体是永和行祠，则张贞生当混淆了正祠与行祠的庙额。此外，万历《泰和志·人物传》仙释门引录的胡铨《辅顺庙碑记》，亦记述了匡智与匡和修道成仙的逸闻，内容与引文略同，惟《辅顺庙碑记》称二人仙化后"事闻于朝，敕命乡人塑像立祠祀焉"，旨在凸显王山大王早在唐初即被列入祀典。见万历《泰和志》卷一〇下《人物传·仙释》，《中国方志丛书·华中地方》第 842 号影印明万历七年刻本，成文出版社，1989 年，第 585–586 页。
② 胡铨：《胡澹庵先生文集》卷一九《王山辅顺庙记》，叶 21a。
③ 杨万里撰，辛更儒笺校：《杨万里集笺校》卷一一八《宋故资政殿学士朝议大夫致仕庐陵郡开国侯食邑一千五百户食实封一百户赐紫金鱼袋赠通议大夫胡公行状》，中华书局，2007 年，第 4509 页。周必大撰，王瑞来校证：《周必大集校证》卷三〇《资政殿学士赠通奉大夫胡忠简公神道碑》，第 467 页。

行祠的由来，也整合了民众与官府对王山大王获祀历史的不同认知。与胡铨记文相呼应的是，庆元四年（1198）加封王山大王的敕牒称"神当周显德中，已列祀典，迨今盖三百年，而建炎却敌之功，其灵炫焰亦然，犹前日事"，标志着士民中间流传的宋代以前王山大王已为正祀的叙说获得了朝廷认可。

周必大从兄周必正于庆元四年王山大王加封为六字侯后撰写的《辅顺庙记》，亦著录了显德五年碑，内容与周必大所引该碑节文略同。

> 吉州永和镇有庙曰王仙，旧无纪录。后周显德五年，始有神之族裔创为之碑，云："神姓匡，讳和，长安人。唐贞观中，年逾六十，与其叔智属意轻举，弃官远游。……后乐泰和王山之奇秀，止焉，绝粒修真，果有所遇。其叔寻以中元日受天衣而上升，神以后期嘱为地仙，次年七夕亦尸解。今山有庙，真身在焉。……昔刺史严公以岁之不和，遣官致祷。行次瓷窑之小湖团，人马辟易，若有诃逊而不得进。即其地祷之，随应，遂立屋以祀之，今庙是也。亦置坛焉，香火自是辐辏。"……皇朝景德中，瓷窑始置官吏，为永和镇。秀民大家，陶埏者半之。无高城深池而盗不能犯，窑焰竟日夜而火不能为孽，水潦大至而不没，疫疠流行而巫禳，此消患于未形者也。①

周必正不再质疑显德五年碑内容的真实性，表明该碑已成为反映王山

---

① 周必正：《辅顺庙记》，永乐《东昌志》卷二，吉安第56页，江西第53—54页。

大王身世与永和行祠由来的"标准"文本。[①]在著录该碑之余，周必正还叙及景德年间永和瓷窑炉火炽盛之势与王山大王庇护镇民之功，也记述了建炎元年（1127）盗寇毁坏王山大王像后皆被断喉，和王山大王因庇护隆祐太后而获赐庙额直至加封为六字侯等事件，呈现的是官府和民众共同认可的辅顺庙史。永乐《东昌志》所收嘉定十七年（1224）写就的《辅顺王仙行程录》，和永乐年间王伯贞所撰《辅顺庙重修记》、区易白所撰《圆通堂记》、于闳所撰《沿江行祠记》，皆沿袭胡铨和周必正所撰记文对王山大王获祀历史的论说，[②]进一步确认了宋代以前士民祭拜该神的传统。

著姓大族在构拟和传扬王山大王神迹时扮演的角色，可以欧阳氏永和派为例。该派始迁祖欧阳堂为欧阳修高祖欧阳託的从兄，前文叙及的欧阳

---

① 明清居住于吉安府泰和县与自称由该县迁出的匡氏家族所修族谱，常将贞观年间匡智在义山修道成仙，描述成始迁祖迁入该县的主因。宝庆府邵阳县隆回乡匡家铺的崇源公派，自称洪武元年由吉安府太和州迁至当地。该派族人在同治四年撰写的《匡氏源流考》中，依据永州府祁阳县永隆乡洞水湾义宣公派族人匡景秀遗墨，将家族源流与匡智仙化故事相联系，谓"唐贞观间，匡智居长安。贞观五年，仕为监察御史，与房、魏等共相协恭。八年，遂厌薄名利，有超世之志，寻弃官隐于终南山"，后听从仙人建议至太和县义山修道而仙化，"后数年，长子麟寻父至其地，知其已隶仙籍，遂田宅于此，为世居焉"。此外，泰和县千秋乡浮塘村的宏公派，虽以贞观年间担任吉州别驾的匡胄为吉州始迁祖，匡智并不在该派先祖世系中，但嘉庆八年该派族人匡隆沛参修族谱时，仍引述了陆应阳纂辑的《广舆记》所载匡智于义山修道并仙化的故事，其用意或系以该故事呼应先祖于贞观年间定居吉州的族源叙述。见佚名《匡氏源流考》，《邵阳隆回匡氏四修族谱》卷首，美国犹他家谱学会图书馆藏清宣统三年庆余堂活字本，无叶码；匡隆沛集录《匡山记》，《浮塘匡氏续谱》世系源流，美国犹他家谱学会图书馆藏民国元年活字本，叶5b。

② 永乐《东昌志》卷二、附《辅顺庙志》，吉安第58、64、68、140页，江西第55、61、65、128页。

世坚（八世）、欧阳文龙（十世）和欧阳守道（十一世）皆属该派。① 该派
族人多以科举为业，且与邻近的胡铨和周必大家族有密切的联姻嫁娶和文
字往还。胡铨为隆兴二年（1164）病殁的欧阳应求（七世）撰写墓志，称
颂"欧阳之居永和者，登第踵武，而贡于太常者相望也，乡曲号为儒林名
族"。② 庆元六年（1200）周必大观览欧阳彝（九世）所藏先祖墓志拓本后
题写跋语，亦谓该派"肆其子孙，日以蕃衍，预贡籍、登科第者相望，其
兴未艾也"。③ 永乐《东昌志》收录了该派族人的多篇诗文，也表明该派在
永和影响较著。

欧阳氏永和派参与奉祀王山大王的史事，除《通仙神惠九锡词》简略
叙及的欧阳峄（九世）在建炎元年（1127）盗寇劫掠永和时，率众祭拜王
山大王一事外，④ 还见于嘉定三年（1210）欧阳文龙所作《辅顺荐德亭纪实》。

> （元丰四年辛酉）八月朔旦，镇士欧阳中立率族党应举者三十六人，
> 具祝册，备牲酒，悉至于亭，嘉告于庙。而于迈其香案，始升醮初献，
> 有飞鸡升俎几而鸣。惟神敏歆，厥应如响，亦灵德在庙，托物以显如是。
> 已而入试场中对策，文思沉着，伏案微困，恍惚梦中见一黄衣者促之起，
> 觉来下笔如有神。……有司览其策，惊叹击节，以为非场屋士语，擢
> 置优等。时叔道卿同举，乃赋诗以纪其事云："登几再鸣鸡谶吉，同

---

① 《续修安福令欧阳公通谱》永和世次，上海图书馆藏民国间影印清乾隆十五年活字本，
叶 3b、叶 4b、叶 10a。下文叙及欧阳氏永和派成员，皆于名字后括注其在永和派的世次。
例如欧阳世坚为欧阳堂之七世孙、永和派第八世，故注为八世。有关欧阳氏永和派发展历程
的讨论参见小林义广：《南宋晚期吉州の士人における地域社会と宗族——欧陽守道を例に
して》，《名古屋大学東洋史研究報告》第 36 号，2012 年 3 月。
② 胡铨：《胡澹庵先生文集》卷二六《欧阳（应求）先生墓志铭》，叶 1b。
③ 周必大撰，王瑞来校证：《周必大集校证》卷四九《书欧阳彝四世碑》，第 736–737 页。
④ 佚名：《通仙神惠九锡词》，永乐《东昌志》附《辅顺庙志》，吉安第 127–128 页，江西
第 115–116 页。

宗双荐鹍书荣。"此中联词也。……宣和三年辛丑六月甲午,欧阳珙、璟、球等劝缘中亭,推原所自,以"荐德"匾名,敬取鸡有五德之义,亦采摭厥初诗中之旨也。是岁,罢三舍法,行贡举,仍率众于试前期告庙如初礼,时欧阳应求偕侄峄又二人中榜焉。迨嘉定三年庚午端午日,欧阳必信、祴、逴再以其年大比,率族重建斯亭,是科欧阳文龙与计偕,亦获神助之力。其余充赋登第,贡于太常者,代不乏人,皆荐德之验。后之应举者踵斯亭下,当肃肃起敬,勿忘荐德之本,以永荐德之祀云。①

欧阳中立（八世）在元丰四年（1081）参加吉州解试前夕,率领应试族人祭拜王山大王,当时"有飞鸡升俎几而鸣",后其在试场对策时如获神助。族人认为该神迹是"灵德在庙,托物以显"的表现,遂于宣和三年（1121）在王山大王庙中营建一亭,并依据《韩诗外传》所记田饶因未获鲁哀公重用而转事燕国时,以鸡自譬并谓"头戴冠者文也,足傅距者武也,敌在前敢斗者勇也,见食相呼者仁也,守夜不失时者信也"的典故,②将该亭命名为荐德亭。尽管今已无从查考欧阳中立祭拜王山大王后力取高第和欧阳氏族人依据鸡有五德之说命名新亭二事是否属实,但欧阳文龙笃信二事真实性的态度,就体现了其强调王山大王为国举贤之德行的用意。引文仅叙及欧阳氏族人的科第功名,不言永和其他家族的举场成就,当旨在凸显该家族与王山大王关联紧密,并为该家族扩张在永和的影响力提供依据。

欧阳氏家族在永和镇的影响力,不仅体现于营造荐德亭以夸耀族人功名的举措,还反映在南宋后期欧阳太保陪祀于辅顺庙的事实。《辅顺庙志》

---

① 欧阳文龙:《辅顺荐德亭纪实》,永乐《东昌志》卷二,吉安第 70–71 页,江西第 67–68 页。欧阳中立率领族人祭拜王山大王获验事亦见于《续修安福令欧阳公通谱》忠节志《节孝公传》,叶 13a。
② 韩婴撰,许维遹校释:《韩诗外传集释》卷二,中华书局,1980 年,第 60–61 页。

所收《感应欧阳太保灵迹》谓该神本名欧阳觉，生于绍兴年间（1131—1162），居住在镇东的丹砂渡，"其上世有欧阳文先者，曾于元祐丁卯施砌本镇三市周回道路十二团，乃其裔也"。因欧阳觉长年照管辅顺庙，且以劝化所得修建了多座殿宇，故在他于宋宁宗嘉泰三年（1203）辞世后，"众念其劳绩生前，立塑骨像于殿侧"。① 欧阳觉成神后不唯屡次庇佑祭拜者，还曾远赴江外征伐杀敌。南康路儒学学正郭霆椿于元仁宗延祐二年（1315）撰写的《欧阳总管祠记》，称镇民自述于开庆元年（1259）在江外偶遇欧阳太保，"衣敝荷戈，行甚武。问其姓，曰永和欧阳，问奚自，曰为国出伐回"，② 表明该神的秉性符合朝廷的价值观念。尽管欧阳氏永和派族谱所载宋代族人中不包括欧阳觉，但他在南宋后期以辅顺庙照管者的身份成神，就是欧阳氏在永和镇影响昭著的直观体现。在该派族人已悉数迁离永和镇的今天，镇民仍在每年七月二十一日举行欧阳太保巡境仪式，且巡境期间会在辅顺庙基址致祭，③ 便是该家族影响犹存的例证。

南宋时永和镇的著姓，除欧阳氏外，还有萧、曾、周、于、刘、吴等姓。这些家族多以儒为业，门风淳美，乡间亲睦。洪武二年（1369）安福人伍庠为萧尚宾所建吾存堂撰写的记文，谓"（永和）地沃衍蕃，士庶雅驯，宋南渡来，名卿大夫多家焉。有萧氏居其地十三世矣，世读书而以医名"。④ 永乐十年（1412）庐陵人颜子奇为曾季高所建明秀楼撰写的记文，称"（永和）居民多秀而文，故家大族往往居其间焉。余友曾氏原方，其族属尤为永和著姓。凡其家筑一室，构一台榭，或临流而挹其清，或凭高而就其胜。

① 佚名：《感应欧阳太保灵迹》，永乐《东昌志》附《辅顺庙志》，吉安第136-137页，江西第124-125页。
② 郭霆椿：《欧阳总管祠记》，永乐《东昌志》附《辅顺庙志》，吉安第142页，江西第129页。
③ 该信息承蒙永和镇清都观万林一道长与读书堂村萧法松先生见告，谨致谢忱！
④ 伍庠：《吾存堂记》，永乐《东昌志》卷三，吉安第120页，江西第111页。

故其所居视永和诸大家，尤为可称者"。^① 由此不难推想这些家族在南宋时当也颇具影响力。^② 这些家族应曾不同程度地参与祭拜王山大王和营缮辅顺庙事务，例如周必正《辅顺庙记》就称"予家自靖康南渡，往来于庐陵者三纪，又聚族于永和者且二十年，赖神之庇为多"，又谓淳熙十三年，"仲兄宗院尝合众人之力，增焕庙宇"。^③ 而由永乐五年（1407）永和人吴祯记述辅顺庙奉亲殿修造始末时，所叙"殿之复新，庙宇之焕然，祀事之不绝，郡镇之民沐王之惠佑者必矣"来看，^④ 长期共同奉祀王山大王已成为永和大族维系族际网络的重要手段。

结 语

建炎三年（1129）隆祐太后躲避金军追击时行经吉州，和嘉定至绍定年间（1208—1233）南安峒寇劫掠吉州，是宋代吉州发展历程中影响最深远的事件。永和镇民基于这两起事件，构拟出王山大王庇护太后和驱退峒寇的神迹，表明他们已能把握朝廷在绍兴初年急于重振权威，和嘉定至绍定年间着力招讨峒寇的契机，将奉祀对象的德行和功业，描述成符合朝廷政策的形态。永和的乡居名士与著姓大族有关王山大王获祀历史和显灵事迹的论说，不仅延展了该神取得官府认可的历史，也为该神庇佑举子的神迹赋予了为国举贤的意义。宋代以后，这类兼能契合朝廷意志和地方传统的叙说，应曾广泛流传于包括吉州在内的赣江中游多数州县。王山大王获赐庙额并累次加封的案例，就是宋代朝廷的价值观念和礼仪法度在该区域基层社会逐渐深入人心的缩影。

---

① 颜子奇：《明秀楼记》，永乐《东昌志》卷三，吉安第 114 页，江西第 105 页。
② 紧邻吉州窑遗址居住的读书堂萧氏和窑岭曾氏所修族谱，收录了多篇从永乐《东昌志》中辑出的与两姓族人相关的诗文，就是这两个家族影响昭著的体现。
③ 周必正：《辅顺庙记》，永乐《东昌志》卷二，吉安第 57 页，江西第 54 页。
④ 吴祯：《奉亲殿记》，永乐《东昌志》卷二，吉安第 78 页，江西第 74 页。

附录二

有关吉安欧公遗迹的记文汇编

　　吉安的欧公遗迹为数众多，第四章末尾附表"宋代至清代吉安纪念欧阳修的文化景观"已呈现其概况。为便于各位读者全面地理解吉安士民奉祀欧阳修的历史情境，且考虑到散文较诗赋承载的历史信息更丰富明晰，笔者将有关这些遗迹的散文结集成附录以备参考。这些散文原本收录于吉安府县志、文人文集和族谱，大多不易访获且未经整理标点，给研究者造成了诸多不便，故此次整理也有汇编历史资料的用意。需要说明的是，整理时使用的吉安府县志，除嘉靖《吉安府志》为《北京图书馆古籍珍本丛刊》影印本，顺治《吉安府永丰县志》和康熙《吉水县志》为中国国家图书馆藏本外，其余府县志均收录于成文出版社影印的《中国方志丛书·华中地方》。《泷冈欧阳氏谱》和《（宜黄阳坊）欧阳氏谱》由吉安欧阳氏宗亲联谊会会长欧阳享泱先生提供，谨致谢忱！

一、庐陵县

（一）六一祠

欧阳文忠公祠堂记　建炎元年（1127）

郭孝友

初，国朝文人承李唐之余风，气格骫骳，旷岁历年，而学士大夫无能有所作兴。粤自欧阳文忠公首以古文变天下，而一新其耳目，譬如春雷出蛰，万汇毕从，由是反刓划伪，尽革五季浮艳卑弱之气，而归复于六经浑厚深淳之道。逮熙、丰间，临川王文正公又以经术自任，大训厥辞，而尤详于道德性命之说，士亦翕然宗之。于是文雅跨汉轶唐，炳焉与三代同风，言文章则欧阳为之伯，语经术则临川为之冠。然临川之学，黜传注而继以己意，其说有合不合，故学者所见，时有异论。至于文忠公，则天下仰之如泰山北斗，盖其言洪深灏噩，莫窥涯涘，虽不为六经训解，而与六经相表里，故世未有能非之者。然异时临川配享孔子庙庭，议者不以为宜，得退祀于七十子之后。文忠公首倡古文，力排异端而归之正道，其功不在孟子下，乃不得与汉唐诸儒比而庙食于殿庑，何耶？

古之有道有德者，不得祀于国，必得祀于乡。公庐陵人也，尝为郡之学记，盛推郡侯李宽之为人，而纪其绩于石，以俟学之成，且曰："惟后之人，毋废慢天子之诏而殆以中止。"又曰："他日荣归故乡，谒于学门，将见吉之士道德明秀，而皆可以为公卿。"此公之所以自期者也。然公不特以此自期，而亦以此期于吉之士，则公之处心积虑为如何，而其所以期吉之士亦岂浅哉！公之在滁也，滁人祠之；在扬也，扬人词之。及其老而家于颍水之上，虽不克归荣于故乡，而故乡之人荫其余晖，霑其剩馥，述道德则以公为称首，序乡里则以公为盛事。自公之薨，垂六十年，而后进之士操砺名节，表表自见于世，虽未必人人可以为公卿，然而类能以材猷奋，要之无负于公之所期而后已。故大江以西，州郡十数，而庐陵士视他郡为多，盖公有以发之也。

然则公之所以畀于邦人者厚矣，邦人所以报公者，岂可后滁、扬之人耶？今判史福唐方公时可之来也，政成讼简，吏畏民爱，既慕公之盛德为百世师，又思公之前言，以无慢天子之诏。且推原邦人之心，而成其所以报公之意，于是作新学宫，恢饬庙貌。自先圣而下以至于从祀之列，弁冕峨峨，剑佩肃肃，荐献有所矣；而又即殿阁之后，建堂以为公之祠，岁时率生徒而祭享之。此古之所谓有道有德者，不得祀于国，必得祀于乡者也。孝友恨生之晚，不出乎其时，不及登公之门而闻其謦欬。徒幸生公之州里，窃诵公之遗文而想其风流，慕义于无穷，故因堂之成也，有以见公之道益尊，庐陵之人慕公也益至，而方侯之政知所先后，其歌咏于人也愈久而愈光。乡校之士，岁时进谒先圣于其前，退而相与拜公于后，以得所矜式，又退而相与歌咏方侯之绩，使无忘于此，邦之人不亦有荣耀乎？

堂成，方侯不鄙孝友，书来求文以记，辄不自揆，忘其人之微眇，辞之浅陋，而乐为邦人道之，于是乎书。若夫公之勋烈在朝廷、德望重天下、进退之节、世系之详，则国有史，此不复著。

（嘉靖《吉安府志》卷六《舆地志·坛庙》,《北京图书馆古籍珍本丛刊》第 31 册，第 557—559 页）

（二）六一堂

吉州新建六一堂记 绍熙二年（1191）

杨万里

庐陵地广而民众，以故其事亦烦。其多士为江右甲，朝廷视邦选使，其重视姑苏、雪川诸郡云。

绍熙元年春，皇帝咨于相："庐陵调守孰可？"于是莆阳方侯崧卿，以侍从之臣荐闻，首当其择。既抵官下之若干月，教条既给，岁事既登，士民既孚，迫暇，因与宾赞商略曰："是邦，六一先生故乡也。而郡治寂无记焉，非阙欤？"捐布三十万，召匠视成。官无所预，诛茅于郡圃之东，三瑞堂之左，为堂七楹，逾月而落之，名以六一。丞相益公闻而赞之曰："甚善。名堂虽欲易焉，得而易？"

于是旁搜先生之遗墨，伐石刻之，为屋居之。又令永丰尉曹及士子陈其姓者，茸先生之先阡，以存是邦之故事，以回先生之绪风，以答士民之长思。移书于某曰："子非先生之乡人乎？于先生独无情哉？记斯堂，子独得辞其责哉？"

某以书贺侯曰："六一堂者，昔在颖，今在庐陵，是非先生之志也乎？然在颖之华屋，今为荒烟野草。在庐陵之荒烟野草，今为华屋。物之废兴天乎，亦人乎？先生之贤，天下敬之而其乡里不敬之，可乎？不可也。当时敬之而后世不敬之，可乎？不可也。然则乡里之敬先生，后世之敬先生，人也，非天也。盖人者，可必者也。然问六一之堂，其在永丰乎？曰否。不在永丰，其在郡治乎？曰否。然则敬先生者，乡里反薄而后世反短欤？人又不可必也。先生之没，迫今百有余岁矣。堂之在颖者，化为荒烟野草矣。而斯堂自颖而归庐陵，何其神也！非人也，天也！虽然，使吾邦不逢今侯，斯堂其能归乎？然则天也亦人也。既为侯贺，又以为先生贺。"

绍熙二年五月二十六日，具位杨某记。

（《杨万里集笺校》卷七三，中华书局，2007 年，第 3071—3073 页）

（三）六一先生祠

六一先生祠堂碑 嘉泰四年（1204）

杨万里

嘉泰三年夏四月，上庠名儒武宁胡公元衡，以廷尉正膺帝懋简，作牧庐陵。幕府初开，延见士民，顾而喟曰："此邦六一先生之故里也，太守今日之政，其将畴师？近舍先生，远取遂霸。是宅邓林，而度材于他山；航沧海，而采珠于支川。"于是每夜漏未尽十刻，先鸡以兴。盛服以出，周谘民瘼，允哲民情。治赋以宽，听讼以详，敷政九思而后行，录囚百虑而后决。至于精意零紊，体为之瘁。祷雨雨降，祝雪雪至。既十告朔，仁形于心，化孚于民。山农溪叟，咸以手加额曰："此古儒者之政也。前日开府之言，其有合哉？是足以对越吾乡先生文忠公矣。"

公一日迨暇，登方史君所作六一之堂，则又仰而喟曰："古者必祭有道德者为乐之祖，此礼经明训也。今居六一之故国，抚乔木之苍然，诵秋声鸣蝉之赋，览《唐书》《五代史》之稿，峨如之冠，晬如之容，忽乎瞻之在前也。伊欲折白鹭之芰荷，酌青原之石泉，社而稷之，乃无一精舍以安屏摄，以为邦人考德问业之地，不曰室迩而人远乎？"面堂之南，得一虚亭，增筑一室，就先生之像而祠焉。明年四月，将属士民落之，移书万里曰："纪祠之碣，招神之些，不在子其将焉在？"乃为之作迎享送神之词曰：

系斯文之鼻祖兮，肇集成乎素王。二太极而三两仪兮，曾谓远贤于虞唐。一删一定而一系兮，纫天纪而缀人纲。膊盾止于麟笔兮，遏万祀臣子以无将。恫岱颓而设崇兮，邪诐焰烈而波狂。塞道统之三绝兮，畴再延孔氏之光。堤无君无父之方割兮，窣一孟之为坊。朴虚无斋戒之郁攸兮，前一韩而后一欧阳。微一圣一贤之泽兮，人伦何怙而不忘？惟泰元尊之丕仁兮，赉先生乎仁皇。上以宗夫法宫兮，下以玉乎此邦。羌此邦之子衿兮，畴莫扈先生之芬香。耿先生之精爽兮，千秋万岁此邦乎不忘。矧崇永之马鬣兮，宿草风悲而雨荒。庸展省之不怀兮，独久于颍乎相羊。云起青原之峨兮，月涌白鹭之茫。笋有玉版之菹兮，树有罗浮之霜。魏西江以为酒兮，手北斗以为觞。帅诸生北面以迎拜兮，寿先生乎新堂。乘回风而载云旗兮，忽焉来归乎故乡！

（《杨万里集笺校》卷一二一，第 4702—4703 页）

（四）三忠堂

庐陵县学三忠堂记 嘉泰四年（1204）

周必大

文章，天下之公器，万世不可得而私也；节义，天下之大闲，万世不可得而逾也。吉为江西上郡，自皇朝逮今二百余年，兼是二者，得三公焉。欧阳公修以六经粹然之文，崇雅黜浮，儒术复明，遂以忠言直道辅佐三朝。士大夫翕然尊之，天子从而谥之曰文忠，莫不以为然。南渡抢攘，右相杜充拥众臣虏，金陵守陈邦光就降，惟通判杨邦乂戬手骂贼，视死如归，国势凛凛。士大夫翕然尊之，天子从而褒赠之，赐谥曰忠襄，则又莫不以为然。时宰议和，众论讻讻，为一编修官胡铨毅然上书，乞斩相参虏，使三纲五常赖以不坠，士大夫复翕然尊之。厥后天子从而褒赠，赐以忠简之谥，则又莫不以为然。是之谓三忠。虽然，此邦非无宰相，如刘沆冲之在朝，尝力荐文忠，留置翰苑，又引富文忠公弼共政，今姓名著在勋臣之令，而谥则未闻。子瑾、孙简俱为待制，迄不能请，矧被遇之从臣乎？夫然后知节以壹惠，天子犹不敢专，亦必士大夫翕然尊之乃可得耳。庐陵宰赵汝厦即县庠立三忠祠，岁时率诸生祀焉。巍巍堂堂，衮服有章。揭日月而行天，学者固仰其炜煌。若夫百世之下，闻清风而兴起，得无慕休烈扬显光者耶？汝厦用意远矣。

嘉泰四年八月　日。

（《周必大集校证》卷六〇，上海古籍出版社，2020 年，第 894 页）

（五）忠节祠

重修忠节祠疏 宣德年间（1426—1435）

周忱（代作）

庐陵郡城南旧有忠节祠，以祀欧阳文忠公、杨忠襄公、胡忠简公、周文忠公、杨文节公、文信国公诸位先达。岁久倾圮，莽为丘墟。兹当文明盛世，观风至此，欲兴复以为士庶瞻仰之所，且以为天下后世之为臣子者劝。然而工费浩繁，必资众助，乃克成功，郡中贤士俱请题名。

伏以忠节名儒，实千古人臣之典则；春秋祠庙，乃四方君子之瞻依。表章有系于纲常，兴废必关于政教。惟庐陵之大郡，比邹鲁之名邦。倡天下以古文，素推六一；为江南而死节，咸仰忠襄。至若澹庵之抗疏朝廷，以及平园之尽心辅相。诚斋垂老，爱君一饭之不忘；信国捐躯，系狱七年而必死。固虽一郡之巨公，总是斯文之元气。

昔陈苹藻，曾瞻大厦之宏规；今作丘墟，无乃明时之阙典。属兹按治，相与赞襄，托郡邑以经营，赖贤豪而赍助。屹栋梁于此日，满期重信义而轻货财；复香火于千秋，足以振儒风而励忠孝。便挥一笔，莫惜千金。

（《双崖文集》卷四，《四库未收书辑刊》第 6 辑第 30 册，第 369 页）

重修忠节祠堂上梁文　宣德年间（1426—1435）

周忱

伏以与日月争光，忠节素推于前哲，为江山生色。祠堂重构于明时，吾道方亨，人心允协。恭惟宋太师楚国欧阳文忠公及列位忠节先贤，乾坤正气，今古伟人。其学问推韩子、孟子以达乎圣人，其事业希周公、召公以及乎伊尹。或总钧衡，或秉鈇钺，文武兼备其才；有居史馆，有列谏垣，夷险各致其力。黜浮崇雅，文起历代之衰；杀身成仁，勇夺三军之气。臣节独全于建邺，儒风肇振于庐陵。封章则屡斥于权奸，引拔则必归于士类。临终犹愤，知韩侂胄之擅权；窜逐不辞，发史弥远之奸计。真能以社稷为悦，诚知非尧舜不言。恸哭以救深州，慷慨激烈，从容而死；燕市俊伟光明，功德在民，文章传世。三纲五常赖以不坠，四方万国为之同钦。竭虔妥灵，旧合祠于乡郡；寻基觅址，今颓圮于丘墟。聿新鼎盛之宏规，重睹太平之气象。

兹盖伏遇湖西道金宪高相公阁下，志存忠谅，学有本源，以激扬清浊服人心，以修举废坠为己任。复惟本郡太守，列位公相，圭璋令器，杞梓良材。白简豸冠，昔动摇于山岳；朱幡皂盖，今抚字于惸嫠。况别驾得庞统之贤，而倅车有孙何之美。同寅协恭，共赞龚黄之治；属僚奉职，亦宣卓鲁之能。当庶政咸和之时，正百废具兴之日。观风使既为之倡，牧民官遂玉于成。好义而轻其财，云集故家之豪杰；献巧而利其器，骏奔妙手之工师。经之营之，完矣美矣。洋洋在上，便瞻庙貌之巍峨；蔼蔼吉人，会睹文风之兴起。请陈六伟，助举双虹：

梁之东，千山翠耸玉芙蓉，日上扶桑沧海阔，恩江文水尽朝宗。

梁之西，万家楼阁与云齐，梧桐奉奉长冈外，瑞世重看彩凤栖。

梁之南，章江一道似拖蓝，古渡舟横大皋口，玉园绿野在江南。

梁之北，黉宫翠耸参天柏，卿衮遗风数百年，衿佩诜诜仰标格。

梁之上，阊阖五云光荡荡，褒崇重望制书来，正气夜冲牛斗上。

梁之下，灯火书声彻清夜，春秋祭祀永无穷，政事文章足声价。

伏愿上梁之后，日月光华，雨旸调顺。皇图巩固，亘宇宙以长新；庙貌尊严，历岁时而共祀。天为星辰，地为河岳，剩膏馥于后人；功施社稷，德被生民，绍声光于永世。江山伟观，钟鼓清时。

（《双崖文集》卷四，《四库未收书辑刊》第 6 辑第 30 册，第 369—370 页）

（六）双忠祠

双忠祠记　康熙二十三年（1684）

高璜

余视学江右之期月，课士于吉安，欲谒欧、文二公祠而未果。其明年，为康熙甲子之孟夏，复至吉录士。士之就乡举者盖已竣事，而将去此土矣，因以所得俸入，檄有司求二公祠所在，葺治之，以遂前志。则欧公旧祀于恩江，而文公故祠之在螺子山者，已废毁不可问。太守刘君裕公，尚德君子也，议益以己俸，就郡学之西偏，建祠三楹，合祀二公，以为吉士劝。爰鸠工庀材，不日成之。孔子曰："见义不为，无勇也。"刘君以余一言而毅然为之，不日而就，谓非勇于赴义之君子乎？

祠成，请记于余。余惟日运而不息者，天也；日生而不已者，人也。古之君子，无论穷而在下，达而在上，各有所树立，以与天地同不朽。虽其成败利钝，代不相袭，而要皆有毅然必为之志，百折而不回，怵之以死生利害而不可夺，故其气常伸而能以有成也。当欧公知贡举，尽黜文士新奇怪僻之在高第者，一时怨怒骂讥，公皆不顾，而文体卒归于正。其所撰《五代史》及他著作，诵之至今。嘉祐、治平间，定策夹辅，与二三大臣左右两宫，谠直不回，身任众怨。自束发立朝以至白首，谤讪不已，而挺然无所污。信国声伎满前，自奉颇厚，及勤王流涕，艰难闽粤之间，九死不悔。观其《过零丁洋》诗，知其志之决者素矣。

嗟夫！世之治也，则为欧公之夹辅为《唐书》《五代史》；际其衰也，则为信国之柴市为《零丁洋》诗。匪特其人之时命不同，即文章所遭，倘亦有幸不幸乎？而要其必为之志，与夫不可夺之气，则皆充塞乎天地。夫是以其人已往，而称述之者愈久而不已。呜呼！贤人君子，后先相望，事变所乘，何常之有。所遇之顺逆，不可逆计，其始虽未尝意其至于是，至于生平所自主者，将必有在矣。彼丈夫也，可不自勉焉？爰颜祠以"双忠"，而濡笔记之，俾后吉人士之兴起者，其无忘太守之教泽也夫。

康熙二十三年甲子孟夏。

（乾隆《吉安府志》卷一三《建置志·庙祀》，第 1316—1319 页）

（七）双忠书院

双忠书院记 同治十一年（1872）

李儒栗

双忠祠祀宋欧阳文忠公、文忠烈公，旧志附见府学。祠久圮，咸丰八年郡城复，九年邑义士彭大忻捐修大成殿，工竣，重建祠于明伦堂后，又建双忠书院于左，为邑人士肄业所。院与祠并峙，共计正厅二，后厅二，书房十二，庖湢、廊庑悉具。同治八年，邑绅更筹经费为修膏资，随聘山长主讲焉。岁腊由官示期甄别，合一邑生童扃试，分课额送院肄业，官与山长月课而甲乙之，章程与石阳书院埒。知府定祥复综始末，给示勒石于祠。

院归庐邑绅士经理，为久远计，每岁冬诹吉，与七忠祠、四先生祠同日行祭。谨撮要纪之，具征吾邑举废坠，景前哲，经营非一朝云。

（同治《庐陵县志》卷一六《学校志·书院》，第 1169—1170 页）

（八）宋四先生祠

宋四先生祠纪略　同治九年（1870）

匡汝谐

庐陵以理学、忠节、文章著天下，盖自有宋四先生相继为一代名臣始。道光间，邑先辈买地西城外，为合祀计。甫议鸠工，逆氛告警。同治庚午，同人谋竟前人未竟之愿，爰经始春孟，观成季夏。祠凡三进，门外镌"宋四先生祠"石额。初进为亭，额曰"仰止"，左右翼以廊房。再进为庭，前树屏门，堂额曰"达行"，中设客座，镂花楗为堂壁，左右房各四堂。后为厅，主龛在焉，左右各二房，前后方池四，长十三丈有奇，广三楹，视长杀三之二。祠左守者室，祠右庖湢。费钱计三千缗。每岁腊，与双忠、七忠祠并举祀事。工既竣，同人集而落之，佥曰："邑人士生四先生乡，拜四先生堂，憬念四先生，所以异世而同揆，当必有奋然兴起于来兹者。"是四先生所歆也，乌容弗纪。敬识之。

（同治《庐陵县志》卷八《建置志·祠》，第 733 页）

二、吉水县

（一）忠节祠

吉水县学忠节祠记　成化年间（1465—1487）

彭教

先王盛时，道德一，风俗同，行成乎迩而达于远，政举于上而服乎下，毁誉不僭，诛赏无滥。士生其间，一意修饬而无所回互，上之人亦惟好是正直而不眩焉。孙叔敖有言："国之有是，众之所非。"则固有感于先王之盛矣。

宋故参知政事文忠公欧阳永叔，以古文倡天下，以风概立朝廷，以礼义廉耻处进退之际，后世至比之韩愈、孟氏，而犹恨其不进用。[①] 南渡之初，建康通判忠襄公杨邦乂，不肯以城降敌，刺血书裾，死于位。开禧之季，宝文阁待制文节公杨万里，不肯屈附贵势谋进取，[②] 闻权臣误国计，[③] 愤恨不食，死于家。去今三百余年，流风遗烈，与秋霜争严。呜呼，尚矣！

然文忠在当时，一知贡举，而噪者成聚；[④] 一入政府，而谤者盈庭；一移书朝列，而如高若讷者，亦得以操切而困辱之；一赋诗稍及时事，而雅有誉望如晏元献犹怀之，终身不置；一不奉行新政，而晚出用事之人相与斥排靳侮，名为流俗奸邪，至使朝廷薄敬，故优老之礼而不恤。此其见

---

① "不进用"，江西省图书馆藏《东泷遗稿》抄本作"不尽用"，据康熙《吉水县志》改。见康熙《吉水县志》卷一五《艺林志下·记》，中国国家图书馆藏清康熙刻本，叶 36a。
② "不肯屈附贵势谋进取"，康熙《吉水县志》作"不肯屈服权势谋进取"。见康熙《吉水县志》卷一五《艺林志下·记》，叶 36a。
③ "闻权臣误国计"，康熙《吉水县志》作"闻权臣误国"。见康熙《吉水县志》卷一五《艺林志下·记》，叶 36a。
④ "而噪者成聚"，江西省图书馆藏《东泷遗稿》抄本作"而操者成聚"，据康熙《吉水县志》改。见康熙《吉水县志》卷一五《艺林志下·记》，叶 36a。

是于人，盖亦无几矣。至若忠襄、文节，事不尽传。然窃计一时全躯取宠之徒，党与倡和，必有以明夷之用晦，趋时之变通，皎厉之叛道，苦节之匪贞，上下其议论者，阴淆名实之位，潜鼓进退之机，使天下之人靡然习而安之，信而用之。其于两公所为，不诟其悖，必笑其狂，况肯相是哉！①由今而观，其是非何如也？虽然，亦岂待今而后定也，时移事变，公论随白，及欲追直其毁誉而正其诛赏，则已无及其人，无益于事矣。嗟夫，此岂独士之不幸哉！

今永丰之沙溪，欧阳氏之先茔，故在吉水。吉水之涩塘，杨氏之子孙具存。②沙溪故隶吉水，故吉水有忠节祠合祀三先生者，旧矣。岁久，修茸不嗣，颓毁略尽。江西按察佥事南海陈君梦祥按视学宫，轸悼湮废，乃命以赎刑之金，别构祠屋为三楹间，于讲堂之右、孝子亭之北，立主奉祀，一如故事。既邑之人士谓教宜考故诏，今刻之祠下，教不敢辞。窃惟三先生之烈，在天下不啻家至而日见之，况于乡邑之间，父兄长老所诵闻，街谈巷议所道说，无亦尝有扼腕太息于其时其事者乎，无亦有歆动企仰、愿为之执鞭者乎？有志之士尚明道以端其趋，养气以厉其守，庶几三先生之是而不夺于众之所非。所谓成就一个是者，固于是乎在。匪直先生之光，③乡邑之重，实国家有赖焉。陈君勇义强仁，所至彰善瘅恶，树之风声。观其所是，可以知其人矣。

（《东泷遗稿》卷二，《四库全书存目丛书》集部第 38 册，第 29—30 页）

（二）瑞贤亭

瑞贤亭记　成化年间（1465—1487）

吴宽

世所谓瑞者，或昭于天，或发于地，往往有奇。验于人，载于传记，其事甚异，然特一见而已。至于屡见而屡验，人争信之，不以为异，而以为常，则其事益不可致诘矣。宋韩魏公登进士第，唱名至，太史奏五色云见，人以为公瑞。吾尝疑其事之适然，惟魏公其人足以当之，故其事传耳，然亦所谓一见而已者。

吉邑有水曰潇泷，自永丰欧乡以下诸水皆合于此，束以两山，奔流喷激乱石间，声如迅雷。其上有渊，深不可测，灵物潜焉。其西崖有巨石二，砣起数丈，俯瞰深碧，状若人负而立者。父老以为每夏秋之交，石上采色烂然，如虹如霞，照映水面，则乡士必有掇高科者。郡志载之，盖其验久矣。宋天圣间独不验，众方疑怪，既而欧阳文忠公流寓随州，连魁三试，则公固乡士也。历元至皇朝屡见之，正统壬戌若刘文介公俨，天顺甲申若彭侍讲教，并以状元及第，此其尤验者也，其异如此。

初石名不雅，或易以瑞贤，仍作亭其旁，名瑞贤亭，而里人王全璧者实董役事，功毕亦久矣。又考自宋以来，百里之内由科第而出者，得若干人，悉刻其名氏，以著其验。于是彭公既没，其兄之子杰、桓同登甲科，皆验于此，他日来道其从父畴昔之意，求记于予。予为公门下士，恐辱公命，久未敢复也。

盖石之为物，天下多有之，而世之掇高科者亦多于天下，其瑞不验于彼而独验于此，其亦有说乎？抑科第未足以当其瑞乎？试以欧阳公言之，气节振乎颓风，文章变乎陋习，天下后世仰其人品，以为不可及，其瑞果系于科第乎？若刘、彭二公先后特起，平生气节文章亦欲希乎文忠者，其瑞又系于科第乎？盖其事甚异，非贤者不足以当之。彼以科第云者，亦浅之乎！知石矣，易以今名，于是为称。此乡之士或以予言为然，其亦相与以先正为法，则瑞当见之。敢刻石以俟。

（《匏翁家藏集》卷三七，《四库提要著录丛书》集部第 268 册，第 229 页）

三、永丰县

（一）西阳宫及宫内建筑

西阳宫记　元祐元年（1086）

毕仲游（代作）

庐陵永丰沙溪有彭道士者，名世昌，其居则唐西阳宫也。或曰非唐西阳宫也，而世昌于其宫旁得古钟一，乃唐西阳之钟，乡人始信之。而吾家丘墓适在西阳之北，曩吾先君既归葬韩国太夫人，因使世昌守之，奏复其宫额曰"西阳"。及居二府，又请间岁度道士一人。距今三十年，宫之门堂、庑舍、井廪、庖湢皆备，而殿则阙焉。吾以丘墓之寄于宫也，亦甚阙之。而沙溪邹氏独能持钱三百万以成其殿，因大治宫外之道，分田以给之。

盖释、老之徒交行于天下，天下为释氏者多，而学老子者少。天下太平，人物蕃滋，而财不足。中民之家仅守于衣食，而高门大姓亦谨事盖藏，希能出力以征二家之福。虽释氏之塔庙既更，岁月之久，水火之变，则必假公上之力，王侯之重，与二三尊宿者以名动之，然后仅能完也。如道家之宫，非祖宗之建立与州县之所领而不可废，则能完者或寡矣。今是人也，不以世之所多少而皆用力焉，其果无所阿耶？富家大姓方谨事于盖藏，而是人也，如恐其财之不出，其果无所爱耶？使是人也纯以祸福为志，则吾西阳之所赖者，将有所不暇。而清净寡欲，庶几无疾病，延年久视，则行道之人皆有是心焉。

吾既嘉世昌之志有成，而邹氏之子能成之也，故乡之父老属予为记，予不敢辞，因以吾所见闻与事之本始告其父老，使知之。邹氏之子名曰宣。

元祐元年六月十八日，朝奉郎尚书考功员外郎庐陵欧阳某记。

（《西台集》卷六，中国国家图书馆藏清乾隆《武英殿聚珍版丛书》活字本，叶 23a—叶 24a）

沙溪六一先生祠堂记 淳熙十三年（1186）
杨万里

予门人永丰罗椿，移书抵予曰："吾邑之沙溪，六一先生之故乡也。有先生祠堂，旧矣。其左，老子之宫曰西阳者也。其前，崇公之墓也。屋圮于老，里之士陈懋简，撤而新之。其经为尺六十，纬称之。为楹三十有六。监丞周公必正，为大书六字以揭之，而未有记之者。愿介椿以请谒焉。"

某曰："是不记不可也。"盖自韩退之没，斯文绝而不续。至先生复作而兴之，天下之于先生，不此之知者否也。若夫自唐末五代以来，为臣者皆以容悦而事君。能以容悦而事君，岂不能以容悦而事仇乎？忠言直节，举明主于五三，以丕变容悦之俗，至于庆历、元祐之隆，近古未有。天下国家，至今赖之。亦不知夫作而兴之者先生乎？自古是非予夺，虽圣贤不能齐也。及其齐也，虽圣贤不能易。如三百年之唐，而所师尊者惟退之一人。本朝二百年矣，而所师尊者，惟先生一人，何其齐哉？举一世而皆然，或者以一夫而不然。然者众不然者寡，未害其为齐也。后此千百年，其皆如今日乎？未可知也。至于然者众而不然者寡，则可知也。先生可以无忧。大抵贤人君子没而见祠者，或生而不遇者也。先生其道行于时，其学行于天下后世，虽不祠之，天下独不知有先生乎？生而无以遇，没而见祠，此贤人君子之盛也，独先生之幸也乎！

古者乡先生没，则祭于社，非尊夫乡先生也，尊乡先生所以仪后之人也。若先生者，天下后世之师也，岂宁惟庐陵之乡先生也？天下师之，而庐陵不祠之，可乎？今吾州自郡庠乡校，皆有先生祠堂矣。沙溪实先生所居之里，而不祠之，可乎？予见今世之士，其有所举废也，或者有为为之也。自眉山之苏，豫章之黄，相继沦谢，先生之徒党皆无在者。而陈生懋简，奋然新斯堂而尸祝之，其谁为也？生而有为，其不以此而易彼乎？

年　月　日，具位杨某记。

（《杨万里集笺校》卷七二，第 3041—3042 页）

六一祠记 咸淳二年（1266）
欧阳守道

淳祐初，今参知政事古心江先生守吉州，予以进士为郡客。先生问曰："此州天下称欧乡，想文忠公后甚盛，子于公几世乎？"[1] 予对曰："非也。予之先世坟墓，远者二三百年，皆幸存，而名讳、官职、所居、所葬，与公《泷冈阡表》无一同者。欧乡之称，亦不始公。盖自南唐时，郡为欧阳进士表坊里已有之矣。"先生叹曰："子乃不肯如他人附同姓名贤后，他日必于斯文中自立者也。"予曰："同姓名贤而可附，黜吾祖矣，自立则不敢不勉。"盖于今几三十年，犹窃取文忠公之书而诵习之，莫能髣髴其万一，而已老矣，以是愧于当世儒宗之期望。而泷冈阡又有文忠公之祠堂，其里人陈氏字养廉所为立也，诚斋杨公记之于前。今养廉之子应雷复新之，乃请于予为记，

---

[1] "想文忠公后甚盛子于公几世乎"，嘉靖《吉安府志》作"想文忠后其子于公几世乎"，据顺治《吉安府永丰县志》改。见顺治《吉安府永丰县志》卷六《碑记志》，叶 29a。

余敢乎哉？应雷请不已，曰："学公文则可以记公祠矣。① 在昔未闻诚斋以异姓辞，② 况同姓乎？且公不曰三邑欧阳皆同祖唐率更令乎？"予无以复辞，则遂书曰：

"死而有祠，四世之间。死而不朽，百世之传。"此公平生语也。公之盛德，宜百世祀。惟是泷冈之阡，自公附太夫人于崇公墓而复还朝，至老于颍，盖二十年间不再至。淳熙丙午，公薨又百余年矣，修其墙屋、护其松楸者陈氏，是时又为公祠堂而尸祀之，若子于父母然者，诚斋亟称之。公何以得此于陈氏哉？民之秉彝，好是懿德，敬其人以及父母。陈氏此心，诚斋亦此心也。往昔容斋洪公读思颍诗而不满，以为"泷冈在所思，胡为乎思颍"。夫公岂一日而忘此也！观其屡疏乞还乡而不得，亦可以哀其志。孔子于合葬之墓曰："丘也，东西南北之人也，不可以弗识也。"封之，崇四尺。先圣救时行道之心不能自已，其于四方之行则识墓而去。后之知之者，不独一邹曼父之家，是亦借乡里守之矣。岂惟防墓，盖梦奠之时，伯鱼先亡，子思尚幼，筑室于场，三年而不去者，乃门人也。圣贤固多厄，然惟其有以为万世之传，则谓优于所谓四世之祀。公之泷冈，吾知其亦计及此也。况丰碑刻表，又不止于四尺之封乎？陈氏子孙虽不识公，而公之初心固以好是懿德，俟斯人于来世矣。东坡苏公，公门人也，既葬官师公于老泉，终身不得上丘垄。元祐间有贾大夫者倅眉，坡公祝以"青松三万，愿得与甘棠同不剪"。贾为往视，坡公谢之。当是时，坡公在庙堂，贾大夫爱及其先墓，犹有一日交情之素。孰知陈氏数世于泷冈，存亡不相及，无所为而为之者。文忠公遗像在堂，陈氏日往拜之。吾知精神所感，公之神更有

---

① "学公文则可以记公祠矣"，嘉靖《吉安府志》作"学公文以记之矣"，据顺治《吉安府永丰县志》改。见顺治《吉安府永丰县志》卷六《碑记志》，叶29b。
② "在昔未闻诚斋以异姓辞"，嘉靖《吉安府志》作"在昔未闻以诚斋而以异姓辞"，据顺治《吉安府永丰县志》改。见顺治《吉安府永丰县志》卷六《碑记志》，叶29b。

甚于苏之为贾谢也。

养廉讳懋简，里人以诚斋品题称为独立翁。松谷处士讳无蔽，字幼哲，应雷其曾孙也。幼哲晚年有志新是祠堂，未就，没。应雷方葬父，而又追继先志，皇皇乎不能缓，岂非世世为尚德君子哉？呜呼！世俗所谓祠惟祸福，为动者常得之。不然，则又视时之所尚者。其谓先贤亦如浮屠老子之宫，更衰而迭盛，彼未必皆出于中心也，自诚斋翁前记已叹之矣。坡翁序《六一集》曰："天子明圣，诏修取士法。"后学者知欧阳子之书，今欧阳子之书固在也，陈氏一家于是而为笃信矣。

嘉靖《吉安府志》卷六《舆地志·坛庙》，第559—561页

西阳宫记　至顺元年（1330）

吴澄

文章之传世，虽圣贤之余事，然其盛衰绝续之际，实关系乎天地之气运。周秦以前，尚矣。先汉贾、马二子以来八百余年，而后唐有韩子；韩子以来二百余年，而后宋有欧阳子。天之生斯人也，固不数也，是以百世以下万口一辞，称为文章之宗工。尊其文则敬其人，尊其人则敬其亲。苟敬其亲也，则其敬无乎不在，而况其坟墓所在乎？此予所以不能已于西阳宫之记也。

西阳宫者何？欧阳子之亲之坟墓所托也。昔韩子三岁而孤，先世坟墓在河阳，时或往省。欧阳子四岁而孤，二亲俱葬吉永丰之泷冈，终身不能一至。盖其考崇公官于绵而生子，官于泰而遽终，妣越国太夫人郑氏以其子依叔父随州推官。越一年，崇公归葬于吉，葬后还随。欧阳子年二十预随州贡，年二十四登进士科，历仕多在江北。及留中朝，年四十六而太夫

人丧，次年归附崇公之兆，葬后还颍。崇公之葬距越国之葬逾四十年，越国之葬距文忠之薨又二十六年。六十年间，欲如韩子之一省坟墓而不可得，其坟墓之托，幸有西阳宫焉。

宫在永丰沙溪镇之南，旧名西阳观，莫详何代肇创。宋至和乙未，道士彭世昌起废，掘地得钟，识云"贞观三年己丑西阳观钟"。崇公讳观，声异而字同，乃请于朝，改观为宫。宫之后有祠堂，合祠崇公父子。《阡表》《世次》二碑，竖于一亭中间。祠堂敝，里人陈氏新之，淳熙丙午，诚斋杨先生为之记。其后堂复敝，陈氏子孙重葺，咸淳丙寅，巽斋欧阳先生为之记。莆阳方侯崧卿守吉，出钱十万，命邑尉陈元勋修筑泷冈阡之门与墙，绍熙辛亥，艮斋谢先生记其事，尤为该备。独西阳无片文可稽。祠堂初记丙午，至今一百四十四年矣；祠堂续记丙寅，至今亦且六十四年矣，而宫之道士鞠文质始遣其徒萧民瞻来请记建宫本末。民瞻之言曰：宫面山枕溪，拱抱明秀。金华、桃源翼其左，龙图、凤冈峙其右。地之广袤，六亩而缩。礼神安葬，室屋俱完。宋南渡后，道士赐紫者四，刘师禹、陈宗益、彭宗彦、曾若拙也。田之岁入，米以斗计三百而赢，则宫之可藉以永久，宜也。

而予窃有慨焉。常闻诸《礼》：士去国，止之者曰："奈何去坟墓也？"子路去鲁，颜子俾之哭墓而后行。然则古人未尝不以不得守其坟墓为戚也。而唐宋二大文人栖栖无所于归，末年就京、就颍而家，悉不得归近坟墓，岂其心之所乐哉？今泷冈之阡，岁时展省如其子孙者，西阳宫道士也。据礼之常，揆义之正，虽若可慊，倘非欧阳子之文上配韩子，如丽天之星斗光于下土，与天无极，人之尊仰推之以爱敬其亲者，亦将与天而无极，则亦何以能使其亲之得此于人哉？夫能使其亲之得此于人也，其不谓之孝子哉？夫得谓之孝子也，而但谓欧阳子为文人，可乎哉？噫！此予所以不能己于西阳宫之记也。

（《吴文正集》卷四八，《景印文渊阁四库全书》第1197册，第495—
496页）

宋欧阳崇国公修复泷冈墓兆记 弘治二年（1489）

傅韶

赐进士出身中宪大夫湖广黄州府知府前南京刑部郎中后学傅韶撰文

吏部听选监生刘诚书丹

赐进士及第行人司司副龚寿篆额

弘治改元之二年，宰邑事揭阳王侯以得追复欧阳崇公观之墓，乃列其
事之本末，白于奉敕巡视都宪李公暨诸当道。君子咸嘉侯克存心于大本，
宜竖祠立石以垂永久。侯于是承命，惟谨祠则因其旧而新之，事则属笔于
韶以书。韶忝崇公之乡后，辱侯之命，讵容以辞为哉。

谨考崇公之殁以真宗大中祥符四年，太夫人郑氏卒，文忠自颍护丧归
祔崇公之兆。又十有七年，为文勒石，以表其阡。而终宋历元至我皇明成
化丙午，当王侯下车之岁，上距崇公之葬，为岁凡四伯捌拾有奇。后以朝
代既久，崇公所在已为他姓侵没者，不知其几更甲子矣。

于时侯以有事于沙溪，将展墓，谒之敬，左右有导侯诣名乌龟塘者，
实崇公中弟旦墓在焉。衣冠之士往往墓谒而来者，昧于所见，至以礼崇公
之礼而礼于旦。独侯于时左右方白行礼，侯遽止之，正立徐视，见其局势
不扬，规制简陋，而地理家所谓风水者亦不甚佳，疑非所以安崇公体魄之
所，因加讦问，左右色变。若有所避而重于破语者，侯讯之益急，乃具得
崇公所在，遂披径徒步而往。至则心目豁然，以为崇公体魄之藏，舍此其
将焉求。亟命去其荒蔓浮墒翳薄之积，而宛然数百十年故物见于目前。侯
既成礼而退，追呼为后于所侵没者而理治之。又命沙溪巡司之有职役者董

工料费，增理封植，建立门座，以肃瞻视；割俸劵田，优复道流，以供祠事。又自为志，具载欧阳氏之世次、文献，以备考见。

呜呼！侯之用心于崇公，其亦勤矣乎。夫事有成于千百载之前，不能必其不敝于千百载之后。必欲知其不敝于千百载之后，亦视其人所恃以不敝者何如耳。在我所恃以不敝者，使先自敝焉，则所谓不能必其不敝者，将朝作而夕敝者有矣，其能必其久而不敝乎？崇公之断死刑，其言曰："求其生而不得，则死者与我皆无恨也。"夫以不忍之心，求人之生于死法之内，此天地生物之心也。崇公以天地生物之心为心，其所恃以不敝者何如哉？宜其体魄之藏晶光灵气，不与万物同归于敝，而卒或变，故晦蚀之相遭又有会。夫贤人君子秉彝好德之心，刚明果毅之气，与之潜孚默契，振于将坠，显于既晦，若有神为之者，初岂有意于必其不能不敝者之不敝耶？后之继此而来者，尚益求无忝吾王侯存心大本之勤，则庶乎崇公所恃以不敝者，耿千载犹一日，而诸君子今日命辞立石以垂永久之意，亦不为无托矣。王侯名昂，字抑之，登成化甲辰榜进士云。

大明弘治二年岁次己酉秋九月之吉，知永丰县事揭阳王昂，主簿何玑，典史赵祥。

（《（宜黄阳坊）欧阳氏谱》不分卷，清刻本，无叶码）

泷冈纪事　崇祯五年（1632）

欧阳鸣凤

宋大中祥符四年，葬崇国公于吉州之沙溪泷冈，肖其形曰蟠龙。时文忠公甫四岁，襄其事者，郑夫人暨叔父晔也。皇祐五年，文忠公奉其母郑夫人沟而合诸公。熙宁三年，始阡表之蟠龙之右为海螺形，祔葬胥、杨二夫人。蟠龙之左为抱鹅形，为旦公垅，彭夫人祔焉。左之下则龟塘也，又下之则西阳宫、敕赐文儒读书堂也，文忠公祠在焉，阡表之亭在焉，供祭之田、王公昂之记在焉。

文忠公致政后，遂家于颍，葬新郑。以颍距吉远，留棐裔守颍祀，归发、奕、辩三裔以守泷冈。青衿奉祀，递为守掌松楸，六百年无敢睥睨。我明嘉靖间，双江聂公按直隶，取颍之孽曰云者以归，遂窜奉祀。祖所遗，供祭者不以实笾豆，而以备燕享，视泷冈如杌上肉，烹醢以充朵颐久矣。春秋不一登垅，乌睹所谓粢盛丰备、团硕肥腯哉！云之孙述一，犹以例补祀员，而猄狞益甚，与弟述四于崇祯戊辰冬，发郑夫人圹而以父伯盗葬，鬻胥、杨二夫人冢而以袁达六父母填葬。一夕而掘扬三祖，此千古奇变，闻者发竖，况为之子若孙乎！

幸族钤秀洄公、首摅公愤传檄诸宗，于是发房盛、辩房启贤、奕房诸彦相与共举义旌，志歼枭逆。告经院、道五载，始遘永丰县侯刘公绵祚，一讯而勘迁其窜棺五，俾煌煌敕冢不沦于负途之豕。侯之德，盖不可忘哉；侯之击断，盖补雷霆之不及哉。缘是云集子姓，重加修理，清墓道，固封鬣，寻断碣于苔泖，起石兽于莽中。古柏苍苍，龙文复灿，泷冈殆与天壤俱无极矣。予不肖，偕诸父昆弟始末经其事，故得而详纪之。

皇明崇祯壬申二阳月，二十五世孙鸣凤谨识，鸣玉拜书。

（《（宜黄阳坊）欧阳氏谱》不分卷，无叶码）

重建西阳宫碑记　康熙六年（1667）

欧阳斗照

天下有不知吾祖文忠者哉！不惟其裔然也，大者只通其绩德，小者亦仿佛其文章，其流风遗泽不没于人心，于今七百余年所矣。计当时《泷冈阡表》入蠡湖，旋出龟塘，与水府相往复，盖《河》《洛》后一见乎？抑吾祖之精诚有以致之也。

西阳宫址属吉州丰邑之沙溪，固神人协梦藏重器处也。祖既幼长于斯，后历官在朝，思念松楸所在，置田若干亩，与羽流量取子粒供岁时祀事。祖生四子，晚年卜筑于颍，留棐公，其后命发、奕、辩三公之后还守先茔，阅五六传，瓜瓞繁衍，遂散徙于吉、抚、盱、赣之间。远者距宫不下三四百里，惟尚华、白竹、东源、兴邑子姓为至近，以故四派得岁奉明禋，而远者间一至焉。明末不类萌蘖，马鬣窜封，赖直指倪公元珙得直，罪人黜伏，详具碑谱中。时吾先父兄皆并力身其事，归言西阳之壮丽、羽流之丰积，十百舆从猝至，而嘉馔陈醪咄嗟而具。予童髫耳熟之，未尝不叹吾祖之泽之远也。

亡何，金玉构祸。沙溪地僻而旷，不逞之徒啸萃，三月而道流远遁矣。铜驼荆棘，物色销亡，故宫禾黍之思，谁复有动焉者乎？邑侯山左邓公秉恒过而悲之，以为文忠公天下之祖也，何难于丰人士而复旧观，乃立疏与故宫之道者夏宏朗募建厥宫，浙中冯公肇楠继焉，俱蠲俸为始。吾宗醒庵先生闻而叹曰："此非异人任也。然未尝不德二侯之私吾祖，而特不欲吾祖之谓他人祖也。"复序其端，即捐资为之倡。于是两派后裔君美、文焕、裕还二三辈泊夏宏朗，迤逦数百里间，遍告于四方之为其孙子者。比至，咸啧啧义之，宏朗尤能悉余先父兄状，愈益信之也，爰量多寡厚薄以助。播迁之后，物力消耗，捐赀之艰难而索者不倦。凡五六年，跋履拮据之劳，材具夫役之费，一木一石一瓦甓之用，文焕、裕还已逝，皆君美一人任之，为堂寝、房廊、庖湢、亭垣者不一。虽未如旧丽都，而规模宏贲，非狭小前制者比。至宏朗亦与有力焉，不负二侯之私矣。

是岁十月，予义衰经，勉从诸子姓后，共落成之，一堂之上，散者合，疏者亲，未谋面者醉心益如也。所独悼者，曾一月迟留，未获睹我醒庵揖让乎其中也。是日也，迎主入庙行事。越翼日，奠崇国公、郑夫人，墓下愀然有昔日感者。久之，由宫之左寻碑亭阡表，睹翰迹之妙，焕若神明。其行间肤理蜿蜓坟起，若角、若爪、若鳞之簇而尽龙形，栩栩欲动。先是，有忌而碎之者，雷声殷然骤起，里人益神之。碑得泽好如故，龙之为灵一至此哉。呜呼！吾祖之功德文章，足以役使异族，驱策百灵，况于气类之士大夫乎，又况于其一本之孙乎！顾吾祖，天下祖也。天下之祖而吾祖之源本之深，当有以协其佳气而感其光灵，则精诚所注，于万斯年，俾无穷之基，既堂构之，又丹雘之，吾知起而光大吾祖者，必有人也。是为记。

时康熙六年丁未嘉平月吉旦，抚州宜黄岳前派二十三世孙欧阳斗照百拜撰。

（《泷冈欧阳氏谱》卷首，清乾隆六十年活字本，无叶码）

泷冈正祀序　康熙二十八年（1689）

欧阳齐

欧阳氏为大禹之所自出，屡传至宋文忠，以文章名冠天下。天下之言文章者，必祖六一。嗟乎！六一之文，天下祖之，而吾属为之苗裔者，必执以为吾祖在是。亦试问无忝厥祖者若何，而猥云"吾祖六一，六一吾祖"，乌有裨哉！虽然，非其种者，锄而去之，凡以反本复古，不忘其所自也。

永丰之云，归自颍上，真伪不可知。云传至广，其嗣忽焉，至所冒招仔、照二、寅仔，一不已，至再，再不已，至三，其意不知何为，而要之不离目不识丁，妄冀侵夺者近是。嗟乎！公卿之子，降在编氓，若是者诚不可知，但使丰姿俊敏，差堪为异日俎豆地，亦聊足快耳。蚩蚩黄口，何足以辱七鬯，为是举也！构讼逾年，首其事者，为宜黄东皋、昭、彦生、世经、仲言、振启、兴伯、君佐等。襄其事者，为吉水予翼、尚、仲舒、琼友、仍玉等。

乐安甫九、庐陵明经企，而面折庭辩，不畏艰危，则东皋氏之力居多。此数公者，岂其有所为而为，是无亦理迫于渊源，气奋于苗莠，不得已出全力而与之争。卒之讼历数载，时逾两春，而伪冒甫除，奉祀先贤者始有所定。微天下之理与气辅，其孰能至于此！

某屡试未酬，不敢谬附文忠，而是讼始末，盖尝身与其事，于法宜尽。若乃绍先贤之余休，乖不朽之盛事，某虽未之逮也，而窃有志焉。

康熙二十八年秋玖月既望，明大中丞五世孙总裁庐陵县史汶阳齐东一氏题。

（《泷冈欧阳氏谱》卷七，无叶码）

重建西阳宫记 乾隆二十一年（1756）

曹秀先 ①

西阳宫者，宋欧阳文忠公封树先人之茔观也，吴学士草庐尝记。是宫即泷冈阡地，今永丰治沙溪是已。

乾隆甲戌，滁州陶侯令永丰。明年乙亥春，② 因旧令之政，徇士庶之求，建专祠于城西，祀文忠公，访其裔孙接而教礼之。③ 既以公事至沙溪，趋谒泷冈，拜于墓，则古碑剥蚀，荆榛不翦也；拜于西阳宫，则颓垣败瓦，木主尘翳也；询其左右遗址，他姓居民攘以耕种也。侯兹见，怵目伤心，

---

① 西阳宫内原石题名为"朝议大夫刑科给事中加一级新建后学曹秀先撰并书，国子生滁州陶濂篆额"。见高立人主编：《庐陵古碑录》，江西人民出版社，2007年，第354页。
② "明年乙亥春"，原石作"以明年春"。见高立人主编：《庐陵古碑录》，第354页。
③ "裔孙接"，原石作"裔孙梅"。同治《永丰县志·建置志·祠》欧阳文忠公祠条谓"文忠公额设祀生一名，始自前明嘉靖五年。国朝乾隆三十二年，举报欧阳接补充，世荫罔替"，知应作"裔孙接"。见高立人主编：《庐陵古碑录》，第354页。同治《永丰县志》卷八《建置志·祠》，第360页。

集荐绅与庶而议之，醵金得如千数。鸠工庀材，积日而墓治。又三阅月而宫成，前后为楹者各三，其中以奉祀公之曾祖累赠金紫光禄大夫太师中书令讳彬公、祖赠金紫光禄大夫太师中书令兼尚书令讳偃公、考崇国公讳观公众公神位。又奉曾祖妣楚国太夫人、祖妣吴国太夫人、妣魏国太夫人位，祀于寝室。遂付公之裔孙接主祀事。凡治墓与宫成，蒇事逾年，而未有以文纪之者，其贤侯与诸君子不欲自文自扬盛美邪？其来往斯土者，睹泷冈一表，星月同悬，将詹詹小言未敢比厥光耀邪？

是年丙子夏，[①]秀先来访侯，而邑之士夫过我请纪以文。秀先惮之，不敢作，然道其实，[②]犹之可也。伏念公以盛德，为世儒宗，其学术则孟子、董子、韩子之传也，其政事则富公、韩公、范公之俦也，其古今诗文则《左》《国》《史》《汉》、曹、刘、陶、谢之匹也。匡扶宋代，爱养人材，生产豫章，而名闻天下，以迄后世。倘在洙、泗之间，则不仅圣人之一体矣，而其先孤露茕茕，谁意有此而竟如此。盖自乃祖乃父以来，隐德仁心，理昌厥后，赖太夫人教之，艰难苦瘁，鬻之闵斯，以成大儒。今读公之表而可潸然泪下者，虽愚贱亦惊，鬼神亦惊也。读公之表而足扬厉风化者，凡母可以教慈，子可以教孝也。

昔者公牧于滁矣，有惠政，后七百余年，而侯来兹土，适以酬公德也。夫公生永丰之乡，成丰乐之政，侯生丰乐之境，作永丰之吏，不有是举，异时归而无以对滁之人；今有是举，侯其有以承公之志乎！侯少也孤，惟母吴太夫人教之，以场屋诸生，三载学宫，遂为令长。永丰人尝曰："侯爱敬其母，又数教吾侪以孝。"《诗》曰："夙兴夜寐，无忝尔所生。"公之

---

① "是年"，乾隆《吉安府志》作"是也"，据原石改。见高立人主编：《庐陵古碑录》，第 355 页。
② "然道其实"，乾隆《吉安府志》作"然事道其实"，据原石改。见高立人主编：《庐陵古碑录》，第 355 页。

谓矣，侯其向往而至之矣，邦之人其是则是效矣。秀先乃乡后进也，其重有愧色也哉。

考是役也，沙溪司刘君守卿董其功，丞、尉泊诸荐绅士人输其赀，襄其事，例得备书，惟侯肇其谋。侯名浚，字镜湖，一字酿泉，取公《醉翁亭记》中语也，侯盖秀先之友云。[①]

（乾隆《吉安府志》卷六九《艺文志下编·记》，第7013—7016页）

沙溪泷冈地图记　乾隆六十年（1795）

欧阳履

沙溪古镇也，崇公卜吉于泷冈，即其地。台江左横，旗峰傍峙，诰轴枕其北，凤凰栖其西。环泷冈而耸翠者皆山也，声潺潺而泻出者潇泷也。磅礴郁积，钟为伟人，而我文忠公出焉。

宋皇祐五年秋，公自颍归葬郑太夫人于蟠龙形，而胥、杨二夫人葬诸趾，辩公亦附焉，名其形曰海螺。琴案印山，可按也。左迤鹅形，仲完公坟焉，右迤牛形，佺公坟焉。嘉祐四年谱成，取青州石刻《泷冈阡表》，竖西阳宫侧，碑亭岿然。昔文忠与苏、黄二公载碑渡湖，龙王借观，遂沉碑于鄱阳，后出碑于龟塘，龙涎至今日犹鲜。

或谓至和元年分吉水置永丰，沙溪隶永丰。又谓郡志载泷冈并吉水之回陂，即庐陵安德里之横溪，不知沙溪隶永丰固也。庐陵境图无泷冈，永丰境图载沙溪有《泷冈阡表》，地与吉水之回陂相距百里许。谓泷冈即横溪，误也。今谱成，刻沙溪地图，而重以泷冈非复也。使后人按图而索，知泷冈即沙溪，一地二名，故记之。

---

① 原石后有"大清乾隆丙子岁孟秋月筮吉日上石"。见高立人主编：《庐陵古碑录》，第356页。

乾隆六十年乙卯岁夏月吉日，尚华派履撰。

（《泷冈欧阳氏谱》卷一，无叶码）

沙溪西阳宫勖士子文碑记　嘉庆二十三年（1818）

顾德庆

嘉庆二十三年冬十有二月，予试吉安。至郡，永丰诸生周槐等，以重修西阳宫落成乞志。

西阳宫者，宋时泷冈道观，欧阳文忠公祀其考崇公坟院也。[①] 泷冈阡巍然丽焉，其得是观，及改观为宫，由韩魏公请于朝，至今祀文忠公三代考妣暨公位，详曹地山先生记。溯而上之，杨诚斋、吴草庐、欧阳巽斋诸先儒各记其实。余后学无文，曷敢赘。顾诸生意拳拳，而余官有司教责，窃出一言为诸生勖。

考欧阳崇公，登宋咸平进士，历推官、判官，[②] 爵微而业无由显。文忠公四岁孤，不及被崇公教。少侍郑太夫人，倚叔父。及登进士，历官迹，惟送郑太夫人丧一省崇公墓。夫荒阡旧陇，数年无子若孙至，则废为墟矣，渐若平地矣。独泷冈阡以西阳宫而存且日益著，岂天之独厚欧阳氏耶？抑亦人之所为为之也？

余少读阡表，于崇公祭祀涕泣，以祭丰不如养薄，御酒食泣不及以有余事亲，辄呜咽不忍读，以是知崇公至孝至纯，[③] 治狱求生人不得，屡废书

---

① "祀其考崇公"，西阳宫内原石作"祀公考崇公"。见高立人主编：《庐陵古碑录》，第356页。

② "历推官、判官"，同治《永丰县志》无"判官"二字，据原石补。见高立人主编：《庐陵古碑录》，第356页。

③ "以是知崇公至孝至纯"，同治《永丰县志》作"以是知崇公孝至纯"，据原石改。见高立人主编：《庐陵古碑录》，第356页。

而叹，何其仁也！仁与孝出于性，人孰蔑有，而崇公一言一行，肫挚郁勃，动人肺腑，岂惟性禀独厚，知其学之所葆，粹然益然醇乎！

仁人孝子之用心，千载如见，乃阨于遇而未展于时，宜太夫人早知公之必有后也。文忠公少听太夫人言，一一志之不敢忘。顾以平生遭遇，通塞迭乘，恳款棐忱，系心君国。崇公之葬，距葬太夫人逾四十年，葬太夫人又二十年而文忠公薨。[①] 六十年间，皲历内外，[②] 移孝作忠，心未尝一日忘崇公也。如文忠公者，谓非崇公之仁与孝，实有以启之欤？郑太夫人盖亦母教中卓卓者耶？

诸生因泷冈阡而重西阳宫，知其所以重者，由仁与孝而交相劝勉，以庶几先儒之万一。是亦欧阳崇公及文忠公所默佑也，是固学之所可至也。余以官不得以不文辞，愧孰甚焉。[③]

（同治《永丰县志》卷三三《艺文志·记》，第 2037—2039 页）

（二）六一桥

重修六一桥记 万历二十二年（1594）

徐裕

六一桥在县治西城外，当诸路之冲，往来所必由者。昔欧阳文忠公号六一居士，桥名六一，盖为欧阳乡故也。按县志，桥始于宋绍兴庚寅，居民黄德广输财甃石为之。元大德癸卯，贡士傅跃鲤构屋数楹于其上，并建

---

① "葬太夫人又二十年而文忠公薨"，同治《永丰县志》作"又二十六年而文忠公薨"，据原石改。见高立人主编：《庐陵古碑录》，第 356 页。

② "皲历内外"，原石作"扬历中外"见高立人主编：《庐陵古碑录》，第 356 页。

③ 原石后有题名"钦命兵部左侍郎督学江西部院加十级纪录十次宛平后学顾德庆撰"。见高立人主编：《庐陵古碑录》，第 357 页。

石桥寺，以僧守之。国朝洪武乙亥，桥圮，坊民毛子章重加修葺。正统丁卯，桥复圮，邑侯黄公永从捐俸修复如故。后寺废。嘉靖庚申，邑侯张公言建六一书院于寺址。嘉靖辛酉，桥、屋为峒寇所毁。至万历甲午，洪水湃溯，石桥溃裂，民病涉焉，甚有淹溺而莫可援者。时我侯昆翁金大父母下车，闻之恻然，直以修理之责任诸其躬，命裕董其事。诸凡匠石工料之需，悉取给于俸赀，不费官帑，不劳民力。裕奉命，朝夕督理，罔敢暇逸，弥月而成功。途人德之，诵侯之功不衰。

裕曰：侯之功，奚啻一桥已哉！如清钱粮、立长单以杜包侵，惩伪印以绝贪胥，举乡约以厚风俗，兴学程士，养老存孤，所以赖于一方者，更仆未易数。桥功之成，特治行之一端耳。忆昔侯先大人缘翁举名进士，始令奉新，继领岭北兵宪，一时兴利剔蠹，吏畏民怀，至今崇祀名宦。侯承家学，出宰吾丰，仁心仁政，如出一辙，以斯知侯于先大人，匪直继美簪缨而鸿名骏烈，抑且后先辉映矣。昔人编桥渡蚁，累至卿相，侯成不朽之功，后人当必有隆隆振起，如侯与先大人扬名寓内，裕持左券以俟。吾知侯之内召在迩，行将肩巨计，永禔福，中外岂独丰民之被其渥泽已耶？裕不敏，谨按成桥一事，僭用刍荛之语以识其始末。

为之铭曰：惟我金侯，治我丰陬。仁慈隐恻，石甃斯桥。民咸感德，履道迢迢。指日内召，柱石皇朝。盘石邦家，嘉猷嘉谋。桥梓联芳，伟望英标。名垂不朽，千古为昭。

（同治《永丰县志》卷三三《艺文志·记》，第2233—2235页）

（三）状元楼

永丰县重建状元楼记 庆元三年（1197）

曾丰

国家三岁一第，天下士于省千取百，百取十。上焉覆第于廷，其制第文艺，其意第器识也。第在三之下，乡党称荣；第在二之上，举天下荣之。所隶州县长取第一义以揭坊，一示荣，一示劝。天圣八年，欧阳公修上所业于省，于天下士为第一。绍兴十八年，董公德元上所对于廷，其第如之。上下一百十有九年，吾邑士中第一选得二人焉，固希阔矣。况董公少居首贡，晚就偏科，身癯而齿凋，事左而气沮，人易眂之，一旦奋而擅天下，尤希阔也。时则绍武吴君南老为邑令尹，谒学，顾二三职事，谓示荣示劝，虽有揭坊故事在，盍更思董公尝为学诸生，惟坊是揭与？学与与闻者幡然相与议，而建楼于学门之右，取第一义揭之。观者知荣，学者知劝，五十年间，士气勃如，文风郁如也。郭以外白徒半青衿，郭以内故籍吏部者寡。兹多故，籍太学者无。兹有其效，不一二足。[①] 而楼浸以不治废矣。庆元三年，令尹汪君文振乘茸学，决起废策。权舆于四月己未，九月庚申考焉。过者缅止，岿然旧观之复在目也。中之增广为间二，上之增高为尺三。靡钱为缗二百，米为石三十，三之一出于邑帑廪，二则董公之孙九成兄若弟、邑之群进士协资之。某于经综以至邑，与群进士言：学故有祠，为欧阳公设，出于劝也；有楼，为董公设，出于庆也。董公生而楼成，荣矣，何当复死而与祠耶？虽然，死久之而楼废，废之未久而辄兴起，张遗像其间，行释奠礼，有沾丐焉，等之与祠无杀，虽杀无几。祠百年于兹，随敝随新。楼

---

① "兹有其效不一二足"，南京图书馆藏《搏斋先生缘督集》四十卷清抄本作"兹令有其效不一二而足"。见曾丰：《搏斋先生缘督集》卷二一，《宋集珍本丛刊》第65册，第184页。

半之而中敝，卒废。虽曰费有大小，[①] 役有难易，抑亦令尹注意与否然也。汪君锐于受代，半岁间葺学，已可见有志为循吏事，他缓之，容有可诿，乃复起楼废，曾不以将去倦于始至，多见其主张吾道也。力虽小，关风化，亦深介念虑与楼与学为左。后日学之道成，邑变而邹鲁，推左之功，楼与焉，则楼寿宜与学俱。兹幸复起，又恐继兹去董公远而忘之，起者复废，故于其成也，而书今令尹之志，以遗后令尹之观，务相继续焉。

（《搏斋先生缘督集》卷一〇，《北京图书馆古籍珍本丛刊》第88册，第690—691页）

三元楼记　嘉靖二十三年（1544）

林应芳

宋欧阳公修试于省，为天下第一。董公德元奏对大廷，第如之。于时令吴君南老建状元楼于学门之左，庆元三年令汪君文振增美焉，搏斋之记可稽也。入国朝，文学彬彬，盛矣！解元张公唯、曾公鼎、陈公律、罗公奎，会元朱公璠，状元曾公棨、罗公伦，文献之望，最于东南，遂总其名曰"三元"云。

楼跨孔道，历岁久，倾侧仅余朽蠹，日就湮废。山阴魏侯梦贤以进士令是邑，三年，式崇化本，黉舍恢葺完美。载阅旧志，谓楼界学而左，于地势宜，且鸿号之揭，足以昭劝也。乃更撤而新之，节力约财，不靡于众。命东坊民涂正督治，其邑庠弟子员咸愿输赀以相其成，民之慕义侯之德有以鼓之也。台之崇三尺，宇之列十六楹，垣以坚甓，袭以重阿，文以丹雘，隆栋雕甍，隐错云际。经始于七月既望，迄重九乙巳毕役。

---

① "虽曰费有大小"，《搏斋先生缘督集》十二卷万历刻本作"虽曰废有大小"，据南京图书馆藏《搏斋先生缘督集》四十卷清抄本改。见曾丰：《搏斋先生缘督集》卷二一，第184页。

是日也，张乐且宴，肃宾佐之，贤以落之。龙华九峰，环伏如拱，恩江潆回，一望无极，旷日撼怀，觞咏更迭。应芳职教事，庆斯文之昌也，执爵而言曰："山川之灵，磅礴而郁积，其至和之泄，实自有期。上苟作之，下其不勃然而兴也乎？继今丰之人士，濯磨奋发，巍科相缀，所谓道德明秀、可为公卿者，骈起后先，固斯楼之庆，抑亦有位者之光，不但以侈观望然也。"嗟夫！楼之兴废，感慨系之矣。后之人乌知其不指而议之曰："某也不愧科名者也，某也不然。"俾吾徒者益懋乃行，以毋自坠厥美，是又斯楼之所以不朽也。夫睹其名者知荣，闻其议者知惧，树风声以诏后，其不在斯乎？其不在斯乎？

（顺治《吉安府永丰县志》卷六《碑记志》，叶 56a—叶 57a）

（四）欧阳文忠公祠（永丰县学北）

欧阳文忠公祠堂记 嘉定十六年（1223）

曾焕

欧阳六一先生殁百有余年，县学虽以时祭祀，而祠宇独缺。淳熙丙午，陈懋简始建于泷冈阡之侧。嘉定丙子，今大参宣公守是邦，复建于郡治之南。壬午，知县事陈侯又建于县学之北，既成，贻书中都，属焕记之。

自夫子后，惟孟、荀、扬、韩继以道鸣，逮公出，学者翕然师尊，谓为吾宋韩愈氏，则尸而祝之，皆不容已，况永丰乃公父母邦耶！虽公之巨业崇勋，传信国史，高文大册，垂训无极，然乡邑后进，邈不见前辈典刑，非有以作兴之，则遗风余韵，将遂消泯。此侯之意，亦焕所乐书也。

初公之出，仁宗、英宗一意向用，公亦慨然以道自任，事不可意，极论直前。与高若讷书，年甫三十，自是谢事。又三十年，游翰苑，参大政，内外遍历，忠节凛凛，辅成盛治，超轶汉唐。前后称名臣，惟韩、富、欧、范。且自宋更五季，士气卑弱，累朝圣化，孜孜陶冶，而时犹以磔裂怪僻相尚。公奋不顾，一切屏绝，而后士知乡方。圣宋文风，追踪三代，则公之所立为何如？夫士之自立固难，而当群邪交嫉中求以自全者尤不易。公自知谏院，屡请责执政，以时所可为事，小人因以侧目。党论既兴，相撼益众。开封附致之狱，公之迹危矣，而卒无状。杨永德阴中之言，公之迹复危矣，而卒不行。薛宗儒无根之谤，御史持益力，公之迹愈危矣，而反复穷诘，卒无指证。虽主德聪明，眷简优渥，然非公生平所立，结知有素能自免耶？免于一难矣，况至再至三耶？甫逾六秩，翩然怀归，卓尔高风，足励万世。

于乎！一气孕秀，间生贤哲，至和发泄，断自有时。不知又几百年而后，复有如公者出。则士之于公，可不知所爱慕耶！幸而生且仕于其乡者，又可不思所以致其敬耶！观公之记谷城庙，则公亦何事乎祠，观公之记吾州学也，谆谆乎道德明秀之说，则公之念乡校亦切矣。余掇其一二大者言之，是亦公之意也。陈侯名观，永嘉人，今为奉议郎。

次年癸未七月望。

（顺治《吉安府永丰县志》卷六《碑记志》，叶 32a—叶 33b）

（五）六一书院

永丰六一书院记 嘉靖三十年（1551）

邹守益

六一桥在永丰县治西百五十步，以文忠公名。文信国过县，书三大字悬诸楣。其后好义者于桥置店一十二间，建石桥庵于侧，以塑公像，而召僧收租守之。僧徒日繁，改庵为寺。而公之嫡派远居于颍，遂无复奉蒸尝者。嘉靖初年，双江聂子豹以柱史按颍，求公裔孙欧阳云，给文回籍，为之授田置室。督学少湖徐公助其义，取桥店租给云，以供春秋之祀，而寺尚属诸僧。僧徒混杂市井，不遵清规，为诸庠生所呈。抚、按符县核实，归僧于龙回寺，而以寺址入官。众牒交佃，当道靡适从，而僧乘隙以复业为讼。

龙田张子言自临桂莅邑，博咨父老，穷稽故实，慨曰："寺之兴也肇于六一桥，寺之废也改为六一祠，兹非天造乎？维六一翁，泰山北斗，推诸昌黎，垂绅正笏，班诸韩、富，而百世之后，岿然以从祀孔孟庙庭。公之恒言曰：'死而有祠，四世之间；死而不朽，百世之传。'兹非自况耶？请得改寺为书院，奉安欧文忠公牌位，率诸生岁时俎豆之。如中丞净峰张公橄，用以崇先哲，风来学，而一扫争佃谋复之病。"柱史白湖胡公韪其策，命佑议修葺，期成壮观。议上，而柱史纪山曹公欣然报可，督以终事。适龙田子以风宪征，乃遴能偆工而亟砻石，以来征言。双江子复以告曰："愿有述，以启我邦人。"

益也尝稽诸方策矣。公生于绵，孤于泰，从叔父于随，泷冈归葬时仅五龄。历四十余年，始以参大政，祔郑夫人于崇公之墓。未几入朝，以老于颍，竟未及再至。今距熙宁壬子五百有余年矣，而乡之大夫士眷然，若子弟之慕父兄，分符以莅，肃然起敬，若弟子之于师。此非今世之所希，将安能旷百世而相感耶？敷求典刑，明若观火，考祥元吉，悠悠我思。其有能孤童自奋，画荻学字，借韩文败簏中，慨然思并驾乎？其有能力扶正类，排斥憸人，夷陵、滁州，屡挫而不挠乎？其有能馆阁春帖，举笔不忘规谏，以称真侍从乎？其有能却柿木太平之文，以抑祥瑞而戒侈心乎？其有能疏拒羡余，防剖削而杜利门乎？其有能矜恤胁从，活二千余命于片言间乎？其有能训儿侄以守廉任劳，至临难死节亦是荣事乎？其有能未及引年，恳疏求退以全晚节，而耻食其言乎？骏奔咏歌，懿德炳炳，孰无徽规，孰无磨濯。继自今通今学古，济时行道，犯颜敢谏，瞿然不肯作嘉祐、庆历以下人物，兹龙田子与双江子所望于邦之耄俊也。凡我成人小子，举敬图之，以无负鼓舞之典。

抑六一之义，公所自命也。外不悴于圭组，内不劳于忧虑，而逌然以五物者自老，虽响九奏于洞庭，阅大战于涿鹿，不足以逾其乐，其于世网俗籁，奚啻枋鸢之视云鹏哉！然而犹有所待也。试使书籍不展，金石不集，捐琴、屏棋、却酒而游于物之初，公亦乐之乎？古之人戒慎恐惧，以建中和之极，视于无形，听于无声，过化存神，与贞观贞明同运而并照，乃为浩浩渊渊焉有所倚之学。惜也，予生晚，不及就公而质之，敬书以质尚友于公者。

（《东廓邹先生文集》卷四，《四库全书存目丛书》集部第 66 册，第 27—29 页）

（六）志欧书院

志欧书院记　延祐六年（1319）

杜显祖

志欧书院者，欧乡士之所建也。士尚志曷？志乎欧阳子之道，由韩、孟以达孔氏。志乎欧，即志乎孔氏者也。然则岂惟欧乡之士所当志，天下之所当志也。今夫所谓四大书院者，最先立郡县校庠，次之命世大儒又讲道设教于其中，或见而知，或闻而知，履舄一及户限，无不兴于学，铸颜范曾，表著天下，故士论贵之。又有以先贤名德、故邦遗迹游历之处，后人想望风采，追而作之者。如宋濂溪是也，而豫章，而章贡，而九江，而道州，居游虽异，而俯仰过化，尊敬如生，道之所在人心，固可验也。凡若此者，不可悉数。《诗》不云乎"高山仰止，景行行止"，自非高风遗泽，没世不忘，何能感人之深若是耶？志欧之设，窃有取乎此。

昔宋兴八十年，士习陋而正学废。欧阳子当天圣、景祐之间，以孔子之道倡之，如风之行四海，如雨之润六合，阴翳抉而日月中天，蚊蝇空而雷霆霹雳，一代更始，天下文明。无论华夏中外，翕然师尊之，曰："欧阳子，今之夫子也。"其弘道，其立言，功用为何如哉？百世之下，读公之书，由公之道，感化于人心者无涯，况于其乡乎？

乡有曾氏靖翁，于邑之平湖买地一区，用建栋宇。殿于中，先圣、先师像焉。堂于左，欧阳公祠焉。三门于前，讲堂于后。两庑翼辅，四斋静深，匾以"崇文""兴行""思忠""立信"。规模位置、丹漆黝垩如法。列楹凡二百五十有二，用工凡九千五百三十有六。兴于延祐元年春，其四年之三月，书院已成。用己巳日，行舍菜礼。邑大夫暨乡先觉名士、耆老衣冠咸会，生徒来者百余人，嗟叹兴奋，悉愿来学其中。自买地至讫工，费皆出曾氏，又辍田五百亩以赡养。呜呼，贤哉！夫天下之兴大役，分土田，不出于国，则出于众。出于众者，惟老佛之徒足以得其施。今靖翁不于国、于众、于佛老，而一力于家，顾何求哉！其见盖与寻常异也。

自今学者庐其居，读其书，修其业，盖思所以为欧阳子者乎？欧志韩、孟以达孔氏，亦既几矣，今之志欧者，宜何如哉？学其学，志其志，圣贤之事，在我而已。敢以谂于诸生，尚其勖之。欧乡，吉之永丰是也。靖翁家世业儒，为吉闻人，尝典教其乡，再调录袁州学，笃行好古，视其所为可以知其君子也。

延祐六年七月。

（顺治《吉安府永丰县志》卷六《碑记志》，叶 44a—叶 46a）

（七）欧阳文忠公祠（永丰县城西坊）

欧阳文忠公祠记　乾隆十八年（1753）

陈材

　　吉安之永丰，欧阳文忠公故里也。旧有专祠在城内，其地湫隘，且近市尘，年久倾颓，风雨不蔽。而其后人贫匮，又因而家之邑，岁时祀事，只悬故像一纸。贤士大夫欲捧瓣香，叹无以肃观瞻，心窃憾之。予莅政之明年，即同绅士议谋鼎建，以未获善地稍迟，后乃得西关外而定基焉。

　　窃思文忠公之祀遍天下学宫久矣，后世之士读公之书，无不钦其言行以为法则，亦岂非所谓百世之师耶？公生于宋代昌明之世，当庆历、治平、熙宁间，立朝风节，不负所学。其在词垣，知制诰，以博古通今之才，洒翰宸章，光远有耀；其在谏院，以忠诚公直之概，嫉邪扶正，抗志建言，中立焉而不倚；其在政府，以经纶断制之宜，和衷共济之雅，出入进退，规员矩方，而不改其度，此皆公之学为之也。而公平生以文章自命，其时所知名士，多为公所识拔，而在朝官阶屈于下位者，亦多所揄扬推引。盖公之荐贤爱士，又素志然也。昔韩昌黎文起八代之衰，而公继之。后之人只知公之文章可继昌黎，故喜为追并之论，而岂知公学问之正，守已之严，立朝风节之殊，固有非昌黎韩子所克兼擅者乎？天下后世之士，莫不心焉。溯之邑之人，岂无闻公之风，慕公之概，卓然而兴起于一旦者。此兹祠所以复托之无穷也。

　　初祠营构时，予适以忧归，未及睹其成。厥后事竣，邑人士金以书来，请予为文记之，盖示不忘经始意也。予维祠之作制，前为坊表，中为讲堂，后为寝室，规模次第，极其光大，书意已详，其中条理灿然，有章可得而知矣。又忆其地迩于学宫，他时钟鼓之声，闻者相应。有志之士，瞻公之表，登公之堂，入公之室，当必真有卓然兴起者。邑之人亦何幸，生长公乡，而得身同游其宇也乎！予既慕公之故居，而又嘉邑士之能有为，谨述是言，以报其时殚力经营、襄治成功者，则有如某某等，理当附录。其余各捐赀名姓，不克备载，当必别有书，以共系之不朽云。乾隆十八年癸酉冬月。

（同治《永丰县志》卷三三《艺文志·记》，第1989—1992页）

新建欧阳文忠祠记 乾隆二十年（1755）

陶浚

德业足以系海内之望，而文藻弗章；词华足以耸百代之观，而设施未耀，岂其兼之者难与？毋亦造物菁英醇固之气，不能独聚，故有所厚于此者，即不能不有所靳于彼与？浚尝上下千古，于有宋一代之人文，而不禁慨然景仰于文忠公也。宋自景德以至治平，其间七十余年，英贤辈出，奋彩如林，若寇莱公之刚，李文靖之识，富郑公之出使，以至定策两朝若韩魏公，天下异人若文潞公，其余皆不可枚举。然而文章一道，炳炳麟麟，所为信今而传后者，蔑闻焉。至若艺苑蜚声，若孙泰山之义，王黄州之恪，石徂来之厉，尹河南之简，雄壮俊伟若老泉，峭劲孤削若半山，余亦不可殚书。然或才矣而未见诸用，或用矣而反不如其不用，于以知蓄道德而能文章者，舍公其谁与归哉！

公自少孤，力学中间，仕宦四十余年，虽流离颠沛，而忠义不衰。迨至发谋决策，调护两宫，煌煌与日月争光。苏子所谓以济时行道为贤，以犯颜敢谏为忠，君子有所恃而不恐，小人有所畏而不为，真确论哉！使非以其根本，发为英华，又何以跨越古今也？祖昌黎之谨严，习师古之简古，钩棘之体屏，轧茁之句除。《五代史》足以追班、马，《两制集》足以踵《训》《诰》，其他诗赋杂著，靡不金相玉琢。质有其文，乃至溢为长短调，亦复极妙穷妍，有美毕收，无奇不采。信乎，造物者靳于他人，而独不靳于公，其亦故示其异，以树一代之伟观欤！

浚滁人也。公常刺史兹土，《醉翁》《丰乐》两记俨然在焉。后之人流览篇章，如置身酿泉幽谷间，梦寐思游其地，谓是吾滁之山水，足以动大贤之才思，而增哲人之眷恋与？抑亦公之德与文蔚为不朽，故謦欬俱可宝贵，而吾滁之灵秀亦因之以生色也？

岁甲戌冬，浚奉朝命来令永丰。永丰为公生长之乡，旧有祠在城之内。前令陈名材者，已谋所以新之，卜地西门外。浚甫下车，即询公之裔得名接者，公之专祠奉祀生也，爰踵前议而营建焉。于乎！过甘棠者爱其树，瞻淇竹者美其人。士君子苟余韵流风，克凌今而轹古，犹将百世不谖，以志其思慕，而况公诞育之地，魂魄式凭者哉；而况忝属滁人，曾邀公之临莅而咏叹者哉。浚不敏，庆祠成而记之，岂曰能文，第以区区景慕之私，不能自已，而凡后之入斯祠者，应思公之道德文章，与世无极，益谋所以自励，以期步公之后尘。是则文忠公之志也夫。

（同治《永丰县志》卷三三《艺文志·记》，第 2005—2008 页）

（八）群英阁

群英阁记 嘉靖三十一年（1552）

聂豹

恩江东注而西，西有小丘，突出于江之浒，在儒学棂星门西偏，去门三百步而近。堪舆家谓宜阁于其上，以收江水西奔之势，使之潆抱纡回，淳滀灵祥，以笃生英俊。虽其为说未必尽然，然谓人材之生不尽由于山川者，亦未必然也。议已二十年，乃未有当其事者。盖为政以人材为念，世固难其人矣。往嘉靖癸卯冬，邑丞梅君继儒署篆，不数月而学之殿堂斋舍一改而新之，方欲从事于阁，而丞以迁去。去今又十年而阁始成，时维嘉靖壬子元日也。

阁耸拔连霄，而一方形胜，吐奇献秀，错陈于几席之下，可一览而尽。题曰"群英"者，其以是欤？而县大夫之意诚不在是也。大夫考国朝以来，凡登进士科者六十余人，标其名于阁之楣，谓是为一方之英，使游于庠、过而登者，得无有感而兴欤？夫永丰土宇之广，凡三百二十五里。国朝开科凡一百八十余年，其间生而少且老者，不知其几千万人，而仅六十人题名于阁，谓是为万人之英，非耶？

盖进士之科，始自隋唐，而独重于国朝。公孤卿相胥此焉出。昔人有登瀛之喻，英俊入彀之声，有以哉。夫花之为英，以其香远，其实大而美。若乃其气臭腐，其实苦腥，朝荣暮落，化为飞尘，亦何有于英也？今六十人之中，儿童走卒知名而钦之者，惟恭愍钟公同以忠烈著，文毅罗公伦以风节著，等而上之，文忠欧阳修以文章道德著。凤凰之于飞鸟，麒麟之于走兽，如三公者，谓非出乎其类而无愧于英称也耶？其余则固有指其名而訾之者。然成化以前，风俗纯厚，士行朴略，虽世远人亡，无可慨见，要皆不忝于前辈之风。今时则未然也。登第蹑官，辄怙势播恶，敢于肆然无所忌，而士习日坏。昔苏氏作族谱亭引，有曰："自斯人之贪且淫也，而廉耻之道丧；自斯人之悖逆其父兄也，而孝弟之行亏；自斯人之徂诈反覆，戕虐乡闾也，而忠信之义薄。"即欲为化尘之英，而其所遗之可指摘者，名与阁而俱在，他日岂无登而追论之，指某某以为戒，如苏氏之所云者？噫！荣利飘风也，乃不忍于飘风之欲而尽弃其平生，不亦重可伤哉？于是知大夫作人之意微矣。

大夫姓孙，名潘，号两山，以庚辰进士来令予邑。为政急先务，此其一端也。宁之宣城人，与梅丞为同里之姻，亦可见宣城之多贤也已。

（顺治《吉安府永丰县志》卷六《碑记志》，叶 53a—叶 55a）

图书在版编目（CIP）数据

庐陵千古一欧阳：吉安社会历史的欧阳修印记 /
骆勇著 . — 南昌：江西人民出版社，2023.10
（欧阳修文化丛书 / 刘后滨，徐长青主编）
ISBN 978-7-210-14810-4

Ⅰ . ①庐… Ⅱ . ①骆… Ⅲ . ①欧阳修（1007—1072）
—人物研究②吉安—地方史 Ⅳ . ① K825.6 ② K295.63

中国国家版本馆 CIP 数据核字（2023）第 152561 号

庐陵千古一欧阳：吉安社会历史的欧阳修印记
LULING QIANGU YI OUYANG: JI'AN SHEHUI LISHI DE OUYANG XIU YINJI

骆 勇 著

丛 书 主 编：刘后滨　徐长青
策 划 编 辑：游道勤　王一木
责 任 编 辑：陈才艳
封 面 设 计：游 珑

 江西人民出版社 出版发行
Jiangxi People's Publishing House
全 国 百 佳 出 版 社

地　　　址：江西省南昌市三经路 47 号附 1 号（330006）
网　　　址：www.jxpph.com
电 子 信 箱：jxpph@tom.com
编辑部电话：0791-86898115
发行部电话：0791-86898801
承 印　　厂：长沙超峰印刷有限公司
经　　　销：各地新华书店

开　　　本：787 毫米 ×1092 毫米　1/16
印　　　张：13
字　　　数：150 千字
版　　　次：2023 年 10 月第 1 版
印　　　次：2023 年 10 月第 1 次印刷
书　　　号：ISBN 978-7-210-14810-4
定　　　价：50.00 元
赣版权登字 -01-2023-373